高职高专“十四五”规划教材

城市轨道交通运营管理概论

主　编　张秀芳　闫　靖
副主编　徐龙闪　刘　斌　冯　莲

北京航空航天大学出版社

内 容 简 介

本书结合城市轨道交通专业人才培养方案来介绍城市轨道交通运输的运营管理知识，分为理论篇、运作篇、管理篇。理论篇（项目 1～2）主要包括城市轨道交通概述、城市轨道交通的发展概况，城市轨道交通线路、车站和车辆的基本概念，城市轨道交通的供电系统和机电系统、交通信号和通信系统等设施设备系统的基础知识；运作篇（项目 3～6）主要包括城市轨道交通客流概念和客流分析，城市轨道交通计划和行车图的制定，行车调度指挥和行车组织，城市轨道交通客运组织和票务管理等基本作业内容；管理篇（项目 7～11）主要包括客户服务管理、网络运营管理、安全管理、人力资源管理、危机公关管理等内容。

为方便教学，本书配有教学资源包，包括电子课件、课后练习题答案以及其他相关教学资源，方便教师使用。

本书适合用作高职高专院校城市轨道交通运营管理专业教材，也可供城市轨道交通从业人员参考。

图书在版编目(CIP)数据

城市轨道交通运营管理概论 / 张秀芳，闫靖主编
. -- 北京 ：北京航空航天大学出版社，2020.8
ISBN 978-7-5124-3299-4

Ⅰ. ①城… Ⅱ. ①张… ②闫… Ⅲ. ①城市铁路—交通运输管理—高等职业教育—教材 Ⅳ. ①U239.5

中国版本图书馆 CIP 数据核字(2020)第 106905 号

城市轨道交通运营管理概论

主　编　张秀芳　闫　靖
副主编　徐龙闪　刘　斌　冯　莲
责任编辑　冯　颖

*

北京航空航天大学出版社出版发行
北京市海淀区学院路 37 号(邮编 100191)　http://www.buaapress.com.cn
发行部电话：(010)82317024　传真：(010)82328026
读者信箱：goodtextbook@126.com　邮购电话：(010)82316936
北京宏伟双华印刷有限公司印装　各地书店经销

*

开本：787×1 092　1/16　印张：12.5　字数：336 千字
2020 年 8 月第 1 版　2020 年 8 月第 1 次印刷　印数：2 000 册
ISBN 978-7-5124-3299-4　定价：39.00 元

前　　言

随着城市规模和人口的不断扩大，道路交通堵塞、空气污染、噪声污染等问题日益严重。城市轨道交通因其运量大、速度快、时间准、污染小等独特优势而备受世界各大城市的青睐，许多人口密集的大城市逐渐将大力发展轨道交通作为其解决交通问题的有效途径。我国许多城市已经开展了城市轨道交通的规划建设，截至2019年底，国内共有40座城市211条轨道交通线路已经开通运营，总里程达6 730.27 km，设车站3 394座。

城市轨道交通运营管理是对城市轨道交通运营过程的计划、组织、实施、控制、评价以及与服务质量密切相关的各项管理工作的总称。城市轨道交通具有网络化运营系统间关联度高、各线路间联络密切、网络运营规模大、客流组织复杂度高的特点，其运营管理难度相对较高。为满足城市轨道交通运营企业对运营成本和运营效率的要求，为使城市轨道交通能安全运营，城市轨道交通的运营管理工作的重要性日益凸显，因而"城市轨道交通运营管理"也成了各高校城市轨道交通相关专业的核心课程。

本书结合上海、广州、香港、成都等地城市轨道交通的运营管理实践经验，以项目教学的形式，从城市轨道交通运营发展概述、设备系统概述、资源管理、客流分析、运输计划、行车组织、客运组织与票务管理、客运服务管理、网络运营管理、安全管理、人力资源管理、危机公关管理等方面对城市轨道交通运营管理中必须掌握的知识和技能进行介绍。全书共设3篇11个教学项目，各篇的内容如下：

（1）理论篇。本篇重点介绍关于城市轨道交通运营的一些基础知识，包括城市轨道交通的基本概念、城市轨道交通系统的国内外发展现状、城市轨道交通的线路和车站车辆、城市轨道交通的基础设备，以及城市轨道交通通信和信号系统等。

（2）运作篇。本篇重点介绍城市轨道交通基本运作的一些基础知识。首先介绍城市轨道交通客流的调查和预测方法，然后根据客流分析来制定运输计划和行车方案、编制列车运行图，完成行车组织、车站的客运管理和票务管理等。

（3）管理篇。本篇重点介绍城市轨道交通运营相关的管理知识，包括客运服务管理、网络运营管理、安全管理、人力资源管理、危机公关管理等运营管理方面的内容。

建议本教材教学课时数为48课时，实际教学课时可视教学具体情况适当安排。

本教材由四川华新现代学院的张秀芳、闫靖主编，四川华新现代职业学院的徐龙闪、刘斌、冯莲参与了本书的编写工作。理论篇的项目1～2由徐龙闪编写，运作篇的项目3～6由闫靖编写，管理篇的项目7～11由冯莲、张秀芳和刘斌编写，最后全书由张秀芳统稿。本书在编写过程中参考了国内外相关著作和文献，在此谨向本书直接或间接引用的研究成果的作者表示衷心感谢。

由于编者水平有限，书中不足之处恳请读者批评指正。您的宝贵意见和建议请发至邮箱258678446@qq.com。

编　者

2020年4月

目　　录

理论篇

运作篇

管理篇

理 论 篇

项目 1　城市轨道交通发展概述

☞ 学习目标

通过本项目的学习，要求掌握以下基本知识：城市轨道交通的概念及特点，城市轨道交通的分类，我国目前城市轨道交通发展概况，目前城市轨道交通发展新趋势。

☞ 重点和难点

城市轨道交通的概念及特点；城市轨道交通的分类。

☞ 导入案例

【案例 1.1】

国家发展改革委关于成都市城市轨道交通
第四期建设规划(2019—2024 年)的批复

发改基础〔**2019**〕**1071** 号

四川省发展改革委：

转来《关于报送(成都市城市轨道交通第四期建设规划(2019—2024 年)的请示》(川发改〔2019〕17 号)收悉。经研究并商住房和城乡建设部，现批复如下：

一、为落实成渝城市群发展规划，加快建设国家中心城市，优化城市交通结构，提高城市公共交通服务水平，原则同意成都市城市轨道交通第四期建设规划(附后)，建设 8 号线二期、10 号线三期、13 号线一期、17 号线二期、18 号线三期、19 号线二期、27 号线一期、30 号线一期等 8 个项目，规划期为 2019－2024 年。

二、在规划实施过程中，要按照现代、安全、高效、绿色、经济的原则，统筹城市开发进程、建设条件及财力情况，把握节奏、量力而行、有序推进项目建设。加强城市轨道交通枢纽综合立体开发，促进城市轨道交通可持续发展。

三、深入做好项目建设方案论证。进一步优化项目建设方案，合理控制工程造价，有效提升快线运营速度和网络服务水平。高度重视文物保护工作，线路走向和站点设置应避开文物本体，在文物保护单位保护范围及建设控制地带建设的项目，应采取有效措施加强文物保护。进一步研究有关项目穿越高速铁路的建设方案，加强铁路路基、桥梁防护，尽可能减小对铁路运输的影响。

四、本期建设项目要与天府机场、双流机场、火车北站、火车南站等主要对外交通枢纽做好规划衔接。统筹做好城市轨道交通与高速铁路、城际铁路等规划布局的衔接，做好换乘设计，提升旅客出行的安全性、便捷性。加强城市轨道交通枢纽综合立体开发，发挥土地增值效益，促进城市轨道交通可持续发展。

五、严格按照批准的建设规划和权限审批(核准)项目，基本建设方案不得随意变更。审批(核准)前应委托有资质的第三方机构开展项目评估，建立公示和信息公开制度。项目批复文件抄送我委，并按要求及时报送项目建设进展等情况。按照国家相关法律法规和规章要求，规范招标投标行为。

六、切实防范地方政府债务风险。严格按规划批复要求落实地方财政出资，并分年度纳入地方财政预算支出计划，具备条件后方可启动项目建设。建立持续稳定的建设资金保障机制，项目筹资模式、资金来源不得随意调整，严禁以债务性资金代替财政资金，严格落实融资资金偿还来源，严禁通过融资平台公司或以PPP等名义违规变相举债。我委将会同有关方面对项目资金落实情况开展专项检查等。

七、切实保障城市轨道交通工程质量和运营安全。高标准做好城市轨道交通工程设计，加强项目建设的全程管理和监督。高度重视城市轨道交通运营安全，在项目可行性研究和设计等前期工作中，充分考虑运营安全和服务需求；在运营阶段，轨道交通运营企业要加强运营安全管理，做好城市轨道交通人才队伍培养和储备。

八、请你委会同有关部门加强建设过程中监督检查，并依据相关规定做好项目后评价和竣工验收等有关工作，发现违规行为及时处置，遇有重大问题及时向我委报告。

国家发展改革委
2019年6月17日
来源：澎湃新闻

【案例思考】

成都市为什么要大力发展城市轨道交通？

任务1.1　城市轨道交通概述

1.1.1　城市轨道交通的基本概念

1. 城市轨道交通的定义

城市中使用车辆在固定导轨上运行并主要用于城市客运的交通系统称为城市轨道交通。城市轨道交通是具有固定线路、铺设固定轨道、配备运输车辆及服务设施等的公共交通设施，是以轨道运输方式为主要技术特征，以城市客运公共交通为服务形式的交通运输方式。城市轨道交通是城市公共交通的重要组成部分，近年来随着城市的不断发展，已逐渐成为城市最主要的交通方式。

2. 城市轨道交通的特点

(1) 运能大

现代化的轨道交通，由于列车行车时间间隔短，行车速度快，列车编组辆数多而具有较大的运输能力，能够充分满足现代化城市大客流的需要。目前，市郊铁道单向高峰每小时的运输能力最大可达到6万～8万人次，地铁达到3万～7万人次，轻轨1万～3万人次，有轨电车可达到1万人次。

(2) 速度快

城市轨道交通由于在专用行车道上运行，不受其他交通工具干扰，不产生线路堵塞现象，不受气候影响，并且列车采用了先进的电动车组动力牵引方式，地铁最高的运行速度可达到120 km/h。

(3) 污染小、能耗低

城市轨道交通一般均采用电力牵引动力方式，列车运行由于以电为能源产生动力，废弃污染小，与公共电车、汽车相比节省能源，运行费用低。

(4) 占地面积小

城市轨道交通一方面因大量采用立交形式,从而大大减小了城市土地的占用面积;另一方面又因大运量集团化运输方式,使得乘客交通行为的人均所占道路面积进一步减小。

(5) 舒适性好

与常规公共交通相比,城市轨道交通由于运行在不受其他交通工具干扰的线路上,城市轨道车辆具有良好的运行特性,车辆、车站等装有空调、引导装置、自动售票等直接为乘客服务的设备,具有良好的乘车条件,其舒适性优于公共电车、汽车。

城市轨道交通还使得沿线土地得到有效利用和开发,城市的布局更加合理,更加方便市民的出行,同时还增添了现代都市景观效应。因此,近年来城市轨道交通的发展在世界各地呈现出蓬勃之势,无论是在经济发达的国家和地区,还是在发展中国家和地区,城市轨道交通均成为发展城市交通的重要手段。

城市轨道交通虽然有许多优点,但是在具体的发展过程中还存在建设投入大、线路无再利用价值、运营成本高、技术条件要求高等缺点。

1.1.2 城市轨道交通的分类

按照不同的标准,城市轨道交通可划分为以下不同的类别:

(1) 按高峰小时单向运输能力划分

可分为高运量系统(高峰每小时单向运输能力达 4.5 万~7 万人次)、大运量系统(高峰每小时单向运输能力达到 2.5 万~5 万人次)、中运量系统(高峰每小时单向运输能力达到 1.5 万~3 万人次)。

(2) 按轨道空间位置划分

可分为地下铁道、地面铁路、高架铁路。

(3) 按轨道形式划分

可分为重轨铁路、轻轨铁路、独轨铁路。

(4) 按支承导向制式划分

可分为钢轮双轨系统、胶轮单轨系统、胶轮导轨系统。

(5) 按线路隔离程度划分

可分为全隔离、半隔离、不隔离。

(6) 按服务区域分类划分

可分为市郊铁路、市内铁路、区域快速铁路。

(7) 按列车运行控制方式的不同划分

可分为按信号控制列车运行和按视线可见距离控制列车运行。

1.1.3 城市轨道交通的主要形式

根据轨道交通系统基本技术特征的不同,城市轨道交通形式主要有地下铁道、有轨电车、轻轨铁路、市郊铁路、独轨系统等。

(1) 地下铁路

地下铁路简称地铁(Metro、Underground 或 Subway),是一种在城市中修建的快速、大运量的轨道交通,通常以电力牵引,其单向高峰小时客运能力可达 3 万人次以上,线路通常设在地下隧道内。随着地下铁路的发展,也有的在城市中心以外的地区从地下转到地面或高架桥上,但城区内的线路还是以地下为主。

(2) 有轨电车

有轨电车是由电力牵引、轮轨导向、单车或两车铰接运行在城市路面线路上的低运量城市轨道交通系统。

(3) 轻轨铁路

城市轻轨交通是在老式的地面有轨电车的基础上发展起来的。轻轨铁路(简称轻轨)泛指高峰小时单向客运量为1.5万~3万人次的中等容量轨道交通系统。相对于地铁来讲,因其车辆轴重较轻和对轨道施加的载荷较轻而得名。现在,轻轨铁路也是一个比较广泛的概念,包括现代有轨电车等。

(4) 市郊铁路

市郊铁路是指把城市市区与郊区(尤其是远郊区)联系起来的城市轨道交通系统。市郊铁路一般和干线铁路设有联络线,设备与干线铁路相同,线路大多建在地面,部分建在地下或高架。因其车辆轴重较重和对轨道施加的载荷较重被称为重轨铁路;又因其服务对象以短途、通勤的旅客为主又被称为通勤铁路或月票铁路。现在其概念范围也在扩大,包括了城际间直达的高速铁路,俗称"快轨",如北京至天津的"京津城际列车"。

(5) 独轨系统

独轨交通也称作单轨交通(Monorail),是车辆或列车在单一轨道梁上运行的城市客运交通系统。从构造形式上还可分为跨骑式独轨与悬挂式独轨两种。跨骑式独轨是车辆跨骑在轨道梁上行驶;悬挂式独轨是车辆悬挂在轨道梁下方行驶。独轨交通具有占地面积小、结构简单、建设费用低、噪声小、爬坡能力强、较弯半径小等优点,同时也具有能耗大、运能小、疏散和救援困难等缺点,因此建造时须综合考虑。

目前,世界上各大城市正在竞相发展并完善其地铁、轻轨、独轨、有轨电车等组成的新交通体系,即以轨道交通为主,各种交通工具协调发展的多层次、立体化综合交通体系。在全世界拥有城市轨道交通系统的320个城市中,拥有地铁的城市占5%,拥有地铁或轻轨的城市占11%。实践证明,城市轨道交通线路的连接与组网使其方便、快捷等优越性发挥得更为充分,城市轨道交通系统已成为现代化大城市的一种标志。

任务1.2 我国大城市轨道交通发展概况

1.2.1 我国城市轨道交通的发展

由于历史的原因,新中国成立初期我国城市交通的技术水平一直较低,发展滞缓,设施落后。1980年以后,我国用于城市道路建设的资金比例增加,道路交通设施建设的速度有所加快,但由于近年来我国国民经济的持续高速发展和城市化进程的加快,道路交通设施建设又显滞后,城市交通的拥挤、堵塞、环境污染等已达到相当严重的地步。如果不在城市交通设施建设、管理和新型交通工具等方面采取积极的措施,城市道路交通状况必将进一步恶化,从而制约我国城市经济的发展、人们居住环境的改善和生活质量的提高。根据城市经济与社会发展的客观需求及国外城市交通发展的经验,在我国大中城市建设大、中客运量的轨道交通系统已是刻不容缓的举措。

20世纪60年代我国北京已开始修建地铁,北京地铁一期工程全长23.6 km,于1969年10月1日建成通车。截至2019年底,国内共有40座城市211条轨道交通线路开通运营,总里程达6 730.27 km,设车站3 394座。已开通地铁的城市正逐步完善其路网,在建多条线路。

我国现已运营轻轨的城市有天津、重庆、大连等，如天津滨海轻轨车辆、重庆跨座式轻轨车辆和大连新型有轨电车。还有其他一些城市正在修建或策划修建地铁或轻轨。

目前，我国对磁悬浮铁路技术的研究还处于初级阶段。经过铁科院、西南交大、国防科大、中科院电工所等单位对常导低速磁悬浮列车的悬浮、导向、推进等关键技术的基础性研究，初步掌握了常导低速磁悬浮稳定悬浮的控制技术。1994 年西南交通大学成功地进行了 4 个座位、自重 4 t、悬浮高度为 8 mm、时速为 30 km/h 的磁悬浮列车试验，之后由铁科院主持，长春客车厂、中科院电工所、国防科技大学参加，共同研制了长 6.5 m、宽 3 m、自重 4 t、内设 15 个座位的 6 t 单转向架磁悬浮试验车，并在铁科院环行试验线的室内磁悬浮实验线路上成功地进行了试验，于 1998 年 12 月通过了铁道部科技成果鉴定。以上这些成绩的取得使我国成为继德、日、英、苏联、韩之后第六个成功研制磁悬浮列车的国家。

上海引进德国技术修建了一条常导磁悬浮列车商运示范线，是目前世界上唯一一条用于商业运营的磁悬浮列车线路，于 2002 年 12 月 31 日进行首次试运行。该线西起上海地铁 2 号线龙阳路站南侧，东到浦东国际机场一期航站楼东侧，正线全长 29.863 km。

建立城市轨道交通系统是解决大城市公共交通的根本途径，对于特大城市可以规划建设地下铁路，但由于地下铁路造价高昂，建设周期长，许多城市的经济实力难以承受，这就给运量适中、造价低廉的轻轨交通的发展带来良好的机遇。国外的经验表明，对于拥有百万左右人口的城市，是适宜发展轻轨交通的。

根据国务院办公厅 2003 年下发的通知，申报发展地铁的城市应达到的基本条件包括地方财政一般预算收入在 100 亿元以上，GDP 达到 100 亿元以上，城区人口在 300 万人以上。随着城市的发展和城市经济收入的增长，加之城市拥堵问题的日益严重，我们正迎来轨道交通大规模发展的局面，城市公交形成以轨道交通为主、其他交通方式为辅的，包括地上和地下多种交通模式的现代化公共交通体系。

1.2.2 城市轨道交通发展新趋势

1. 新交通系统

自动导轨运输系统（Automated Guideway Transit，AGT）即新交通系统，主要取义于这种系统是近 10 年间才发展而成的，其追求高度自动化的新科学技术，有别于传统的运输技术。

为了解决城市交通所出现的拥挤、堵塞、噪声与废气污染等日趋严重的问题，自 20 世纪 60 年代末以来，日本、美国、法国和加拿大等国家开发了多种不同的驱动方式、控制方式，运输需要的新交通系统（也称导轨系统），旨在改善城市公共客运，与小汽车竞争。

新交通系统是一种全自动、有导向轨导向的快速客运系统，车辆在专用道路上定时自动运行，站上无人管理，完全由中央调度室的电子计算机集中控制，自动化程度相当高；新交通系统采用高架专用轨道，适用于大坡道和小曲线半径的线路，采用橡胶车轮，噪声低，安全性好，占地面积小，建设费用比地铁低，因此，新交通系统是一种节省人力和财力的有轨快速客运系统。

有导向轨的新交通系统的车辆外形类似于公共汽车，采用电力驱动、橡胶轮走行，在全隔离的专用走行道上行驶，并设有专用的导向轨导向。车辆的导向有两种方式：

第一种为中央导向，在线路的中央设导向轨条，对应于车辆底架下部伸出的导向轮，在车辆走行时，导向轮紧贴导向轨滚动而实现车辆的导向，这种方式的导向轨凸出在线路的中央沿着线路向前延伸。

第二种为侧面导向，在车辆走行装置的外侧装设水平的导向轮，在走行道两侧矮墙上装设导向轨滚道。当车辆走行时，车辆前后两侧的导向轮沿着导向轨滚动，从而实现车辆的自动导向。

日本东京1995年12月新开通的临海线新交通系统采用的就是侧面导向方式。另外，日本还有条设置导向轮的专线公共汽车，其专用轨道与道路相互衔接，车辆可以沿着导向轨在专用高架轨道和一般道路上进行连续行驶。这种交通路线属于公共汽车导向系统。

新交通系统一般均采用全自动列车运行控制技术，无人驾驶，通过电子计算机进行运行调度控制管理。列车自动控制装置(ATC)是通过设于轨道的环线轨道电路和设于列车前部及后部的天线进行车-地间的信号交换的。由列车自动控制装置向列车提供限制速度信息，列车上的计算机算出略低于限制速度的目标速度，使列车始终保持该速度运行。站内空位停车环线提供车站定位停车信息，由线路获得的信息和车辆自身的信息进行逻辑运算，向列车运行控制制动装置发出相应的指令。全自动列车运行控制系统同时还控制运行中车门的开闭、报站广播、运行方向的转换等。

新交通系统与独轨铁路有许多相同之处，如采用高架专用轨道，适用于大坡道和小曲线半径线路，建设费用比地铁低，车辆大都采用橡胶轮胎，噪声低、安全性好等。它们既可用于游乐场、机场的内部运输，也可用于一般公共交通。新交通系统一般每小时单向运能5 000～10 000人次，列车编组2～6辆，属中等运量的城市轨道交通方式。现在世界上运营的新交通系统有20余条线路，总长约200 km，其中日本约占一半。日本因土地短缺，需要一种占地面积小、自动化程度高、既节省人力又节省费用的轨道交通作为连接新老城区的交通工具。

2. 线性电机车辆

线性电机车辆采用直线电机作为牵引动力。直线电机为线性异步感应电动机的简称，它将传统电机旋转运动方式改变为直线运动方式，其工作原理与一般的旋转式感应电动机类似，可看成是将旋转电机沿半径方向剖开展平，定子部分由放在硅钢片叠压成扁平形状的铁芯上的两层叠绕的三相线圈构成，沿纵向固定安装于车辆底架下部或转向架构架下部。而转子部分亦展平变为一条感应轨，铺设在两条走行轨之间，一般由铝板或铝合金制成的外壳和铁芯组成。定子与转子感应轨之间应保持8～10 mm间隙，当通过交流电流时，由于磁场的相互作用产生推力，轨道车辆采用直线电机就是利用该力驱动车辆运行或使车辆制动，从而突破了长期以来依靠轮轨黏着作用传递牵引力的传统技术。

3. 磁悬浮列车

磁悬浮技术源于德国。早在1922年Hermann Kemper就提出了电磁悬浮原理，并于1934年申请了磁悬浮列车的专利。20世纪70年代以后，随着世界工业化国家经济实力的不断增加，为提高交通运输能力以适应经济发展的需要，德国、日本、美国、加拿大、法国、英国等发达国家相继开始进行磁悬浮运输系统的开发。

磁悬浮列车主要由悬浮系统、推进系统、导向系统3大部分组成。

(1) 悬浮系统

电磁悬浮系统(EMS)是一种吸力悬浮系统，由车辆上的电磁铁和导轨相互吸引产生悬浮。常导磁悬浮列车工作时，首先调整车辆下部的悬浮和导向电磁铁的电磁吸力，与地面轨道两侧的绕组发生磁铁反作用将列车浮起。在车辆下部的导向电磁铁与轨道磁铁的反作用下，车轮与轨道保持一定的侧向距离，实现轮轨在水平方向和垂直方向的无接触支撑和无接触导向。车辆与行车轨道之间的悬浮间隙为10 mm，是通过一套高精度电子调整系统得以保证的。此外由于悬浮、导向与列车运行速度无关，因此即使在停车状态下列车仍然可以进入悬浮状态。

（2）推进系统

磁悬浮列车的驱动运用同步直线电动机的原理。车辆下部支撑电磁铁线圈的作用就像是同步直线电动机的励磁线圈，地面轨道内侧的三相移动磁场驱动绕组起到电枢的作用，它就像同步直线电动机的长定子绕组。从电动机的工作原理可以知道，当作为定子的电枢线圈有电时，由于电磁感应而推动电机的转子转动。同样，当沿线布置的变电所向轨道内侧的驱动绕组提供三相调频调幅电力时，由于电磁感应作用承载系统连同列车一起就像电机的“转子”一样被推动做直线运动，从而在悬浮状态下车辆可以完全实现非接触的牵引和制动。

（3）导向系统

导向系统是一种用侧向力来保证悬浮的车辆能够沿着导轨的方向运动的系统。必要的推力与悬浮力相类似，也可分为引力和斥力。在车辆底板上的同一块电磁铁可以同时为导向系统和悬浮系统提供动力，也可采用独立的导向系统电磁铁。

✍ 实训任务

阐述成都市发展城市轨道交通的必要性。

课后练习题

1. 何为城市轨道交通？
2. 城市轨道交通有哪些种类？
3. 常见的城市轨道交通有哪些形式？
4. 国内外城市轨道交通发展现状如何？
5. 几种城市轨道交通各有何优缺点？
6. 阐述我国发展城市轨道交通的必要性。
7. 你认为城市轨道交通的发展方向是什么？

项目 2　城市轨道交通设备系统概述

☞ 学习目标

通过本项目的学习，要求掌握以下基本知识：城市轨道交通各设备系统的组成与分类；城市轨道交通各设备系统的特点；城市轨道交通各设备系统的功能及作用。

☞ 重点和难点

城市轨道交通各设备系统的功能及作用。

☞ 导入案例

【案例 2.1】

成都市城市轨道交通管理条例主要内容及亮点

2017 年 6 月 1 日，《成都市城市轨道交通管理条例》（以下简称《条例》）正式施行。那么，此次出台的新规都有哪些新亮点值得关注，又有哪些新规范需要遵守？

亮点一　满足老年人、残疾人服务需求

切实保障老年人和残疾人的相关权益，是本次新规的最大亮点之一。该规定将城市轨道交通建设与《老年人权益保障法》和《残疾人保障法》相对接，进一步规定城市轨道交通车站通行设施的设计和建设应当满足老年人、残疾人同行的需要。对城市轨道交通设计建设作出了细节化、人性化的规范。

《条例》第十五条　城市轨道交通建设应当按照法律、法规和规章规定的基本建设程序进行。

城市轨道交通建设工程项目的勘察、设计、施工、监理及与工程建设有关的重要设备、材料的采购，应当符合有关法律、法规和技术标准规定，并符合保护周边建（构）筑物的技术规范要求。

城市轨道交通车站通行设施的设计与建设应当满足老年人、残疾人通行的需要。

亮点二　车厢内必设“爱心专座”

新规介绍：为充分体现人文关怀，发扬尊老爱幼的传统美德，此次新规条例不仅重申了在公共交通工具上设置老弱病残孕专座的惯例，还新增了关于携带婴幼儿专座的规定。

《条例》第三十七条　城市轨道交通运营单位应当为乘客提供良好的乘车环境，履行下列义务：

（一）建立公共卫生管理制度，保证空气质量和生活饮用水卫生符合国家标准，落实卫生管理措施，保持车站和车厢整洁、卫生；

（二）按照国家标准采取污染防治措施，减轻车辆运行的噪声污染；

（三）出入口、通道、无障碍设施完好、畅通，引导标志齐全、易识别；

（四）在列车内设置老、弱、病、残、孕和携带婴幼儿的乘客专座；

（五）维护车站和车厢内秩序，安排工作人员巡查，及时制止违法、违规行为；

（六）法律、法规、规章规定的其他义务。

亮点三　明确禁止车厢内进食

新规介绍：规范乘客文明出行，营造良好的乘车环境，新规针对乘客乘车行为作出了一系列禁止性规定，其中广受关注的莫过于“禁止车厢内进食”的问题，事实上，禁止车厢内进食并非成都特立独行，近年来包括上海、广州、深圳、南京等地都明文禁止了地铁车厢内的进食行为。

《条例》第三十九条　禁止在城市轨道交通车站、车厢内从事下列行为：

（一）吸烟，随地吐痰、便溺、吐口香糖，乱扔果皮、纸屑、包装物等废弃物；

（二）躺卧、乞讨、收捡废旧物品；

（三）踩踏座椅、追逐打闹、弹奏乐器；

（四）擅自摆摊设点、停放车辆、堆放杂物、散发宣传品或者从事销售活动；

（五）在城市轨道交通设施设备上涂写、刻画，擅自张贴、悬挂物品；

（六）在车厢内进食；

（七）其他影响城市轨道交通公共秩序、公共场所容貌和环境卫生的行为。

亮点四　“无行为能力人”需有陪护乘车

相较此前有关规定，新规将需陪护乘车人群进行了更为明确的限定，这里的“无民事行为能力人”在《民法总则》中包括有：1、不满八周岁的未成年；2、不能辨认自己行为的成年人。该规定也为以后站点服务工作提供了新的规范指导。

《条例》第四十条明确规定：无民事行为能力人，应当在陪护下进站乘车。

来源：成都本地宝

【案例思考】

为什么地铁车厢内禁止进食？

任务 2.1　城市轨道交通线路和车站

2.1.1　城市轨道交通线路

1. 城市轨道交通线路的概念

轨道交通线路简称线路，它是由路基和轨道组成的一个整体工程结构。线路由路基、道床、钢轮、轨枕、扣件组成。为了使列车能按规定的速度安全、平稳和不间断地运行，线路各部件必须保持完好状态，以确保能够高质量地完成乘客运输任务。

2. 城市轨道交通线路的组成及各部分的作用

轨道是由钢轨、轨枕、连接零件、道床、道岔和其他附属设备等不同力学性质的材料组成的构筑物。现代的轨道通常由两根专门轧制的工字形截面的钢轨固定在轨枕上而形成。轨道是一个整体性工程结构，经常处于列车运行的动力作用下，即直接承受车轮传来的巨大压力，并把它传给路基及桥隧建筑物，并起机车车辆运行的导向作用。轨枕一般横向铺设，用木材、钢筋混凝土或钢材制成，通过道床将荷载传递到路基上去。

（1）钢　轨

钢轨由轨头、轨腰和轨底 3 部分组成。钢轨的作用是支撑和引导机车车辆的车轮运行，并把车轮传来的压力传给轨枕，以及为车轮滚动提供阻力最小的表面，钢轨还有为供电、信号电路提供回路的作用。

(2) 轨 枕

轨枕的作用是直接支撑钢轨,并通过扣件牢固地与钢轨相连。地面线路采用国家标准轨枕铺设,隧道等采用钢筋混凝土短轨枕式混凝土整体道床时,短轨枕宜在工厂预制,混凝土强度等级宜采用C50,底部宜伸出钢筋以加强与混凝土整体道床的连接。采用连续支承混凝土整体道床时,应采用整体灌注式。每千米铺设轨枕的标准按照《地铁设计规范》(GB 50157—2013)中的规定进行铺设。

(3) 道 床

道床的作用是支撑轨枕,把从轨枕传来的压力均匀地传递给路基;缓解车轮对钢轨的冲击,固定轨枕,在地面线还能起到排出轨道中雨水的作用。

(4) 减震垫层与扣件

由于整体道床轨道结构没有碎石道床提供必要的弹性,因而一般要配用弹性较好的扣件以减小振动和噪声。

2.1.2 城市轨道交通车站

1. 城市轨道交通车站设计原则

(1) 站址的选择

应满足城市轨道交通线路设计及运营的要求,同时考虑城市公共交通组织和城市规划的要求。因此,需要城市轨道交通的主管部门、城建管理部门以及设计部门互相协调,使站间距适宜。

(2) 车站规模

车站规模指车站外形尺寸大小、层数和站房面积多少,它直接决定着车站的外形尺寸及整个车站的建筑面积等,决定车站规模的主要因素是客流量。根据预测出的近期和远期客流量来估算车站乘客的集散量和设备容量。

一般车站在高峰期1 h内,集中了全日乘降人数的10%～15%,但由于车站所在地区的不同,如居民、商业区等,其乘降人数的集中程度不相同,因此在规划时要充分做好预测工作,并考虑城市轨道交通启用后客流分布所发生的变化。

(3) 车站布置

车站布置要方便乘客使用,能组织乘客迅速进/出站,并且要有良好的通风、照明、卫生防火等设备条件,给乘客提供安全和舒适的乘降环境。

(4) 建筑设计

地面、高架和地下车站所处的位置不同,其建筑设计应各具特色,因地制宜地考虑建筑风格,力求与城市景观相协调。在设计时,应力求规范化和标准化,充分采用新技术、新工艺和新材料。

2. 车站的数量及其分布

(1) 车站分布原则

- 应尽可能靠近大型客流集散点,为乘客提供方便的乘车条件。
- 在城市交通枢纽、地铁线路之间与其他轨道交会处设置车站,使之与道路网及公共交通网密切结合,为乘客创造良好的换乘条件。
- 应与城市建设密切结合,与旧城房屋改造和新区土地开发结合。
- 尽量避开地质不良地段,尽可能减少对周围环境的干扰。
- 兼顾各车站间距离的均匀性。

(2) 影响车站分布的因素

➢ 大型客流集散点。

➢ 城市规模大小。

➢ 城区人口密度。

➢ 线路长度。

➢ 城市地貌及建筑物布局。

➢ 轨道交通线网及城市道路网状况。

➢ 对站间距离的要求。

(3) 车站分布对市民出行时间的影响

车站数目的多少,直接影响市民乘地铁出行的时间。车站多,市民步行到站距离短,节省步行时间,可以增加短程乘客的吸引量;车站少,提高了交通速度,减少乘客在车内的时间,可以增加线路两端乘客的吸引量。市民出行对交通工具的选择,快捷、省时排在第一位。例如,芝加哥市滨湖线的不同站间距比较,结果是大站距(1.6 km)比小站距(0.8 km)多吸引客流量3%。

(4) 车站分布比选

由于城市轨道交通车站造价高,车站数量对整个城市轨道交通的工程造价影响较大。在进行线路规划时,一般要做2～3个车站数量与分布方案的比选,比选时要分析乘客使用条件、运营条件、周围环境以及工程难度、造价等方面,通过全面、综合地评价,确定推荐方案。

3. 车站位置与路口关系

(1) 跨路口站位

跨路口站位便于各个方向的乘客进入车站,减少了路口人流与车流的交叉干扰,而且与地面公交线路能良好地衔接。在有条件时应优先选用。

(2) 偏路口站位

偏路口站位偏路口一侧设置,施工时可减少对城市地面交通以及对地下管线的影响,高架时较容易与城市景观相协调。不过,其缺点是路口客流较大时,容易使车站两端客流不均衡,影响车站的使用功能。一般在高架线或路口施工难度较大时采用。

(3) 位于道路红线以外站位

典型的位于道路红线以外站位包括设于火车站站前广场或站房下的站位,以便客流换乘;与城市其他建筑同步实施,和新开发建筑物相结合;结合城市交通规划,建设城市综合交通枢纽等。

4. 车站的分类

按不同的角度划分,城市轨道交通车站可分为不同的种类。

(1) 按车站空间位置分类

按车站的空间位置分类,城市轨道交通车站分为地下站、地面站和高架站3种形式。

① 地下站——受地面建筑群的影响,轨道交通线路设置于地下,其车站也随之设置于地下,主要为节省地面空间。一般由地面出入口、地下站厅及地下站台组成。地下车站中,站厅与站台不同层的车站较为常见。根据其埋深,又可分为浅埋式车站和深埋式车站两种。从造价方面比较,埋深越大的车站,造价越高。

② 地面站——设置在地面层,由于占用地面空间,最容易造成轨道交通线路所经过的地面区域分割,因此一般在城乡接合部采用此类型的车站,它的最大优点是造价很低。

③ 高架站——轨道交通线路架空,置于高架桥梁桥面的车站。除了线路和站台架空在地

面上以外，站厅、办公用房、生产用房等通常也设在地面上，一般位于线路和站台的下层，在结构上比较简单，造价大大低于地下站。

(2) 按车站运营功能分类

按车站运营功能分类，城市轨道交通车站分为中间站、换乘站、区域站、枢纽站、联运站和终点站等。

① 中间站——功能单一，一般只供乘客乘降之用。有的中间站设有折返设备，可供列车折返和进行列车运行调整，以便在相邻区段上组织密度不同的行车和恢复正常的列车运行秩序。城市轨道交通线网中的车站大多属于中间站。

② 换乘站——在城市轨道交通线网中起着重要作用，是位于两条及两条以上线路交叉点上的车站。除供乘客乘降之用外，还供乘客由一条线路换乘到另一条线路的列车上去。在设计换乘站时，应尽可能将换乘客流和到发客流分开。

③ 区域站——又称为折返站，是设在两种不同行车密度交界处的车站。站内有折返线和设备，区域站兼有中间站的功能。

④ 枢纽站——位于城市轨道交通线路分岔处，由此站分出另一条线路的车站。该站可接送两条线路上的乘客。

⑤ 联运站——站内设有两种不同性质的列车线路，可进行联运及客流换乘。联运站具有中间站及换乘站的双重功能。

⑥ 终点站——线路两端的车站，除供乘客上、下车外，还能供列车折返、停留和临时检修用，一般设有多股停车线。

(3) 按车站规模分类

车站规模主要指车站外形尺寸大小、层数及站房面积大小。

车站规模主要根据本站远期预测高峰小时客流量、所处位置的重要性、站内设备和管理用房面积、列车编组长度及该地区远期发展规划等因素综合考虑确定。其中客流量大小是一个重要因素。

车站规模一般分为3个等级。在大城市中，车站规模按3个等级设置；在中等城市中其规模可以设为2个等级。客流量特别大且有特殊要求的车站，其规模等级可列为特等站。车站规模等级是车站设置相应机构和配备定员的基本依据之一。

(4) 按信号系统功能分类

按信号系统功能分类，车站可分为联锁站和非联锁站。联锁站是指具有信号联锁设备，一般可以监控列车运行、排列列车进路以及对列车的运行进行控制的车站。联锁站通常有道岔。非联锁站是指不具有信号联锁设备的车站，通常不能监控列车运行和排列列车进路。非联锁站通常无道岔。

此外，车站还可按车站施工方法分为明挖站、暗挖站；按车站结构横断面形式分为矩形断面车站、拱形断面车站和圆形断面车站等形式。

(5) 按站台形式分类

一般可分为岛式站台、侧式站台以及岛、侧混合式站台。

① 岛式站台——位于上、下行车线路之间，这种站台布置形式称为岛式站台。具有岛式站台的车站称为岛式站台车站，简称岛式站台。

② 侧式站台——位于上、下行车线路的两侧，这种站台布置形式称为侧式站台。具有侧式站台的车站称为侧式站台车站，简称侧式站台。

③ 岛、侧混合式站台——将岛式站台及侧式站台同设在一个车站内。具有这种站台形式

的车站称为岛、侧混合式站台车站，简称岛、侧混合式站台。

(6) 按结构横断面形式分类

一般可分为矩形断面车站、拱形断面车站、圆形断面车站和其他类型断面车站。

(7) 按站桥结构形式分类

一般可分为站桥合一车站和站桥分离车站。站桥合一车站即高架车站的结构和站内轨道结构是做在一起的。站桥分离车站即高架车站的结构和站内轨道结构是分开做的。

(8) 按换乘布局分类

按两条轨道交通线路交汇下换乘站的换乘布局分为“十”“L”“T”字形。

任务2.2 城市轨道交通车辆

2.2.1 城市轨道交通车辆的分类

1. 按牵引动力配置分类

城市轨道交通车辆按牵引动力配置分为动车和拖车。城市轨道交通列车均为电动车组，由动车和拖车组成。

动车自身具有动力装置(装有牵引电动机)，具有牵引与载客双重功能，可分为带有受电弓的动车和不带受电弓的动车。

拖车不装备动力装置，需要有动力牵引功能的车辆牵引拖带，仅有载客功能，可设置驾驶室，也可带受电弓。

2. 按驱动方式分类

城市轨道交通车辆按驱动方式分为旋转电动机驱动和直线电动机驱动。

旋转电动机驱动包括直流电动机驱动和交流电动机驱动，都是依靠轮轨黏着作用传递牵引力。

直线电动机驱动，将传统电动机从旋转运动方式改为直线运动方式，由于取消了传统的旋转电动机从旋转运动转换成直线运动的机械变速传动机构，使转向架结构简单、质量轻。

3. 按车辆规格分类

为有利于我国城市轨道车辆制造、运营、维修的良性发展，车辆类型的规范化及主要技术规格的统一是十分必要的。根据我国各城市对城市轨道交通车辆选型的不同要求和城市轨道交通车辆的发展现状，建设部1999年颁布的《城市快速轨道交通工程项目建设标准》提出了A、B、C型车的概念，它主要是按车体宽度的不同进行分类。《地铁车辆通用技术条件》(GB/T 7928—2003)中对用于地铁运营车辆的技术规格也做出了相应的具体规定。为了便于车辆的管理和维护，车辆提供商及运营公司对车辆又进行了分类。

4. 按车辆制作材料分类

城市轨道交通车辆按车辆制作材料分为钢骨车和新型材料车。

钢骨车的车底架、车体骨架等受力部分采用钢材制作，其他部位采用木材或合成材料制作。

新型材料车采用轻质合金材料，如铝合金、铁合金等，以降低车辆自重，提高承载能力和运输效率。

5. 按连接方式分类

城市轨道交通车辆按连接方式分为贯通式或非贯通式车辆。

贯通式的全列车载客部分贯通，乘客可沿全列车走动，以有效调节各个车辆的载客拥挤度，使其在全列车中均匀分布，也有利于在列车发生意外事故时疏散乘客。非贯通式车辆之间无通道贯通。

2.2.2　城市轨道交通车辆的组成

城市轨道交通车辆主要由车体、转向架、车辆连接装置、制动装置、受流装置、电气系统、设备等部分组成。

(1) 车　体

车体主要是容纳乘客和驾驶室的地方，又是安装与连接其他设备和部件的基础。近代城市轨道交通车辆车体均采用整体承载的钢结构或轻金属结构，以达到满足强度、刚度要求的同时，最大限度地减轻自重。它由车顶、底架、端墙、侧墙、车窗、车门等组成。

(2) 转向架

转向架位于车体与轨道之间，用来支撑车体，牵引和引导车辆沿着轨道行驶，承受与传递来自车体及线路的各种载荷并缓和其冲击作用。一般由构架、轮对轴箱装置、弹簧悬挂装置和制动装置等组成。转向架分为动力转向架和非动力转向架，动力转向架安装在动车上，非动力转向架安装在拖车上。

(3) 车辆连接装置

车辆连接装置包括车钩缓冲装置和贯通道。车钩是连接车辆使其编组成列车，并传递纵向力的一套装置。通常在车钩的后部装设缓冲装置，在车钩传递纵向力时缓和车辆之间的纵向冲击。通过车钩还可将车辆之间的电路和空气管路进行连接。贯通道是车辆与车辆之间的客室连接通道。

(4) 制动装置

制动装置是使车辆减速、停车，保证列车安全运行必不可少的装置。不管是动车还是拖动装置，除常规的空气制动装置外，还有再生制动、电阻制动和磁轨制动等先进的装置，它可以保证运行中的列车按需要减速或在规定的距离内停车。

(5) 空调通风系统

随着城市轨道交通车辆服务质量的提高，为改善车厢的空气质量必须要有通风装置，目前均采用空调通风系统。

(6) 受流装置

受流装置从接触导线或导电轨将牵引电流引入动车。接触网受流采用受电弓，接触轨受流采用轨道受流器。受电弓受流器，属上部受流，受电弓可升可降，适用于列车速度较高的干线电力机车。

(7) 车辆电气牵引系统

车辆电气牵引系统指车辆上的各种电气牵引设备及其控制电路。车辆电气牵引系统有直流电气牵引系统和交流电气牵引系统两种。随着电力电子技术和微电子技术的高速发展，目前几乎所有车辆都采用交流牵引电动机和交流调频调压(VVVF)控制的交流电气牵引系统。

(8) 车辆内部设备

车辆内部设备包括服务于乘客的设备和服务于车辆运行的设备。服务于乘客的设备包括照明、广播、通风、取暖、空调、座椅、吊环、扶手等。服务于车辆运行的设备一般不占车内空间，吊挂于车底的有蓄电池箱、斩波器、逆变器、继电器箱、主控制箱、接触器箱、空气压缩机组和储风缸等，安装于车顶的有空调单元和受电弓等。

(9) 列车控制和诊断系统

微机控制系统有自我监控和诊断功能,能对列车主要设备的运行状态和故障自动进行信息采集、记录和显示。

(10) 乘客信息系统

城市轨道交通车辆乘客信息系统向乘客提供列车运行信息、安全信息和其他公共信息,在列车发生故障或事故时,向乘客提供回避危险的指挥、指导信息等。

2.2.3 城市轨道交通车辆的特点

(1) 载客能力较强

由于城市轨道交通车辆服务于城市居民的市内交通,车内的平面布置有其特征,如座位少、车门多且开度大、内部设备十分简单等。每辆大型车辆可载客约 310 人。

(2) 动力性能良好

为了适应城市轨道交通线路曲线半径小、坡度大、停站多的运营条件,城市轨道交通车辆的加速能力强,制动效果好。

(3) 安全可靠性较高

城市轨道交通车辆设备先进、可靠性高、稳定性强、故障率低,在突发情况下适应性强(防火、紧急出口等)。

(4) 环境条件优越

城市轨道交通车辆在设计上完善照明和空调,并且提供适量的座椅和大量的扶手。

2.2.4 城市轨道交通车辆的编组与标识

标识是指对车辆及其设备进行标记或编号。为了车辆运用和检修便于管理和识别,必须对车辆进行标识。

1. 列车编组

城市轨道列车中,动车和拖车通过车钩连接而成的一个相对固定的编组称为一个(动力)单元,一辆列车可以由一个或几个单元编组而成。

我国地铁列车编组形式为:六辆编组主要有“三动三拖”和“四动二拖”,四辆编组主要有“二动二拖”。

广州地铁 1 号线每一列车由六辆车组成,编组为

—A * BC=C * B * A—

A 车为拖车,一端设有驾驶室,车顶上装有受电弓,车下装有一套空气压缩机组。B 车和 C 车均为动车,结构基本相同。广州地铁 2 号线与 1 号线基本一样,只是受电弓装于 B 车车顶,而空气压缩机组装于 C 车车底。

上海地铁 1、2 号线近期每一列车由六辆组成,编组为

—A=B * * C=B * C=A—

上海地铁 1、2 号线远期每一列车由八辆组成,编组为

—A=B * C=B * C= =B * C=A—

2. 车辆编号

一般每节城市轨道交通车辆都有属于自己的固定编号,但各车辆制造商或运营商的编号方式不一样。

上海地铁 1、2 号线车辆编号由五位数组成,采用 YYCCT 形式,其中 YY 为车辆出厂的年

份,CC为出厂时这一年的同类型车辆的生产顺序号,T为车辆类型代号,其中“1”为A车,“2”为B车,“3”为C车。

例如,“92082”表示1992年出厂的第8辆车,其车辆类型为B车。目前上海地铁列车的编组是固定的,编号后的车辆在列车中的编组位置相应没有变化。

广州地铁1、2、3号线车辆采用了同样的编号形式,其车辆编码包含信息有:车辆的所属线路(1个字母或数字的位置)、车辆的类型(A、B或C车)、生产顺序号(同类型车辆的连续编号为2位数字),不同的车辆类型以新的顺序开始编号。

3. 车端、车侧、车门、座位等的标识定义

(1) 车辆的车端、车侧的定义

车端:每辆车的1位端按如下定义:A车1位端是带有全自动车钩的一端;B车1位端是与A车连接的一端;C车1位端是连接半永久牵引杆的一端,另一端就是2位端。

车侧:当观察者面对车辆的1位端时,观察者右侧的一侧就称为该车辆的右侧,另一侧就定为车辆的左侧。

(2) 列车车侧的定义

列车的车侧定义与车辆的车侧定义是不同的。它是以司机为主体,司机坐于列车驾驶端座位上,司机的右侧即为列车的右侧,左侧为列车的左侧。换句话说,是按列车的行驶方向来定义的,这与公路上汽车按行驶方向定义左右侧是一致的。

(3) 转向架和车轴的编号

每辆车的转向架都分为转向架1和转向架2。转向架1在车辆的1位端,转向架2在车辆的2位端。每辆车的四根轴从1位端开始至2位端,依次连续编号轴1至轴4。

(4) 车门和车叶的编号

车叶的编号自1位端到2位端,沿着每辆车的左侧由小到大连续用奇数编号,即1、3、5、…、17、19;右侧由小到大连续用偶数编号,即2、4、6、…、18、20。

车门编号由车门两个车叶号码合并而成:自1位端到2位端,左侧车门编号为1/3、5/7、9/11、…、17/19,而右侧车门的编号为2/4、6/8、10/12、…、18/20。

(5) 空调单元编号

每辆车的车顶安装有两个空调单元,位于1位端的空调单元称作空调单元Ⅰ,位于2位端的空调单元称作空调单元Ⅱ。

(6) 其他编号与标记

车窗、扶手、立柱、吊环、照明灯、指示灯、扬声器等设备也采用同样的编号方法,而车辆的质量、顶车位置、应急设备位置等必须用相关符号或文字在规定位置做出明确的标记。

2.2.5　城市轨道交通车辆技术参数

车辆技术参数是概括地介绍车辆技术规格的某些指标,是从总体上了解车辆性能及结构的一些参数,一般可分为性能参数与主要尺寸两大类。

(1) 车辆性能参数

① 自重,指车辆整备状态下的本身结构及设备组成的全部质量;载重指正常情况下车辆允许的最大装载质量,以吨(t)为单位。

② 最高运行速度,指车辆设计时,按照安全及结构强度等条件所决定的车辆最高行驶速度,要求连续以该速度运行时车辆具有足够良好的运行性能。

③ 轴重,指按车轴形式及在某个运行速度范围内,车轴允许负担(包括轮对自身的质量)

的最大质量。轴重的选择与线路、桥梁及车辆走行部设计有关。

④ 通过最小曲线半径，指配用某种形式转向架的车辆在站场或场、段内调车时所能安全通过的最小曲线半径。当车辆在此曲线区段上行驶时不得出现脱轨、倾覆等危及行车安全的事故，也不允许转向架与车体底架或车下其他悬挂物相碰撞。

⑤ 轴配置或轴列式，指用数字或字母表示车辆走行部结构特点的方式。例如 4 轴动车两台动力转向架，则轴配置记为 B－B；6 轴单铰轻轨车辆的两端为动力转向架，中间为非动力铰接转向架，其轴配置记为 B－2－B。

⑥ 制动形式，指车辆获得制动力的方式，有摩擦制动、再生制动、电阻制动及磁轨制动等多种形式。

⑦ 启动平均加速度，指在平直线路上，列车载荷为额定定员，自牵引电动机取得电流开始，至启动过程结束（即转入其自然特性时），该速度值被全过程经历的时间所除得的商。

⑧ 制动平均减速度，指在平直线路上，列车载荷为额定定员，自制动指令发出至列车完全停止的全过程，相应的制动初始速度（一般取最高运行速度）被全过程经历的时间所除得的商。

⑨ 冲击率，指由于工况改变引起的列车中各车辆所受到的纵向冲击。在城市轨道交通车辆中，主要用于说明车辆本身电气及制动控制系统所应达到的冲动限制。

⑩ 列车平稳性指标，是评定乘客舒适程度的主要依据，反映了车辆振动对人体感受的影响。因此，评定平稳性的方法主要以人的感觉疲劳程度为依据，通常以平稳性指标表示。

（2）车辆的主要尺寸

① 车辆长度，指车辆处于自由状态、车钩呈锁闭状态时，两端车钩连接面之间的距离。区别于车体长度的概念，车体长度指不包含牵引缓冲装置或折篷的车体结构的长度。

② 车辆最大宽度，指车体横断面上最宽部分的尺寸。

③ 最大高度，指车辆顶部最高点与钢轨顶面之间的距离。通常需要说明与最高点相关的结构，如有无空调、受电弓的状态等。

④ 车辆定距，指同一车辆的两转向架回转中心之间的距离。

⑤ 固定轴距，指同一转向架的两车轴中心线之间的距离。

⑥ 车钩中心线距离钢轨面高度（简称车钩高），指车钩连接面中点至轨面的高度，取新造或修竣后空车的数值。列车中各车辆的车钩高基本一致，是保证车辆正确连挂、列车运行中正常传递牵引力及不会发生脱钩事故所必需的。广州、上海地铁车辆的车钩高为 720 mm，天津轻轨车辆和北京地铁车辆为 660 mm。

⑦ 地板面高度，指车辆地板面与钢轨顶面之间的距离。地板面高度与车钩高一样，指新造或修竣后空车的数值。它将受到两方面的制约，一方面是车辆本身某些结构高度的限制，如车钩高及转向架下心盘面的高度；另一方面又与站台高度的标准有关，规定车辆地板面应与站台高度相协调。

任务 2.3　城市轨道交通供电系统

城市轨道交通供电系统是为城市轨道交通运营提供所需电能的系统，不仅为城市轨道交通电动列车提供牵引用电，而且还为城市轨道交通运营服务的其他设施提供电能。它的功能和组成介绍如下。

2.3.1 城市轨道交通供电系统的功能

城市轨道交通供电系统应具备安全、可靠、调度方便、技术先进、功能齐全、经济合理的特点，并应具备以下功能：

（1）全方位的服务功能

城市轨道交通供电系统的服务对象，是包括电动车辆、空调设施、自动扶梯、自动售检票系统、屏蔽门、排水泵、排污泵、通信信号设备、消防设施和各种照明设备等在内的一个庞大的用电群体，供电系统必须满足这些不同用途的用电设备对电源的不同需求。

（2）故障自救功能

无论供电系统如何构成，采用什么样的设备，安全、可靠地供电总是第一位的。在系统中发生任何一种故障，系统本身都应有备用措施，以保证城市轨道交通系统的正常运营。供电系统设计以双电源为基本原则，当一路电源故障时，另一路电源应能保证系统的正常供电。

（3）系统的自我保护功能

系统应有完善、协调的保护措施，供电系统的各级继电保护应相互配合和协调，当系统发生故障时，应当只切除故障部分的设备，从而使故障范围缩小。系统的各级保护应当满足可靠性、灵敏性、速动性及选择性的要求。对牵引供电系统而言，为保证乘客的安全，保护的速动性是第一位的，其保护的原则是“宁可误动作，不可不动作”。

（4）防止误操作的功能

系统中任何一个环节的操作都应有相应的联锁条件，不允许因误操作而发生故障。尤其是各种隔离开关（无论是电动还是手动）或手车式开关的隔离触头，都不允许带负荷操作。防止误操作是使系统安全、可靠地运行所不可缺少的环节。

（5）方便灵活的调度功能

系统应能在控制中心进行集中控制监视和测量，并应能根据运行需要，方便灵活地进行调度，变更运行方式，分配负荷潮流，使系统的运行更加经济合理。

（6）完善的控制、显示和计量功能

系统应能进行本地和远动控制，并可以方便地进行操作转换，系统各环节的运行状态应有明确的显示，使运行人员一目了然。各种信号显示应明确，事故信号、预告信号应分别显示。各种电量的测量和电能的计量应准确，并便于运行人员查证和分析。

（7）电磁兼容功能

供电系统及其设备在地铁这个电磁环境中，首先是作为电磁骚扰源存在的，同时也是敏感设备。在城市轨道的电磁环境中，供电系统与其他设备、装置或系统应是电磁兼容的。在技术上应采取措施，抑制骚扰源、消除或减弱电磁耦合、提高敏感设备的抗干扰能力，以达到各系统的电磁兼容，使城市轨道交通车辆安全可靠地运行。

2.3.2 城市轨道交通供电系统的组成

城市轨道交通作为城市电网的一个重要用户，其主要有外部供电系统、牵引供电系统以及动力照明供电系统3大组成部分。

（1）外部供电系统

发电厂（站）是发出电能的中心。为减少线路的电压损失和能量损耗，发电厂发出的电能，要先经过升压变压器升高电压，然后以110 kV或220 kV的高压，通过三相传输线输送到区域变电站。

(2) 牵引供电系统

主降压变电站及其以后部分统称为“牵引供电系统”，包括直流牵引变电所馈电线、接触网、走行轨及回流线等。在城市轨道交通牵引供电系统中，电能从牵引变电所经馈电线、接触网输送给电动列车，再从电动列车经钢轨(或称轨道回路)、回流线流回牵引变电所。由馈电线、接触网、轨道回路及回流线组成的供电网络称为牵引网。因此，城市轨道交通牵引供电系统即由直流牵引变电所和牵引网组成。

(3) 动力照明电系统

城市轨道交通的动力照明供电系统，各部分功能简述如下：

① 降压变电站，将三相电源进线电压降压变为三相 380 V 交流电，其主要用电设备是风机、水泵、照明、通信、信号、防火报警设备等。在动力照明供电系统中，降压变电站一般每个车站设置一个，有时也可几个车站合设一个；也可将降压(动力)变压器附设在某个牵引变电站之中，构成牵引与动力混合变电站。

② 配电所(室)，仅起到电能分配的作用。降压变电站通过配电所(室)将三相 380 V 和单相 20 V 交流电分别供给动力、照明设备，各配电所(室)对本车站及其两侧区间动力和照明等设备配电。

③ 配电线路，即配电所(室)与用电设备之间的导线。

任务 2.4　城市轨道交通信号和通信系统

2.4.1　城市轨道交通信号系统

1. 信号基础设备

(1) 城市轨道交通信号

城市轨道交通信号和行车安全密切相关，是指挥列车运行和调车作业的命令，任何相关行车人员必须按规定执行。信号颜色的选择应定义明确、简单明了、易于司机辨认、保证可靠不间断使用，并能反映不同行车条件、有足够的显示距离。

信号基本颜色包括红、黄、绿 3 种颜色。红色代表停车，禁止越过信号机，这时信号处于关闭状态；黄色代表注意或减速运行；绿色代表按规定速度通过。辅助颜色主要包括月白色和蓝色。月白色代表允许调车；蓝色代表禁止调车。

(2) 转辙机

转辙机是转换和锁闭道岔的重要信号基础设备，转辙机对保证行车安全，提高运输效率，改善行车人员劳动强度起着非常重要的作用。

(3) 信号继电器

信号继电器是一种电磁开关，常用于自动控制电路中接通和断开电路，是实现自动控制和远程控制的重要基础设备。继电器动作的可靠性直接影响到城市轨道信号系统的可靠性和安全性。

(4) 轨道电路

轨道电路是利用钢轨线路、钢轨绝缘加上发送和接收设备组成的电路，用来监督线路占用情况，也可用来传递行车信息。轨道电路的性能和行车安全密切相关。

(5) 计轴设备

计轴设备是重要信号基础设备之一，主要用来检测列车占用线路的情况，并将列车是否占用的信息传送给联锁系统，联锁系统判断进路是否空闲以确定列车的位置。

计轴系统主要包括室内主机和室外轨旁计轴点两部分设备。室内部分包括信号处理电路和计数器处理电路；室外部分主要包括轨道磁头、电子单元、密封安装盒、传输电缆等。

（6）电源设备

城市轨道交通信号系统采用智能型电源设备系统，用来为信号机、转辙机、轨道电路、计轴、计算机联锁、列车自动监控系统（ATS）、数据通信系统（DCS）等信号设备提供各种用途交流、直流电源。根据智能电源系统用途不同可分为车站联锁电源系统、区间电源系统、驼峰电源系统、25 Hz 电源系统、提速电源系统等类型；按容量可分为 5 kVA、10 kVA、15 kVA、20 kVA、30 kVA 等类型。

2. 信号联锁设备

（1）联锁设备

联锁设备是城市轨道交通信号系统中保证车站内作业安全、提高效率的重要设备，它将控制对象信号机、道岔、进路进行逻辑电路连接，并进行集中控制与监督，符合故障安全原则。城市轨道交通信号联锁设备分为正线车站联锁设备和车辆段联锁设备。用继电器实现联锁关系的称继电式电气集中联锁，早期多采用继电联锁；通过计算机软件进行选路和联锁逻辑运算的联锁设备称为计算机联锁。近年来，更多采用计算机联锁。

（2）信号微机监测系统

信号微机监测系统是以计算机技术为主要手段，为操作人员提供人机界面，通过硬件采集数据，软件分析、处理、实时显示站场设备状态，监测信号设备的运行状况，发现信号设备隐患，辅助分析和处理设备故障，达到指导现场设备维护、提高设备维修效率的目的。信号微机监测系统由车站系统、电务段管理系统、中央管理系统（路局、铁道部等），以及局域网、广域网数据传输系统组成。

3. 自动闭塞

由车站向区间发车时，必须确认前方区间无车，因此需要通过一定的凭证或信号指示，按照一定的行车组织方法才能保障行车安全。

（1）基本知识

一般情况下，把两个车站（或线路所）之间的铁路线路称为区间。列车在区间运行时用信号或凭证保证列车按照一定间隔运行的技术方法称为行车闭塞法，简称闭塞。用来完成闭塞作用的设备称为闭塞设备。

（2）闭塞实现方式

传统轨道交通信号依赖于轨道电路模式，虽然传输的信息连续，但始终局限于固定闭塞而造成行车运行间隔相对较大，而且轨道电路传输性能受牵引回流、道床漏泄、防迷流网的影响很大，导致传输性能不够稳定等诸多问题。随着通信技术、计算机技术、控制技术（3C 技术）的综合应用，作为轨道交通列车控制关键技术之一的信号控制技术也得到了飞速发展。

信号系统在实现列车控制方式、车地数据传输方式、列车定位方式和信息量等方面各有不同，可按车-地信息传输方式分为点式和连续式；按列车速度控制方式分为阶梯式速度曲线和速度距离曲线；按闭塞制式角度看，装备列车运行控制自动闭塞可分为 3 类：固定闭塞、准移动闭塞（含虚拟闭塞）和移动闭塞。准移动闭塞不是完全意义上的移动闭塞，有时仍把它归入固定闭塞，准移动闭塞的名称在铁路上较少提及，但在城市轨道交通中常用。

2.4.2 城市轨道交通通信系统

城市轨道交通是一个技术密集的多专业、多系统交互融合互相支撑的复杂有机体。其通信系统是运营指挥、服务乘客和传递各种信息的网络平台，是地铁这个有机整体的血管，也是一个多种通信子系统互相交容，互相关联，互相接口的综合性系统，具有高技术、多系统、高可靠性、多接口、复杂的特点，主要由专用通信系统、民用通信系统及公安通信系统3部分构成。

民用通信系统通过无线引入及覆盖系统将地面商用移动信号引入地下空间，用于满足移动运营商公共无线信号在地铁内的延伸和覆盖，为用户提供移动通信服务。

公安通信系统是为确保地铁运营安全和地铁公安业务的正常开展必不可缺的通信系统。

专用通信系统是地铁中最重要、最与地铁运营息息相关的通信系统，是地铁运营指挥、企业管理、服务乘客和传递各种信息的网络平台，一般和公安通信系统共用隧道无线分布系统（漏缆）。专用通信系统在正常情况下应保证列车安全高效运营、为乘客提供高质量的出行服务；异常情况下能迅速转变为供防灾救援和事故处理的指挥通信系统。专用通信系统一般由传输、无线、公务电话、专用电话、广播、时钟、视频监控和乘客信息等子系统构成。

1. 传输系统

通信系统中传输网络是其最重要、最基础的组成部分。不但各通信子系统的信息需其传输，而且还需要为信号系统、电力监控系统（SCADA）、防灾报警系统（FAS）、设备监控系统（BAS）、自动售检票系统（AFC）等专业提供可靠的、冗余的、可重构的、灵活的信道，构成了基于光纤的传送语音、数据和图像等信息的综合业务传送网。地铁传输设备组网选型原则是安全性、可靠性、兼容性、灵活性、高速率、大容量、多业务经济性、合理性、可维护性。

2. 无线电通信系统

无线通信系统是通信系统重要的子系统之一，它是调度与司机通信的重要手段，同时也是移动中的作业人员、抢险人员实现通信的重要手段。

（1）发展及特点

① 从专用频道向集群方式发展。专用频道方式是根据用途来配置频道，每种频道只有一种用途，即使该频道处于空闲状态也不作他用。集群方式又称共用频道方式，它是所有用途共用几个频道，并根据需要和使用情况临时分配频道，通常设置一个控制频道和若干个语音通话频道，通话频道的数量可以少于用途数，平时所有移动台（车载台和手持台）均处于控制频道，以便接收中心控制信息并向中心返回信息，通话时，由中心根据实际情况分配通话频道，通话结束后自动返回控制频道。随着无线系统的发展，对频率的利用率要求越来越高，而集群通信的最大特点是多用户共享多频道，因此专用频道方式正逐步被频率利用率高、功能区域丰富的集群方式取代。

② 集群通信方式。集群通信系统属于专用调度通信系统。从一对一对讲机的形式、同频单工组网形式、异频单（双）工组网形式到单信道一呼百应以及进一步带选呼的系统，发展到多信道自动拨号系统。近十年来，专用调度系统又向更高层次发展，成为多信道用户共享的调度系统，这种系统称为集群通信系统。

（2）无线通信（TETRA）系统组成

① 天线馈线系统，包括天线、馈线和射频分配无源器件（如收发天线共用器、基站的发射合路器和接收耦合器），用于完成地铁车站、车辆段、停车场等区域的无线信号覆盖，同时根据覆盖区域特点，须用不同的天线，以达到最好的信号覆盖效果。

② 中央信息交换控制设备，安装在控制中心通信设备房内，无线通信系统的交换控制中心（MSO）采用全PP的交换机构，整个系统通过以太网交换机和路由器实现话音、控制、管理、数据业务的PP交换，同时以服务器为硬件平台的各个功能模块用来对各类业务进行“软交换”，分别实现控制、管理、话音、数据等功能。

③ 调度台，主要包括调度台服务器、调度台音频附件及调度台音频接口等。按调度台功能可分为行车调度台、环控调度台、维修调度台、电力调度台、车辆段(停车场)调度台，用于实现对各类终端设备的组呼、个呼、对列车的广播等功能。

④ 无线终端设备，包括车载台、固定台、手持台。除上述基本设备外，还可根据系统设计和用户要求，增设直放站、系统中心操作台、系统监控设备、中继转发器以及计费和打印设备等。

(3) 无线通信(TETRA)系统功能

无线通信系统主要功能包括编组功能、呼叫功能、录音功能、广播功能、系统网络管理功能、数据传输功能、故障弱化功能。

3. 公务电话系统

公务电话系统，主要用于地铁内部各部门之间的电话联系，为本工程的运营、管理、维修等部门的工作人员提供服务；地铁公务电话系统能与公用电话网连接，实现地铁用户与公网用户间的通信；可向地铁用户提供语音、数据、传真等通信服务业务。

(1) 系统结构

公务电话系统一般在控制中心、车辆段、停车场设置一套数字程控交换机，通过传输网络，以星形方式，向各邻近的车站辐射；在各车站设置小容量交换机/远端模块，每个站点设数字或模拟电话机，轨行区间设置轨旁电话。

一种组成方式为控制中心采用具有远端模块的数字程控交换机，各车站分别设置1个远端模块。交换机和远端模块之间采用数字中继接口通过光纤传输系统连接。同步数字体系(SDH)分插设备用来从光路上分出或插入话路。各车站电话用户之间的通话连接由中心局交换机负责。与市话网的连接采用自动出、人工入的方式，少数用户可采用直接拨入(DID)方式。另一方式为除控制中心采用1个交换机之外，各个车站也分别单独设置1个交换机。各交换机之间都通过数字中继接口和光缆互相连接。各车站电话用户之间的通话连接，根据网内各交换机局数据的设置和电路配置情况的不同，可由2个车站交换机直接接续或经中心交换机转接。

(2) 基本功能

基本功能包括呼叫接续、用户接口、中继接口、多种非话业务接续、程控新业务、服务等级弹性编号、计费、联网、维护管理等功能。

4. 专用电话系统

专用电话系统是调度员和车站、车辆段值班员指挥列车运行和下达调度命令的重要通信工具，是为列车运营、电力供应、日常维修、防灾救护提供指挥手段的专用通信系统。该系统可为运营中心指挥人员，如行车调度、电力调度、环控(防灾)、维修调度等提供专用直达通信，并且具有单呼、组呼、全呼、紧急呼叫和录音等功能，同时可为站内各有关部门提供与车站值班员之间，以及车站值班员与邻站值班员的直达通话。也可为隧道检修人员提供摘机直呼车控室功能。因此，要求该系统设备高度安全可靠、操作方便快捷。

根据运营需要和业务性质，专用电话系统包括调度电话、站内电话、站间电话、轨旁电话。

(1) 调度电话系统

调度电话系统主要由调度总机、调度台、调度分机3部分通过传输系统或相应的通信缆线连接组成。

① 调度交换机，是调度电话系统的核心部分，由具有交换功能的交换机或交换模块组成，可组成若干个独立的调度(如行调、电调、环调、维调等)呼叫，并具有录音等功能。

② 调度台，是调度业务的操纵控制台，设在中央运营控制中心。控制中心调度大厅一般设置两台行车调度台，电力、环控(防灾)、维修、总调度处各设置一台调度台。

③ 调度分机，采用普通话机。调度分机通过传输系统提供的点对点式专用音频话路连接实现车站交换机(远端模块)与中心调度交换机的连接。

根据运行组织和业务管理、指挥的实际需要，一般设置行车、电力、环控(防灾)、维修、自动售检票(AFC)、票务等类型的调度电话。

控制中心的各调度台(以及部分线路车辆段的调度台)对各车站(车辆段)调度分机具有选呼、组呼、全呼和会议功能，并在任何情况下都不应发生呼叫阻塞现象。调度分机之间不能直接进行通话，若分机之间确有必要进行通话时，须由调度台转接，在分机通话时，调度员有权对分机之间的通话进行监听、插话和强拆。

(2) 站内电话、站间电话、轨旁电话系统

站内、站间、轨旁电话子系统是一个相对独立的内部电话系统，由调度电话、车站值班台电话分机、轨旁电话共同组成，实现站内重要部门有关人员的点对点的直接通话，相邻车站值班员之间的直接通话。

站内电话子系统由用户小交换机(或公务电话交换机远端模块)、车站值班台(主机)和电话分机组成。站内电话子系统的分机除了提供公务电话外，主要提供站内各分机与车站值班主机(台)之间的直达通信或分机间的拨号通信服务。站间电话可为车站值班员与相邻车站的车站值班员提供直达通信服务。

在铁轨沿线的两旁以及地铁隧道里，列车司机和维修人员在紧急情况下有时需要及时地建立和车站以及有关部门的联系，因此，一般每隔 150～200 m 设置一部轨旁电话，以供使用。

根据设备型号的不同，调度子系统可采用公专分开和公专合一两种不同的方式。公专合一就是在公务电话系统中增加相关模块，通过软件实现调度功能。公专合一的优点是设备紧凑，可以共享硬件和软件资源；缺点是一旦交换机出现故障，势必对调度子系统的正常运行造成影响甚至中断。

5. 广播系统

(1) 系统概述

广播系统是通信系统中的一个子系统，通过使用控制中心、车辆段、停车场的操作终端操控整条运营线路、车辆段、停车场内广播，将语音传送到相应车站、车辆段。地铁广播在地铁运营中，对保证列车安全高效运营，为乘客提供高质量的出行服务起到非常重要的作用，在异常情况下可立即为防灾救援、事故处理指挥等提供防灾广播功能。

(2) 广播系统结构

地铁有线广播系统一般由正线(中心和车站)广播、车辆段广播、停车场广播这 3 个相互独立的子系统构成。正线广播系统按中心级广播和车站级广播系统两级方式设置，满足各级管理人员对相应广播区进行广播。中心级广播系统与各车站广播系统通过有线传输网连接，构成一个多站址的网络化广播系统，可实现中心对全线各站广播设备的遥控、遥测和管理。车辆段和停车场广播系统分别为一套独立的区域广播系统，分设于车辆段和停车场内。中心广播系统与车辆段、停车场广播系统通过有线传输网(以太网)分别连接，用于系统网管终端对车辆段、停车场广播设备运行状态的监测和管理。

(3) 广播系统功能

正线广播系统主要用于控制中心调度人员、车站值班员(含站台值班员)向旅客提供通告地铁列车运行以及安全、向导等服务，向工作人员发布作业命令和通知等信息。

车辆段广播系统由车辆段信号楼行车值班员、运用库运转值班员向室外或库内流动生产人员及公寓内相关人员发布作业命令。停车场广播系统由停车场信号楼行车值班员、停车库运转值班员向室外或库内流动生产人员发布作业命令。当车站或车辆段、停车场库内发生火灾等灾难时，广播系统可以兼做消防广播。中心广播设备通过传输通道与车站广播设备构成一个多站址的网络化广播系统，可实现中心与车站设备间的语音传送。系统网管终端通过数据通道可实时监测中心、各车站及车辆段、停车场广播设备的运行状态，实现统一管理。

（4）广播系统运行方式

中心调度员对车站的选站、选区遥控操作和指挥，以及对某车站某广播区广播内容的选择监听。当控制中心不操作时，各车站广播均能独立自主地实现自控操作。

6. 时钟系统

（1）系统组成及设备分布

时钟系统通过GPS（全球卫星定位系统）为地铁工作人员和乘客提供统一的标准时间，并为通信系统及其他各有关系统（列车自动监控系统、自动售检票系统、轨道交通综合监控系统、电力监控系统等）提供统一的标准时间信号，使各系统的定时设备与本系统同步，从而实现地铁全线的时间标准统一。时钟系统对保证地铁运行计时准确、提高运营服务质量起到了重要的作用。

时钟系统按中心一级母钟和车站/车辆段及停车场二级母钟两级组网方式设置，主要由控制中心设备包括GPS信号接收单元、主备一级母钟系统、系统维护监控终端、电源、分路输出接口设备、车站/车辆段及停车场主备二级母钟（含各类信号输出接口设备）、时间显示（简称子钟）及传输通道等构成。中心一级母钟设在运营中心通信室，在沿线各车站、车辆段、停车场设置二级母钟和子钟。

时钟系统一般分为中央级和站级。时钟系统的外部设备包括GPS天线（含雷电保护器）和子钟。通常情况下，中央时钟系统设备以及GPS接收设备位于轨道交通线路控制中心的通信设备室，站级时钟系统设备安装在各车站及车辆段的通信设备室，子钟则安装在各站点、车辆段、控制中心等场所。

（2）系统功能

时钟系统由GPS天线接收卫星传来的时间信号，经控制中心时钟设备传送给车站/车辆段级时钟设备。站级时钟设备则为各车站的子钟提供时间信号。

中央时钟系统：通过GPS天线接收GPS时间信息，再通过中央时钟设备将时间信息传送给各站的站级时钟设备，同时传送给有需要的其他系统，为各系统提供一个标准的时间。

GFS设备：它主要由GPS天线和避雷装置两部分组成。GPS天线通过高频与卫星通信，从不同方向接收到GPS卫星系统发来的时间信息。由于GPS天线安装在露天环境里，在发生雷电时，高压容易从天线接收端进入，加装避雷装置的作用是防止雷电击坏设备。

站级时钟系统：站级时钟系统主要用于接收中央时钟系统发送过来的GPS时间，同时驱动车站子钟转动以显示时间。

子钟：子钟主要为站台、站厅候车的乘客以及各相关区域的办公人员提供统一的时间信息。子钟根据样式的不同可分为单面、双面数显子钟和模拟双面子钟。

（3）系统运行方式

系统运行方式一般分为中央控制运行和车站降级控制运行两种方式。

中央控制运行方式。本系统正常工作状态下，采用中央控制运行方式，此时中央时钟系统可正常接收GPS信号，并将此信号转换成标准时间信号传送给站级时钟系统以及其他需要接收时间信号的系统，从而使这些接收时间信息的系统的时间与 GPS 时间同步。当中央时钟系统不能正常接收 GPS 信号时，中央级时钟系统将会通过自身的晶振提供时间信号，此时其他系统及站级时钟仍然接受来自中央级时钟系统自身提供的时间信号。

车站降级控制运行方式。当中央时钟不能正常接收 GPS 信号，且中央时钟因故障不能向站级始终传送时间信号时，系统进入车站降级控制运行方式，此时由车站的时钟系统利用自身晶振提供时间信号。

7. 乘客信息系统(PIS)

(1) 乘客信息系统概述

乘客信息系统(PIS)是依托多媒体网络技术，以计算机系统为核心，以车站和车载显示终端为媒介向乘客提供信息的系统。在正常情况下，提供乘车须知、列车到站时间、列车时刻表、媒体新闻、广告等实时动态的多媒体信息；在火灾、阻塞及恐怖袭击等非正常情况下，提供动态紧急疏散提示。

(2) 乘客信息系统的分类

乘客信息系统从控制功能上分为信息源、中心播出控制层、车站(列车)播出控制层和车站(列车)播出设备 4 个层次。

乘客信息系统按照设备地点由中心系统和现场系统两级构成，中心系统由运营中心子系统、网络子系统组成；现场系统由车站子系统和车载子系统组成。

乘客信息系统从结构上分为中心子系统、车站子系统、网络子系统、车载子系统 4 个子系统。

①中心子系统，通过接口采集外部信息流，经编辑、处理手段，生成内部信息，按既定规则或版式播出，以达到向乘客传递信息的目的。

运营中心负责视频流的转换及各类信息的播放，监视控制网络及终端设备的工作状态，负责系统故障维修的集中管理，确保系统正常运营。

② 车站子系统，其主要构成为车站服务器、车站操作终端、屏幕显示和控制器、网络系统和集成化软件系统等。车站子系统通过传输通道转播来自运营中心的实时信息，并在其基础上叠加本站的信息，如列车运行信息和各类个性化信息等。

③ 网络子系统，分为有线网络和无线网络两部分。

有线网络子系统为乘客信息系统提供运营中心-各车站和各车站-无线接入点间的视频和数据信号传输的通道，通过在骨干传输网上组建的 IP 网络来实现。通信传输系统提供 1 000 M 的总线式传输通道。运营中心和所有车站的设备连接到传输网络上，从而构成一个完整的乘客信息系统的信息传输路径。

无线网络作为有线网络的延伸，提供地面与列车的通信。设备包括设置在运营中心的无线控制器、无线接入点设备、车载的无线单元和天线，以及在车辆段、停车场设置的必要设备，中心无线控制器通过核心交换机与车站以太网交换机相连，车站以太网交换机和轨旁的无线接入点之间通过单模光纤连接。

④ 车载子系统，主要由两部分设备组成，一部分是车载乘客信息视频无线接收/发送以及控制处理装置，均设置在司机室；另一部分是液晶显示屏(LCD)视频播放和客室视频监视装置，设置在客室。

(3) 乘客信息系统的运作模式

乘客信息系统支持集中和分布式的管理方式，对于车站和车载系统的信息发布可支持如下工作模式，以确保在正常和非正常状态下都能够充分发挥服务和引导的功能。

① 直播模式。系统由运营中心直接组织信息实时播放并控制终端显示设备,车站子系统在接收同步播放列表和节目内容的同时处于热备份状态。车载子系统通过有线和无线网络接收运营中心直接下发的信息实时在列车上播放。

② 准实时模式。当车载系统无法与地面进行不间断实时高速通信时,车载系统进入准实时播出模式。车载子系统在列车进站停靠期间或车辆回库期间,通过采取有效的准实时传输设备或必要的手段在非移动的情况下自动高速传输并预存显示信息,供车载系统组织播出。

③ 录播模式。车辆运营时,车载系统按照预存的素材和播放列表自行组织播放,在正常情况下预存的素材和播放列表可在列车在线运营时利用富余无线带宽接收下载。车载设备同时提供相关接口能够使列车在入库后在线或通过移动存储设备下载素材和播放列表,至少满足次日播放要求。

④ 应急模式。当运营中心故障或网络通信中断以及系统检测到非法入侵时,受到影响的车站子系统迅速自动转入降级模式,按已接收到的播放列表和节目内容自行组织播放。通信中断的车载子系统也按预定义节目内容迅速自行组织播放。

⑤ 单点故障模式。当个别终端显示设备与系统通信中断时,通信中断的终端设备按照无输入显示方式运行。其余设备按照原有模式运行。

8. 视频监控系统

(1) 系统概述

视频监控系统又称地铁闭路电视系统(CCTV),是地铁运营管理现代化的配套设备,供控制指挥中心调度管理人员、车站值班人员、站台工作人员及司机实时监控车站客流、列车出入站及旅客上下车等情况,以提高运行组织管理效率,保证列车安全、正点地运送乘客。当车站发生灾情时,视频监控系统可作为防灾调度员指挥抢险的指挥工具。视频监控系统可为车站值班员提供对车站的站厅、站台等主要区域的监视,为列车司机提供对相应站台旅客上、下车等情况的监视,为中心调度员提供对各车站的监视。

(2) 系统构成

视频监控系统由图像摄取、图像显示及录制存储、车站控制处理及显示、中心控制处理及显示、视频信号传输、网管等设备组成,由运营中心监视和车站现场监视两大部分组成完整的两级监视网络。各车站图像的摄取范围一般考虑设置在车站的站台.站厅、自动扶梯、乘客集散厅、出入口设备区、出入口、卫生间出入口等处,还应覆盖 AFC 的售票机和闸机、票务室等。

(3) 系统功能

① 车站本地模拟监视。车站值班员将通过控制键盘对模拟视频矩阵进行切换,观看到最清晰、无延时的本站实时模拟图像,或通过综合监控终端软件控制调看数字图像信号。

② 运营中心远程数字监视。运营中心通过控制键盘或综合监控终端软件选取所需图像,经解码器处理后送至大屏、电视墙及监视器。

③ 云台调用及优先级。在车站设置多级调用管理器进行云台调用及优先级管理。中心调度员及车站值班员能够控制车站任何一台球形一体化摄像机云台的转动及其变焦镜头的焦距调节。可最多设置 2 个遥控优先等级,当高优先级用户在操作云台时,低级别用户不能操作,只有当高级别用户释放时,低级别用户才能操作云台。

④ 数字视频录像存储。在车站设置数字视频录像存储设备,可对站内全部图像进行录制。在车站可以利用综合监控终端软件调用录像存储系统点播历史图像,同时运营中心的总调度可以利用录像回放终端软件调看任意车站的任意一幅历史视频录像。每台数字视频录像存储设备可同时支持 32 路的视频回放。

⑤ 网管。车站和中心的网管主机对电视监视系统设备进行参数设置、编程及故障告警等综合管理，并可对车站电视设备进行遥控开关机。同时中心网管可将网管信息发送至综合网管系统，对系统设备的运行情况进行综合监视与管理，对系统数据及配置作及时的修改。此外，网管具有对前端摄像机及云台检测的功能，根据设置手动或自动检测各摄像机及云台的状态，提供摄像机及云台状态的报表，便于维护人员及时了解各摄像机及云台的状态。

9. 电源系统

地铁系统低压供电采用三相四线制配电、TNS接地系统（即三相五线制配电）；由两路独立的低压交流电源（380 V±15%、50 Hz）供电，两路独立交流电源分别引至运营中心、车站及车辆段信号楼、综合维修楼、停车场的通信设备室，接入交流电源切换配电屏。通信系统用电负荷均为一级负荷。

(1) 电源设备系统种类

地铁通信电源设备系统有交流供电和直流供电两种供电系统。

交流供电系统主要由交流配电柜、不间断电源设备、蓄电池等组成。引入交流配电柜的两路独立的三相五线制交流电源，一路为主用，另一路为备用，当主用的一路发生故障时能自动倒换至备用回路上。交流电源由交流配电柜的两路电源切换盘引入后接进不间断电源设备，不间断电源设备交流输出至配电柜，在交流配电柜的配电盘内安装多路空气开关（一般为十几路），以满足各通信系统的需求及日后系统扩充需要。当停电时，不间断电源设备则通过配备的一组蓄电池经逆变器向负载连续供电。

直流供电系统需要用直流供电方式的通信设备，采用直流高频开关电源与蓄电池并联浮充的方式供电。直流高频开关电源的交流电源由交流配电屏引入，输出可靠的－48 V直流电源至相关的通信设备。当正常供电时，整流器一方面给通信设备供电，另一方面又给蓄电池充电；当停电时，直流高频开关电源则通过配备的蓄电池组向负载连续供电。

(2) 电源供电方式

① 交流、直流混合供电方式。车站、控制中心（OCC）全部采用直流、交流混合供电方式，分别设置一套双路电源切换柜、一套高频开关电源与－48 V蓄电池组、一套不间断电源（UPS）与－48 V蓄电池组，各系统根据设备用电方式的不同和系统的重要性分别选择直流和交流供电。这种方式有效可靠，当高开和不间断电源出现故障时，不会对所有系统造成影响。目前，北方地铁（如北京、沈阳、西安2号线）均以这种方式供电。

② 单独交流供电方式。单独交流供电方式分别设置一套双路电源切换柜、一套不间断电源（UPS）与－48 V蓄电池组，各车站不设直流供电，由交流不间断电源设备向各通信设备供电。对少数需直流供电的通信设备，以及对于控制中心或个别直流用电量较大的站（场），采用设备厂家机柜内自带整流器的方式，从可靠性、合理性上考虑不太适宜采用交、直流两种电源供电方式。这种方式以南方地铁为主，尤以广州、成都运用较广，西安地铁1号线也采用了这种方式。

③ 弱电综合交流供电方式。在地铁车站设置综合电源室和综合电池室，将各弱电系统（除信号）需要的用电负荷经过汇总，在综合电源室设置智能不间断电源配电盘，通过电源线与各系统设备房的低压配电盘连接，然后由各系统配电盘向各系统设备供电，其中设在综合电源室的智能不间断电源配电盘应有在市电异常的情况下，根据弱电各系统后备时间自动切断相应系统电源的功能。即除信号系统外所有弱电系统采用一套不间断电源供电方式。目前已在北京亦庄线、深圳地铁3号线开通实施。

以上3种方式各有特点，综合交流供电方式便于专业维护，降低投资、机房空间和维护等成本。直流和交流混合供电方式虽投资成本较高,但稳妥可靠。目前对地铁造成较大影响的电源故障均为不间断电源设备引起。从维护的角度看,直流、交流混合供电是目前最为可靠、最适合地铁的供电方式。

任务2.5 城市轨道交通机电设备

2.5.1 屏蔽门

1. 屏蔽门的分类

屏蔽门按其功能可分为两类,闭式屏蔽门和开式屏蔽门。闭式屏蔽门也是通常所说的地铁屏蔽门;开式屏蔽门(简称屏蔽门)即通常所说的安全门。

屏蔽门从结构形式上分类可分为全高闭式屏蔽门、全高开式屏蔽门、半高开式屏蔽门。

(1) 全高闭式屏蔽门

全高闭式屏蔽门将候车空间与隧道空间完全隔开,两者之间无空气流通,门体结构高度一般为2 800～3 200 mm。一般来说采取各种样式的斜撑立柱、圆弧钢圈、钢筋悬吊等方式来固定,确保其稳定性。这种形式的屏蔽门一般应用于城市轨道交通设有空调系统的地下车站,主要作用是保证乘客乘车的安全性,还可以降低能耗,提高经济效益。

(2) 全高开式屏蔽门

全高开式屏蔽门与闭式屏蔽门一样,是一道自上而下的玻璃隔离墙和活动门,沿着车站站台边缘和两端头设置,能把站台候车区与列车进站停靠区隔离,只在顶端处留一缝隙,这样设计允许轨道与站台间有空气对流通道,门体结构高度一般为2 800～3 200 mm。全高开式屏蔽门除具有保证乘客安全的功能外,还能阻挡列车进站的气流对乘客的影响,节约能耗以及降低噪声,多用于没有空调系统的地下站台。

(3) 半高开式屏蔽门

半高开式屏蔽门是一道上不封顶的玻璃隔离墙和活动门,门体结构高度一般为1 200～1 500 mm,主要安装在地面车站及高架车站,或顶部无安装条件的地下车站。与全高式相比,安装位置基本相同,但结构简单,高度低,空气可以通过屏蔽门上部流通,造价相对较低。它主要起隔离的作用,提高站台候车乘客的安全,同时还能起到一定的隔音降噪作用,主要应用于气候比较凉爽的城市地铁站台,如法国吐鲁斯轻轨系统、巴黎地铁14号线无人驾驶系统、日本多摩都市高架线、天津地铁1号线等。

2. 屏蔽门系统构成

闭式屏蔽门系统主要由门体、门机、电源以及控制4个部分组成。门体包括顶箱结构、门槛、顶梁、立柱和框架式玻璃门等组成;控制系统主要由屏蔽门中央接口盘(PSC)、屏蔽门就地控制盘(PSL)、门控单元(DCU)以及通信介质及通信接口构成。

开式屏蔽门系统由门体、门机、电源以及控制4个部分组成。门体主要包括门槛、滑动门、固定门、应急门、端门、固定侧盒等;控制系统主要由屏蔽门中央接口盘(PSC)、屏蔽门就地控制盘(PSL)、门控单元(DCU)以及通信介质及通信接口构成。

(1) 门体主要部件

① 顶箱。屏蔽门顶箱内设置有驱动机构、锁闭及解锁装置、门控单元、行程控制开关及导轨组等,用来驱动、控制滑动门。屏蔽门顶箱面板兼作站台导向指示标志。

② 门槛。屏蔽门的门槛保证滑动门正常滑动。

③ 顶梁和立柱。屏蔽门的顶梁和立柱为顶箱、门机和门框架的支撑及固定部件。

④ 框架玻璃门。框架玻璃门包括滑动门(ASD)、固定门(FIX)、应急门(EED)、端门(PED)、顶箱盖板。滑动门设在与每列车车门一一对应的屏蔽门位置。

⑤ 门锁。端门、滑动门与应急门均设有不同形式的门锁作为安全装置。乘客在紧急或故障情况下可以在轨道侧将门手动解锁打开,同时,站务人员可在站台侧用钥匙解锁开门。滑动门与应急门的锁闭信号反馈至信号系统,端门、滑动门与应急门的状态反馈到中央接口盘后再传递给主控系统。

(2) 门　机

门机主要由电机、减速装置、传动装置、导轨与滑动拖板、行程开关、锁紧与解锁装置等构成。其采用无刷直流电机,电机调速性能和输出转矩满足门运动曲线和动力曲线要求。传动装置采用皮带传动或螺杆传动。

(3) 供电电源

屏蔽门系统的供电电源为同一类负荷。由低压配电系统提供两路(一用一备)独立的380 V、50 Hz 三相交流电源,为两侧站台的屏蔽门提供驱动电源。

驱动电源。驱动电源由不间断电源和蓄电池组构成。驱动电源在市电故障状态下,其容量能够满足车站内所有门开/关三次。

(4) 控制系统

屏蔽门控制系统主要由中央接口盘(PSC)、就地控制盘(PSL)、门控单元(DCU)以及通信介质及通信接口组成。每列屏蔽门的控制子系统由单元控制器(PEDC)、就地控制盘(PSL)、门控单元(DCU)和其他相关设备组成。中央接口盘(PSC)设置于屏蔽门设备房,每个车站有一套中央接口盘。中央接口盘包含控制器、显示盘、继电器和指示灯等设备。

3. 屏蔽门系统的控制方式

屏蔽门的控制方式包括系统级控制、站台级控制以及手动操作三级控制方式。

系统级控制是在正常运行模式下由信号系统对屏蔽门进行开门、关门控制的控制方式。列车到站并停在允许的误差范围内时,列车自动控制发出“开门”命令,经过信号设备传到屏蔽门系统中央接口盘,由中央接口盘控制门控单元打开滑动门;列车驶出站台时,列车驾驶员操作列车关门按钮,关门命令经信号系统传输至中央接口盘,最后由门控单元实现滑动门的关闭;当所有的滑动门完全关闭并锁紧时,门控单元向计算机反馈“闭锁”信息到信号系统,列车可驶离车站。

站台级控制是在系统级控制不能实现时,由列车驾驶员或站务人员在就地控制盘上进行操作控制。站台级控制还可以实现滑动门(ASD)/应急门(EED)与信号系统的互锁解除,强制发出闭锁信息,使列车尽快离站出发。

个别门在控制系统因故障不能打开时,工作人员在站台侧用钥匙或乘客在轨道侧手动操作通过门把手打开滑动门。

4. 地铁屏蔽门功能

除了保障列车、乘客进出站时的绝对安全之外,地铁站台安装屏蔽门还可以大幅度减少司机瞭望次数,减轻了司机的思想负担,并且能有效地减少空气对流造成的站台冷热气的流失,降低列车运行产生的噪声对车站的影响,提供舒适的候车环境,具有节能、安全、环保、美观等功能。

地铁屏蔽门系统,使空调设备的冷负荷减少35%以上,环控机房的建筑面积减少50%,空调电耗降低30%,有明显的节能效果。

地铁通风与空调系统应结合地铁的运输能力、当地的气候条件、人员舒适性要求和运行及管理费用等因素进行技术综合比较,作为确定车站是否设置屏蔽门的依据。

2.5.2 防淹门系统

防淹门系统作为地铁的防灾设备,主要应用在水系复杂、常年蓄水或地处海域海岛的地区,如地处珠江三角洲的广州、长江三角洲的上海、香港。地铁在以地下线路穿越河流或湖泊等水域时,应考虑在进出水域的隧道两端的适当位置设置防淹门,以防止因意外使洪水进入隧道和车站,造成大范围的人身伤亡和财产损失,有效保护人身安全和地下设备。防淹门控制系统以每个门体为独立的控制子系统,完成防淹门开、关门的控制。在控制中心及相关车站可通过主控系统网络监视设备的运行状态。

2.5.3 车站消防系统

地铁与轻轨中消防系统的种类有很多,如水消防系统、火灾自动报警系统、自动气体灭火系统、机电设备监控系统、防排烟风机等。本小节主要介绍水消防系统、火灾自动报警系统以及自动气体灭火系统。

1. 水消防系统

水消防系统主要由消火栓灭火系统和自动喷淋灭火系统组成。

① 消火栓灭火系统。消火栓灭火系统主要设在车站的管理用房、站厅层、站台层、出入口、车站和区间风道内。在区间隧道内每 100 m 就会设置一个消火栓。当发生火灾时,打破消火栓的玻璃,信号传送到车站综合控制室,由报警控制器主机确认后自动远程控制消防泵灭火。

② 自动喷淋灭火系统。自动喷淋灭火系统主要设置在车站的票务车间、易燃的库房、备品库及商业区部分。当分区发生火灾时,由于现场温度升高而使闭式喷头上低熔点合金熔化或玻璃球爆裂,喷头即开始喷水灭火。这时管网中的水压力骤然下降,压力开关把信号传送到综合控制室经确认后自动远程控制喷淋泵(消防泵和喷淋泵合用)水流指示器触点闭合,车站综合控制室立即显示着火部位,并设音响报警。

2. 火灾自动报警系统

火灾的早期发现对消防救灾来说具有极其重要的意义,而地下车站和区间隧道由于空间狭小,消防救灾十分困难,故火灾的早期发现和早期扑救对消防救灾来说显得尤为重要。为保障城市轨道交通运营线路的安全运营,设置火灾自动报警系统(Fire Alarm System,FAS),对城市轨道交通运营线路全线进行火灾探测、报警和控制。

火灾自动报警系统主要由探测器、控制器及信号线组成,其分布在站厅、站台、一般设备用房等位置,能监视车站消防设备的运行状态,接收车站火灾探测器、手动报警按钮等现场设备的报警信号并显示报警位置。火灾自动报警系统优先接收控制中心发出的消防救灾指令,并能在火灾发生时,发出模式指令使机电设备监控系统运行转入火灾模式,实现消防联动,同时可通过事故广播系统的闭路电视系统组织疏散乘客,对气体灭火系统的保护区域进行火灾监视,达到及早发现火灾,通报并发送火灾联动指令的目的。

在不能采用水和泡沫灭火的部位应采用 1301 灭火剂。1301 灭火剂在地铁内主要用于车辆变电所、机械室、信号继电器室、计算机房及总机房等设备房间的灭火。

(1) 火灾自动报警系统功能

火灾自动报警系统有中央和车站两级监控。中央级火灾自动报警系统具备以下功能:

➢ 接收、显示并储存全线主要火灾报警设备的运行状态。

➢ 接收由车站级设备传送的各探测点的火灾报警信号，显示报警部位及自动记录。

➢ 自动和人工手动确认火灾报警。

➢ 根据火灾发生的实际情况，自动选择预定的解决方案，向各消防控制室发出消防救灾指令和安全疏散命令。

➢ 图形控制中心计算机通过无线发射台及时向市消防局 119 无线报警台进行火灾报警，向消防部门通报灾情。

➢ 接收主时钟的信息，使火灾自动报警系统时钟与主时钟同步。

城市轨道交通消防指挥中心设有消防值班员，负责管理全线的火灾报警，确认火灾灾情，向车站级发出消防救灾指令，指挥救灾工作的开展。

(2) 火灾自动报警系统组成

① 图形控制中心系统

图形控制中心系统配置有两台计算机，分别为监控管理操作终端和历史资料存档管理操作终端，操作终端采用高质量、高性能的个人计算机(PC)或高性能工业级计算机，配置彩色显示器、键盘和鼠标、打印机、不间断电源。历史资料存档管理操作终端配置高性能、高容量的磁带机，用于历史资料的存储备份。应用软件是完全汉化的，运行于 Windows 95 以上版本的操作系统，用户界面良好、操作灵活简便，可以用图形和文本两种方式处理事件；能对事件进行合理分类及过滤筛选；可以通过对事件存储文件的分析，了解何时发生何事，便于分析事件发生的原因。

② 车站级火灾自动报警系统

在各地铁车站、主变电站集中供冷站、车辆段各主要建筑的消防控制室设置一台火灾报警控制盘(FACP)，火灾报警控制盘配置先进的微处理器、液晶显示器(LCD)以及紧急供电装置。微处理器有强大的事件存储功能，便于分析事件发生的原因。通过合理设置液晶显示器的显示内容，最大限度地向消防值班员提供信息。除了具有液晶显示器外，还有易于理解的灯(LED)和开关按钮组合，以帮助消防值班员在紧急情况下执行系统命令和救灾命令。同时在各地铁车站设置消防联动控制柜，联动控制柜通过控制电缆与重要消防设备的控制回路相连，联动控制柜上有各种带自锁的按键，用于火灾时自动控制系统失效的情况下，手动控制各种消防设备。紧急供电装置为火灾报警控制器的专用不间断电源，电池容量可以维持系统 24 h 的正常运作。

③ 火灾自动报警系统现场设备

在地铁范围内均设有带地址码的火灾探测器，如车站内各设备管理用房、站厅及站台旅客公共区和通道等区域，均分布有智能型感烟探测器进行火灾探测。

在站厅层、站台层、出入口通道和设备区等区域设有带地址码的手动火灾报警按钮。报警区域内每个防火分区，至少设有一只手动火灾报警按钮。从一个防火分区内的任何位置到最邻近的一个手动火灾报警按钮的步行距离不大于 30 m。在上述区域中，若设有消火栓箱，则手动火灾报警按钮安装在靠近消火栓箱处，位于明显且便于操作的墙上。

站台板下的电缆廊道设有感温电缆，感温电缆按电缆桥架分层，蛇行走向布置。

在大空间、长距离的库房设有红外光束式感烟探测器。

探测模块是带地址码的，用于接收气体自动灭火系统控制盘上的火灾预报警信号、火灾确认信号、系统故障信号、气体释放信号和手动/自动状态信号，以及车站内防火阀和感温电缆的动作信号。

控制模块是带地址码的,用于控制防火卷帘的降落。同时根据车站防排烟系统的火灾运行模式,一种模式对应一个控制模块,火灾时,根据不同的着火区域自动启动相应的火灾运行模式。

(3) 火灾自动报警系统消防联动控制系统的配置

火灾自动报警系统所有的防排烟系统联动控制功能由机电设备监控系统(BAS)实现。火灾自动报警系统和机电设备监控系统在各车站均设有自动控制接口,火灾自动报警系统发出的指令具有最高优先权,当发生火灾时,通过车站的自动控制接口,火灾自动报警系统发出指令,按指令机电设备监控系统将其所监控的设备运行转换为预定的火灾运行模式。

(4) 消防广播通信系统

① 消防广播

火灾报警在车站内未设警铃或警笛,而是设置火灾事故广播。火灾事故广播不单独设置,与车站广播系统合用;平时为车站广播用,火灾时,能在消防控制室将广播音响强行切换到火灾事故广播状态,火灾事故广播具有优先权。

② 消防通信

消防指挥中心设有专用电话用于向公安消防部门报警。火灾自动报警系统在车站内设有消防报警电话插孔,而在区间隧道内则与轨旁电话系统合用,并结合有线和无线通信系统的使用,实现消防指挥通信系统的全部功能。站内及轨旁电话系统在各消防控制室、值班室、消防水泵房和通风空调机房内设置直达通话话机;区间隧道设置轨旁电话机。火灾自动报警系统在高低压室、通信设备室、信号设备室、环控电控室和屏蔽门设备室等气体灭火保护房间门外的墙上设置固定通话话机。

消防指挥中心在有线通信系统中设置调度电话总机,在各消防控制室中设置调度分机。消防指挥中心调度员可对设于各消防控制室的分机进行单呼、组呼、全呼;分机可对中心调度员进行一般呼叫和紧急呼叫。

3. 自动气体灭火系统

自动气体灭火系统布置在重要的设备房,如高低压室、通信设备室、环控电控室、信号设备室等,能实现火灾信号采集、系统信息处理、声光报警控制、信息报告、相关环控设备的联动控制和气体释放全过程的自动控制。其控制方式一般有自动控制、电气式手动控制、机械操作控制3种。目前应用的全自动灭火系统绝大部分是气体灭火系统,而常用的气体灭火系统则以卤代烷(如1301、FM200、烟烙尽等)和二氧化碳灭火系统为主。

为了保证在发生火灾的情况下,乘客能安全迅速疏散,应在车站出入口、楼梯口、通道拐弯处、区间隧道内及联络通道内等适当位置设置明显的疏散诱导标志灯或安全信号标志。

2.5.4 车站电梯系统

电梯系统由垂直电梯、自动扶梯及楼梯升降机组成,是城市轨道交通系统的一个重要的组成部分,它每天担负着运送大量客流的任务,其对客流的及时疏散起到了至关重要的作用。城市轨道交通系统配置垂直电梯、自动扶梯及楼梯升降机的基本原则为:站台至站厅间根据车站运期客流量设置上、下行自动扶梯;出入口及过街隧道根据人流量设置上、下行或上行自动扶梯;当提升高度达到6 m以上时,设上、下行自动扶梯以保证人流的疏散和服务质量;车站内设置残疾人楼梯升降机以满足残疾人等特殊人群的需要。

(1) 垂直电梯

一般地铁车站按无障碍设计,设置残疾人垂直电梯,地面至站厅之间设1部,站厅至站台之间，岛式站台设1部，侧式站台设2部。

站厅至站台垂直电梯设于付费区内，地面至站厅垂直电梯井道与出入口相结合设计，出地面部分井道及候梯厅与周围建筑规划相协调，实现造型美观且方便管理的目的。

(2) 自动扶梯

自动扶梯是由一台特种结构形式的链式输送机和两台特殊结构形式的胶带输送机组合而成，是一种用在建筑物的不同层高间运载人员上下的连续输送机械。一系列的梯级与两根牵引链条连接在一起，在按一定线路布置的导轨上运行即形成自动扶梯的梯路。牵引链条绕过上牵引链轮、下张紧装置，并通过上、下分支的若干直线、曲线区段构成闭合环路。这一环路的上分支中的各个梯级(梯路)应严格保持水平，以供乘客站立。上牵引链轮(主轴)通过减速器等与电动机相连以获得动力。扶梯两旁装有与梯路同步运行的扶手装置，以供乘客手扶之用。扶手装置同样由上述电动机驱动。为了保证自动扶梯上的乘客绝对安全，要求装设多种安全装置。由于自动扶梯是连续工作的，因此，自动扶梯多设置在人员集中的公共场所、商店、车站、机场、码头、大厦及地铁车站等处，保证在较短时间内输送大量人员。

(3) 楼梯升降机

楼梯升降机是一种架设在扶手楼梯上的升降设备，使用者可以通过呼叫工作人员启用。使用者坐上去后，可以由楼梯顶部下降到底部或相反方向，主要使用者为腿部有残障的人士。

2.5.5 低压配电与照明系统

(1) 电源及供电系统

电源及供电系统采用集中供电方式，中压供电网络与牵引供电系统共用，电压等级为33 kV，电源由主变电所供给。

车站及区间动力、照明负荷由车站降压变电所供应。供电电压为0.4/0.22 kV。供电系统按满足一、二级负荷要求，两路电源供电。

(2) 动力及照明供电范围

供电范围为各车站和区间、车辆段、综合维修基地的所有动力照明用电，城市轨道交通物业用电。

(3) 动力及照明供电负荷分级

根据对供电可靠性的要求，动力照明负荷一般分为三级，其中一、二级负荷占大部分。具体分类如下：

一级负荷：主控系统、通信系统、信号系统、防灾报警系统、机电设备监控系统、自动售检票系统、门禁系统、屏蔽门、防淹门、自动扶梯(火灾时仍须运行以满足疏散要求的自动扶梯)、气体灭火器、消防泵、废水泵、雨水泵、站厅站台公共区照明、事故及疏散标志照明、二、三、四类导向灯箱、事故风机及其风阀、排烟风机及其风阀等。

二级负荷：设备区和管理区照明、出入口通道照明、非事故风机及风阀、组合空调器、污水泵、自动扶梯(火灾时无须运行的自动扶梯)、电梯、楼梯升降机、维修电源、商铺电源等。

三级负荷：公共区及管理用房空调系统中的冷水机组、冷冻水泵、冷却水泵、冷却塔风机、补水泵、空气幕、分体空调器，广告照明、清扫机械、生活用电等。

(4) 动力及照明供电方式

动力及照明设备的供电，根据负荷性质和重要程度按以下方式供电：

一级负荷平时从降压变电所两段母线上分别馈出一路专用供电线路向负荷末端电源切换箱供电，两路电源在切换箱内自动切换，以实现不间断供电。

二级负荷平时从降压变电所、环控电控室、照明配电室馈出单回供电线路至末端配电箱，当一台变压器退出运行时，降压变电所的0.4 kV母线分段开关自动闭合。

三级负荷平时由一路电源供电，当一台变压器退出运行时，应将其从电网中切除。

环控电控室和照明配电室对各类负荷的供电，根据负荷性质按照集中分片的原则进行。车站站厅、站台公共区的照明采用分块控制、交叉供电的配线方式。

(5) 动力供电

城市轨道交通车站动力供电主要根据负荷分布的特点，划分不同的供电区域来考虑，分为变电所直配和经环控电控室配供两类，主要采用放射式配电，辅以树干式。

(6) 照明供电

城市轨道交通车站照明供电主要根据各部位功能需求，划分不同的区域分片分类配电。地下站原则上以车站中心为界，两端站台站厅设照明配电室分片供电和控制，高架站、地面站可按层或端各设一个照明配电室。照明设备配电采用放射式和树干式相结合的方式。地铁车站照明分为一般工作照明、节电照明、应急照明(含备用照明、安全照明、标示照明)以及广告照明。一般工作照明占整个照明的2/3左右，节电照明和应急照明(若按正常处于亮灯状态设计)约占1/3。

2.5.6 自动售检票设备

1. 城市轨道交通票务系统

在城市轨道交通中围绕车票所开展的各项管理事务统称为票务。城市轨道交通票务系统是轨道交通运营企业为了给乘客提供快捷便利的出行，有效进行票务收入管理而建立的一套满足城市轨道交通票务管理需求的系统。

城市轨道交通票务系统的主要任务是制定票价策略，对车票和运营收入进行有效管理。随着票务系统功能的不断扩展，目前该系统还承担了对运营状况进行监控管理的职责。

城市轨道交通票务系统是轨道交通票务收入和结算的基础，只有通过安全、可靠以及完备的自动售检票系统(AFC)，才能有效地实施票务的结算和清分。

2. 自动售检票系统

(1) 自动售检票系统的概念

在2007年颁布的《城市轨道交通自动售检票系统技术条件》(GB/T 20907—2007)国家标准中定义：自动售检票系统是基于计算机、通信、网络、自动控制等技术，实现城市轨道交通售票、检票、计费、收费、统计、清分、管理等全过程的自动化系统。

(2) 自动售检票系统的发展历程

国外在自动售检票系统研制和投入运营方面起步比较早，1967年世界上第1套自动售检票系统在法国巴黎地铁成功安装使用。1979年香港地铁首条线路开通时就采用了自动售检票系统，是我国首套自动售检票系统。1999年2月16日，在广州地铁1号线开通试运营的同时，自动售检票系统也投入了使用，同年3月1日，自动售检票系统在上海地铁1号线投入使用，这是我国内地最初的两套自动售检票系统。目前国内已开通运营的各城市轨道交通都已使用自动售检票系统。

自动售检票系统经历了以下3个发展阶段：

第1阶段：城市轨道交通运营初期。采用人工售检票方式、纸质车票、单一车票。

第2阶段：自动售检票系统初创阶段。采用计程、计时票价制，车票媒介包括磁卡和IC(Integrated Circuit，集成电路)卡。

第 3 阶段：自动售检票系统网络化阶段。采用计程、计时票价制，可实行付费区内直接换乘和多元收益方的精细清分，车票媒介采用非接触式 IC 卡。系统能实现“一票通”换乘，并兼容公共交通卡、手机钱包，与其他公交系统能实现“一卡通”结算。

✍ 实训任务

了解成都市地铁 4 号线相关设备系统。

课后练习题

1. 城市轨道交通设备系统有哪些？
2. 简述城市轨道交通各设备系统的组成与分类。
3. 简述城市轨道交通各设备系统的特点。
4. 简述城市轨道交通各设备系统的功能及作用。

运 作 篇

项目3　城市轨道交通客流分析

☞ 学习目标

掌握城市轨道交通客流分类，学会客流的时间、空间分布特点分析，掌握城市轨道交通客流规律特征；了解城市轨道交通客流调查及预测方法；能根据城市轨道交通客流数据分析轨道交通客流特点；能选择合适的预测方法对城市轨道交通客流进行预测。

☞ 重点和难点

客流分析、日常情况下的客流组织客、流调查、客流预测。

☞ 导入案例

【案例 3.1】

成都国际汽车展览会首日，地铁1号线采用大客流运行图

2019年成都国际汽车展览会即将在中国西部国际博览城举办。成都地铁"秉持真诚、服务大众"的服务理念，提前分析本届车展客流趋势及特点，从行车组织、客运组织、安全管理等方面精心筹划、提前准备，制定专项保障方案，为乘客着想，从乘客出发，确保车展期间市民乘客的安全便捷出行。

因本届车展规模较大，其举办时间又与潮音节、中秋节等音乐节及小长假时间重叠，因此请市民提前知晓本届车展期间成都地铁线网客流的主要特点。

一、9月6、7日，恰逢潮音节在中国西部国际博览城南广场举办，市民可乘坐地铁至广州路站D口出站参加潮音节，可提前购买返程车票，并注意末班车时间。

二、9月12日为中秋节前一日，车展客流将与放假客流叠加，1、2号线高峰客流压力增长明显，晚高峰提前至13:00开始。预计晚高峰期间，高新、金融城、孵化园、天府三街、天府五街、西博城、广州路、春熙路等站进站客流增长明显，成都东客站、火车北站、成都西站、茶店子客运站、犀浦等站出站客流增长明显。

三、9月13、14日为车展最后两天，客流将与中秋节放假客流重叠，预计火车北站、成都东客站、犀浦、茶店子客运站等枢纽站点，春熙路、宽窄巷子、动物园、熊猫大道等景点站点以及西博城、广州路等展会站点客流有明显上升。

为满足车展期间市民乘客的出行需求，成都地铁有针对性地对线网运能进行提升。车展观众日首日(9月6日)及展会期间双休日，成都地铁1号线均采用大客流运行图，通过增加上线列车数、提前组织高峰列车上线等措施，全面提升展会期间高峰运输能力，满足客流出行需求；将增加备用车数量并优化停放地点，结合重点车站客流情况及时组织备用车加开上线；针对1号线火车南站及华府大道等重点车站客流情况，将持续优化早高峰"大站空车"及备用列车开行方案，通过调整火车南站空车投放数量、时间，并组织华府大道备用列车加开上线等措施，缓解重点车站客流压力；适当调整高峰期间列车间隔，避免上下行列车同时到达火车南站等大客流车站，有效减缓站台客流压力，并延长重点车站站停时间，有效满足乘客上下车需求。

来源：四川在线

【案例3.2】

温暖回家路,2019年成都地铁春运大数据来啦!

截至3月1日,为期40天的2019年春运正式落下帷幕,成都地铁圆满完成了2019年春运工作。

2019年成都地铁春运大数据如下,元宵节突破纪录,春运总体客流呈“U”字形分布:

总客运量:1.32亿乘次

2019年春运期间成都地铁线网共计运输乘客1.32亿乘次。

日均客流:329.15万乘次

同比增长:26.78%

2019年春运期间,受1号线三期及3号线二、三期开通影响,成都地铁线网日均客运量达329.15万乘次,同比2018年春运期间日均客运量增长26.78%。

客流最高纪录:448.36万乘次

客流总体呈两头高、中间低的“U”字形分布,元宵节当日更是突破历史纪录,达448.36万乘次。

来源:搜狐网

【案例3.3】

实时监测列车满载率,成都地铁不打挤!

春节期间加之疫情影响,成都地铁线网客流较小,为进一步均衡线网运力,成都地铁对各线路行车间隔及运营服务时间进行了调整。自2月初成都市各企事业单位陆续复工以来,成都地铁线网运营大数据已出炉,统计周期:2020.02.03—2020.02.20。日均客运量33.7万乘次,工作日:36.5万乘次,双休日:24.2万乘次,总客运量不到正常情况下的10%。春熙路站、火车南站、成都东客站日均客运量较正常情况降低约90%。成都东客站作为与铁路的接驳枢纽站,21:30分后日均进站量仅600余人。

为全力满足市民乘客的出行需求,自成都市各企事业单位复工以来,成都地铁采取了一系列举措,动态调整行车间隔,有效控制线网各次列车满载率。疫情防控下的举措有:1. 实时监测全网各站运行列车满载率;2. 动态调整列车开行计划,有效控制列车满载率;3. 优化备用车方案;4. 均衡列车客流分布;5. 提升地铁与其他交通工具的衔接匹配。此外,成都地铁还采取均衡列车客流分布举措。通过广播、人员引导等形式调控站台候车秩序,分散乘客上车位置,避免部分车厢乘客聚集。在一系列动态举措下,线网各次列车满载率得到有效控制。

来源:澎湃新闻

【案例思考】

1. 以上案例中统计数据是怎么得来的呢?

2. 以上案例中不同客流种类有何不同特点?

任务3.1　城市轨道交通客流概述

乘客是城市轨道交通的服务对象,也是客运组织的要素之一。安全快捷运送乘客既是城市轨道交通运营的任务,也是客运组织的目的。经城市轨道交通运送后,乘客在不同车站间流动,使乘客实现了出行目的。也就是说城市轨道交通帮助乘客完成了位置上的移动(即位移),

乘客的位移就是城市轨道交通运营生产所提供的产,必须对客流有一个清楚的认识,对可能发生的客流变化有一个正确的预判,才能有效地完成客运组织的任务。

3.1.1 客流概念

(1) 客　流

组织管理学对客流的定义是:一定时间内乘客根据出行需要在空间范围内的流动。从服务角度对客流的定义是:客流是指在单位时间内,轨道交通线路上乘客流动人数和流动方向的总和。城市轨道交通的客流是指出行乘坐城市轨道交通以实现其位移而到达出行目的地的乘客数量。总的来说城市轨道交通的客流可以反映需要乘坐轨道交通的城市居民数量和城市轨道交通受市民欢迎的程度。

(2) 断面客流量

断面客流量是指在单位时间内,通过轨道交通线路某一地点的客流量。单位时间可以是一昼夜,1 h或其他的时间单位。显然,通过某一断面的客流量就是通过该断面所在区间的客流量。断面容流量可分为上行断面客流量和下行断面客流量,计算公式如下:

$$P_{i+1}=P_i-P_x+P_s$$

式中:P_{i+1} 表示第 $i+1$ 个断面客流量;P_i 表示第 i 个断面客流量;P_x 表示在车站 i 下车人数;P_s 表示在车站 i 上车人数。

(3) 最大断面客流量

在单位时间内,通过轨道交通线路各个断面的客流量一般是不相等的。最大断面容流量是指最大客流断面的客流量。上下行方向的最大客流断面一般不在同一个断面。

(4) 高峰小时最大断面客流量

在以小时为单位计算断面客流量的情况下,分时断面客流量最大的小时称为高峰小时。轨道交通线路的高峰小时一般出现在当地上班工作时间前的早晨和下班时的傍晚,故也称为早高峰小时和晚高峰小时。高峰小时最大断面客流量是指高峰小时最大客流断面的客流量。高峰小时最大断面客流量是行车组织和车站设备容量确定的一项基础资料,也是评估车辆拥挤度的重要指标。

(5) 车站客流量

车站客流量包括全日、高峰小时和超高峰期在轨道交通车站上下车和换乘的客流量以及经由不同的出入口、收费区的进出站客流量和别方向的换乘客流量。超高峰期是指在高峰小时内存在一个15～20 min上下车客流特别集中的时段。客流高峰小时和超高峰期客流量决定了车站设计规模,也是确定站台宽度、售检票机数量、楼梯和通道宽度等的基础数据之一。

3.1.2 客流的产生

(1) 城市交通需求

需求是指人们对于某种物质或精神目标获得满足的愿望,在经济学意义上,对商品和服务的需求受到社会经济条件的制约,必须建立在有购买能力的基础上。城市交通需求,是指人们在城市中实现位移的愿望,同样,它也应是建立在有能力支付交通服务价格的基础上。因此,城市交通需求是位移欲望和购买能力的统一。城市交通线路上的客流,可以认为是被实现了或正在实现的城市交通需求。

(2) 城市交通需求的特点

城市交通需求的特点有以下4方面:

① 广泛性

与其他商品和服务的需求相比较，城市交通需求是一种广泛性的需求，城市的各项功能活动都不可能离开它而独立生存。

② 派生性

城市交通需求是一种派生性需求，因为在绝大多数的情况下，乘客实现位移的目的往往不是位移的本身，而是通过空间位移的完成来满足工作、生活或娱乐方面的需求。正是由于城市交通需求是一种非本源性的需求，故决定了部分城市交通需求的满足在空间和时间上的弹性以及可以被部分替代的特点，如乘客可以选择迂回径路或避开交通高峰期，现代通信手段的发展可以有效减少城市中人员的流动等。

③ 时间性

城市交通需求按一周内的工作日和双休日、一天内的各个小时以及 1 h 内的时间间隔进行着有规律的变化。城市交通需求的这种时间性特点是城市公共交通系统规划设计和运输组织的基本依据之一。

④ 空间性

城市交通需求的空间性特点是指城市出行在方向上和线路上分布的不均衡性。这种不均衡主要是由城市各区域的土地使用和功能活动不同所决定的。同时，城市交通网的布局、线路通过能力、交通服务价格与质量也是构成城市出行在空间分布上不均衡的原因。

3.1.3　城市轨道交通客流分类

(1) 按出行目的分类

① 工作客流：因工作和学习产生的客流，由上班流和学生流组成，高峰时客流的主要特点是时间集中、客流量大、规律性强、高峰期短、稳定性高。

② 日常客流：由人们的日常活动构成，如探亲访友、购物、就医、娱乐、体育、出游等。这种客流在一天中持续的时间长，受气候变化和季节变化影响较大。

(2) 按出行时间分类

① 平时客流：主要是周一至周五的客流，比较稳定，每个时间段的客流情况容易掌握。

② 特殊日客流：主要是指周末客流和节假日客流，流量变化大，发生时间突然，每周或者每年的情况都会有所差异。

(3) 按乘距长短分类

① 城市客流：起始点和目的地都在市内的客流，他们乘距短、流量大、时间性强，高峰低谷明显，起伏变化大，换乘交替频繁。

② 市郊客流：流量相对较小，乘距长，早晚方向差异大，早晨主要从市郊流向市内，傍晚从市内流向市郊。

(4) 按客流真实性分类

① 实际客流：通过城市轨道交通自动检票设备及人工检票计算得出的实际客流量。

② 预测客流：通过一定的客流及影响客流因素调查后，预测得出的未来一段时间的客流量，预测客流与真实客流存在一定误差。

(5) 按客流来源分类

① 基本客流：轨道交通线路既有客流加上按照正常增长率增加的客流。

② 转移客流：由于轨道交通具有快速、准时、舒适等优点，使原来经由常规公交和自行车出行转移到经由轨道交通出行的这部分客流。

③ 诱增客流：轨道交通线路投入运营后，沿线土地开发、住宅区形成规模、商业活动繁荣所诱发的新增客流。

任务 3.2　城市轨道交通客流调查

客流是动态变化的，对城市轨道交通运营客流调查数据进行统计分析，可以了解客流在时间、空间上的动态变化规律；同时对既有线路的运营客流特征分析，也能为后续实施线路或者其他城市的规划路网提供参考数据，从而为其线网规模的控制、基建工程和设备采用、项目布置以及运输组织等诸多方面提供参考。另外根据客流的动态变化，可以及时调整上线列车数量，给乘客提供良好的公共交通服务。在轨道交通系统的运营过程中，要掌握客流在时间、空间上的动态变化规律，必须经常进行各种形式的客流调查。

3.2.1　客流调查种类

客流调查是指调查已建成投入运营的轨道交通实际客流。为了反映客流的不同特征，达到不同的调查效果。客流调查主要有以下 5 种：

(1) 全面客流调查

全面客流调查是对全线客流的综合调查，通常也包含了乘客情况抽样调查。全面客流调查时间长、工作量大，需要较多的调查人员。但通过对调查资料进行整理和统计分析，能对客流现状及客流规律有一个全面清晰的了解。

全面客流调查有随车调查和站点调查两种调查方式。随车调查是在车门处对全日运营时间内所有运行列车的上下车乘客进行调查。站点调查是在车站检票口对全日运营时间内所有在车站上下车乘客进行调查。轨道交通系统全面客流调查多采用后者，调查一般应连续进行两天或三天，并考虑周一至周五、周六与周日的不同客流特征，在全日运营时间内，调查全线各站所有乘客的下车地点和票种情况，并将调查资料以 5 min、10 min 或 15 min 为间隔分组记录下来。

(2) 乘客情况抽样调查

抽样调查是用样本来近似地代替总体，这样做有利于减少客流调查的人力物力和时间消耗。乘客情况抽样调查通常是用问卷方式进行，调查内容主要包括乘客构成情况、乘车情况以及乘客满意度等。

乘客构成情况调查一般是在车站进行。调查内容包括年龄(老、中、青)、性别(男、女)、职业、居住地(本地、外地)和出行目的(工作、学习、购物、游览、访友、就医、其他)等，调查时间可选择在客流比较稳定的运营时间段内。

乘客乘车情况调查可以根据需要分类进行，也可在特定的时间地点进行。调查内容除年龄、性别和职业外，还可包括家庭住址、家庭收入、日均乘车次数、上下车站到达目的地的方式(步行、自行车、出租车、公交车)和所需时间，下车后到达目的地的方式(步行、自行车、出租车、公交车)和所需时间等。

满意度调查反映轨道交通系统使用者对交通设施状况、供给水平、服务质量的评价，通过各种调查方式，可以准确掌握客运交通系统的改善方向，为提高客运管理水平提供改进依据。

进行抽样调查，首先需要确定抽样方法与抽样数，以确保抽样调查的结果具有实用意义。抽样方法主要有简单随机抽样、分层抽样、整群抽样、多阶段抽样等。抽样数的大小取决于总体的大小、总体的异质性程度以及调查的精度要求。

(3) 断面客流调查

断面客流调查是一种经常性的客流抽样调查,可选择一两个断面进行调查。一般是对最大客流断面进行调查,调查人员用直接观察法调查车辆内的乘客人数。目前城市轨道交通大多采用自动售检票系统,通过系统记录的历史数据可以分析得出断面客流数据。

(4) 节假日客流调查

节假日客流调查是一种专题性的客流调查。重点对春节、元旦、五一节、国庆节、双休假日和其他节日期间的客流进行调查。调查的内容除了节假日期间轨道交通客流量外,还包括机关学校、企业等单位的休假安排,都市旅游业、娱乐业的发展程度,城市居民生活方式的变化等,该项调查一般通过问卷方式进行。

(5) 重要活动客流调查

重要活动客流调查是主要针对影剧院、体育场馆等客流快速集散的站点进行的专项客流调查,该项调查主要涉及影剧院、体育场馆的规模与附近轨道交通车站的客流影响程度和持续时间之间的相关关系。

3.2.2 客流调查的统计指标

客流调查结束后,对客流调查资料应认真整理,采用适当的统计方法来汇总分析各项指标。轨道交通系统全面客流调查后应汇总计算的主要指标如下:

- 乘客人数:分时各站上下车人数、全日各站上下车人数、分时各换乘站换乘人数、全日各换乘站换乘人数、全线全日乘客人数、全线高峰小时乘客人数。
- 断面客流量:分时各区间断面客流量、全日各区间断面客流量、分时最大断面客流量、全日最大断面客流量、高峰小时最大断面客流量。
- 乘客乘坐站数与乘车距离:本线乘客乘坐不同站数人数及所占比例、跨线乘客乘坐不同站数人数及所占比例、乘客平均乘车距离。
- 乘客构成:全线持不同票种乘客人数及所占比例、车站按年龄、出行目的等统计的乘客人数及所占比例、车站三次(步行、自行车,机动车)吸引乘客人数及所占比例、从不同距离,以不同方式到达车站的乘客人数、居住在城市不同区域乘客人数及其所占比例。
- 乘客乘车情况:包括年龄、性别、职业、家庭住址、到达车站的方式(步行、骑车、乘公交车等)和时间,上、下车站及换乘站,乘坐轨道交通比其他常规公共交通方式所节省的时间等。
- 车辆运行情况:客车里程(千米)、客位里程(千米)、乘客密度、平均满载率。

任务 3.3 城市轨道交通客流预测

轨道交通客流预测是指对未来城市轨道交通客流的流量和流向进行预测,为主管部门提供决策依据,以判断城市居民对未来城市轨道交通的需要。根据预测时间的长短,客流预测可以分为短期(1～5 年)、中期(6～10 年)、长期(10 年以上)预测。

3.3.1 客流预测的目的与意义

城市轨道交通的建设,是为了满足城市居民日益增长的出行需求。这种需求数量的变化随着交通状况、路网建设、不同交通方式的竞争而呈现动态性变化。城市轨道交通建设的模式和规模既要适应近期城市交通的需求，又要适应中远期城市交通发展的需求，因此，在研究城市当前客流特点和规模的基础上，进行城市客流预测是十分必要的。

① 客流预测是进行轨道交通项目的宏、微观投资决策的依据。从宏观角度看，要对轨道交通建设的投资作出合理规划，就必须对城市客运需求的现状和趋势作出科学的判断或预测；从微观角度看，一个具体的轨道交通项目是否值得建设，也必须以未来客运需求为依据才能作出正确决策。

② 客流预测是轨道交通项目可行性研究和项目评估的基础。一个项目的投资额和运营成本，主要取决于在客流预测基础上确定的系统规模。只有进行科学、合理的客流预测，才能使建成的轨道交通既能满足近期城市交通的需求，同时又能适应远期城市交通发展的需求。

3.3.2 客流预测的方法

客流预测技术是交通运输领域研究的热点问题之一，精确的客流预测不仅对城市规划产生影响，更对交通运输企业的运营、管理和决策产生直接的影响。

进行客流预测，首先要开展详尽的交通调查，收集与客流预测相关的各种基础资料并进行统计分析，确定有关参数，然后在此基础上建立科学的预测模型，通过计算机仿真计算，最后得到预测结果。运输需求的预测方法多种多样，大致可分为定性预测和定量预测两种方法，如图 3.1 所示。

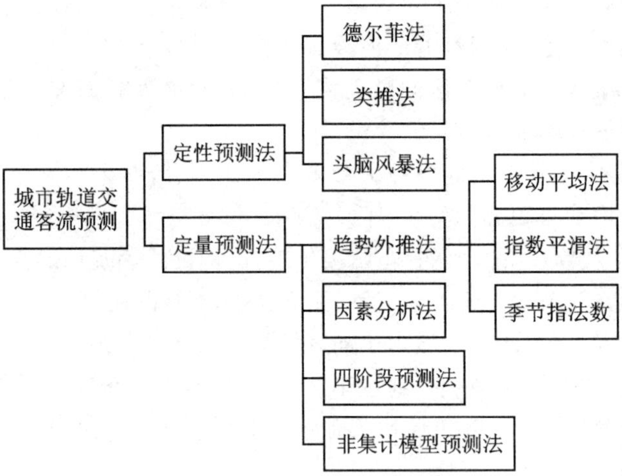

图 3.1　城市轨道交通客流需求预测方法

定性预测法又称为判断预测法，这类方法主要依赖于个人的感觉或专家的判断，通过运用预测者的经验，综合考虑各种影响因素，分析运输活动的特点和构成来进行预测。

定性预测法的优点是简便直观，不需要建立烦琐的数学公式，通过对研究系统的定性分析，根据专家丰富的经验，对未来的交通需求进行预测。但这类方法的缺点也比较明显。通过定性预测法预测产生的结果往往带有主观色彩。定性预测方法主要有德尔菲法、类推法、头脑风暴法等。

德尔菲法是依据系统的程序，采用匿名发表意见的方式，即专家之间不得互相讨论，不发生横向联系，只能与调查人员发生关系，通过多轮次调查专家对问卷所提问题的看法，经过反复征询、归纳、修改，最后汇总成专家基本一致的看法作为预测的结果。其实施步骤可以分为以下 4 步：第 1 步成立专家组；第 2 步给出所要预测的问题和有关背景、要求；第 3 步专家预测结果收集、统计、反馈，进行第二轮预测；第 4 步是进行第 3、4 轮预测，综合整理专家意见，得出预测结果。

类推法是通过不同事物的某些相似性类推出其他的相似性，从而预测出它们在其他方面存在类似可能性的方法。

头脑风暴法是让与会者敞开思想，使各种设想在相互碰撞中激起脑海的创造性风暴，综合各方意见后得出结论，又可分为直接头脑风暴法和质疑头脑风暴法。

定量预测方法是根据研究数据之间的相互关系，通过一定的数学公式，建立模型，以进行对未来数据的预测，是比定性预测更为科学的预测方法。

定量预测的优点是预测较为客观，并且可以进行误差分析，同时对于大量的数据分析可以借助计算机进行辅助预测。但是定量预测方法要求有较为完整的原始数据。定量预测方法的种类繁多，目前，用于交通需求预测的定量预测方法主要有外推预测法、因素分析法、四阶段预测法和非集计模型预测法等。

(1) 趋势外推预测法

趋势外推预测法是完全基于历史数据所显示的特征来推测将来，因此又称为内部型预测法(Intrinsic Forecasting Method)，是一种时间序列分析法(Time - Series Analysis Method)。移动平均法、指数平滑法、季节指数法、自回归分析法等都是外推预测法中常用的方法。

趋势外推法用于预测主要有以下6个步骤：① 选择预测参数；② 收集必要的数据；③ 拟合曲线；④ 趋势外推；⑤ 预测说明；⑥ 研究预测结果在制定规划和决策中的应用。

这类预测方法通常具有数学或统计的性质，它假设预测对象的变化规律基本稳定，发展过程中不存在跳跃式的变化，未来的状况完全取决于以前的状态。因此，当所研究系统的历史数据确实呈现某种依时间变化的统计规律时，用这类方法往往能得到较准确的预测结果。

(2) 因素分析法

影响因素分析法也称为因果关系预测法或连环替代法，该方法一般以相关性原理为依据，计算时常采用回归预测法(Regression Analysis Prediction Method)的函数公式。它起源于生物学的研究，由英国生物学家高尔顿(Francis Galton)于1889年在《自然遗传》中首次提出，随后才被广泛地应用于其他各种领域中。

由于系统变量之间存在某种前因后果的关系，回归预测法主要就是通过对事物变化原因的分析，找出影响某种结果的几个因素，建立因与果之间的数学模型，根据因素变量的变化预测结果变量的变化，即预测系统发展的方向，以确定具体的数值变化规律。

因素分析法进行预测，可以揭示事物变化的原因和结果之间的关系，反映系统发展变化的内在机理。在因果关系已知的情况下，通过回归分析预测法确实能够设计出精确的预测模型，然而在实际运用中，系统中因素之间的因果关系是模糊的。对于城市轨道交通而言，影响其客流的因素数不胜数，有不少影响因素甚至无法通过量化加入到回归分析法的因变量中。当无法分清何为因，何为果以及影响结果的原因有多少，或者影响因素无法进行量化表示时，利用这种方法较难得到满意的预测结果。同时，又因为我国城市轨道交通运营时间短，历史数据积累不足，所以用回归分析预测法对我国的城市轨道交通客流进行预测是相对困难的。

(3) 四阶段预测法

四阶段预测法起源于1962年美国芝加哥市在进行城市交通规划时的前期客流分布与预测的摸底调查，其中包括：交通发生、交通分布、交通分配三阶段的预测。后由日本广岛市在20世纪60年代加上对不同交通方式划分的预测形成了完整的四阶段预测法，即交通发生、交通分布、交通分配以及交通方式划分4个阶段。

四阶段预测法是目前城市轨道交通领域中采用得非常普遍的城市交通规划方法。由于四阶段预测法中的核心都涉及市民出行的起、终点，因此利用四阶段的规划进行客流起、终点的出行预测是简便、有效的。也可以说四阶段预测法是以市民出行OD调查(市民出行的起止点调查称为OD交通量调查，其中O(Origin)为起点，D(Destination)为目的地。)为基础得到基于出行现状与出行方式的出行分布，在此基础上预测规划年度的全方式出行分布，然后通过方式划分得到轨道交通的站间 OD 客流。

四阶段客流预测模式以出行现状 OD 调查为基础，结合未来城市发展及土地利用规划，客流预测结果精度较高。该客流预测模式对于基础数据的要求较高，操作复杂。此外，由于四阶段预测法自身的特点，其在应用于我国的城市轨道交通客流预测中存在以下几点问题：

① 四阶段预测法的基础资料是城市社会、经济的各类指标和城市总体规划以及土地使用数据等相关信息。我国正处于城市化的进程中，城市布局、土地利用以及人口状况都处于不稳定的变化状态，城市总体规划也不完善，因此，在这种基础数据下进行的四阶段预测法的预测结果和实际的客流数据会产生一定的误差。

② 运用四阶段预测法进行客流预测需要以城市居民出行现状 OD 调查为基础。进行 OD 调查需要投入大量的人力物力，因为调查所涉及的地区范围大，调查对象多，更重要的是对调查员的专业要求高。如果调查员不能对调查对象进行准确的说明，那么所得到的调查结果将直接影响预测的准确性。

③ 四阶段预测法通过四个阶段的预测模型，最终得到客流量的预测值，其数学模型繁杂，计算量较大，预测成本高。

(4) 非集计模型预测方法

非集计模型(Disaggregate Model)又称交通特征模型，通常也可称为非集计行为模型(Disaggregate Behavioral Model)、个人选择模型(Individual Choice Model)或离散选择模型(Discrete Choice Model)等。非集计模型是以实际产生交通活动的个人为单位，调查得到的数据不按交通小区进行统计等处理而直接用于建立模型。

非集计模型是以实际产生交通活动的个人为单位，对个人是否进行出行、去何处、利用何种交通工具以及选择哪条路线等分别进行预测，并按出行分布、交通方式和交通线路分别进行统计，得到交通需求总量的一类模型。这一模型在理论上利用了现代心理学的成果，引入了随机效用的概念，其核心是效用最大化理论。它着眼于研究出行者个体的出行行为。非集计模型相比传统模型的优势是有明确的行为假说、模型的一致性好、模型标定所需调查样本少、模型有较好的时间和地区转移性等特点。其基本假设为：个人将在可能的相互独立的选择肢集合中，选择他认为对自己效用最大的选择肢。即决策者首先选择“可能利用的选择肢群”，其次选择“对其效用最大的选择肢”。利用非集计模型进行居民出行的分析和预测是继四阶段预测法后出现的构造交通需求预测模型的新方法。

任务 3.4　城市轨道交通客流分析

客流是动态流，它随天、时、地的变化而改变，这种变化是城市社会经济活动和生活方式及轨道交通系统本身特征的反映。

3.4.1　客流特征

客流量的变化特征分为时间分布特征和空间分布特征两类。

(1) 时间分布特征

① 一日内各小时的客流变化

小时客流随人们的生活节奏和出行特点而变化。通常是夜间少，早晨渐增，上班和上学时段达到高峰，午间稍减，傍晚下班和放学时段又形成高峰，此后逐渐减少，午夜最少。这种规律在国内外的城市交通线路上几乎都是一样，只是程度不同而已。

② 一周内每日客流的变化

由于人们的工作与休息是以周为循环周期进行的，这种活动规律必然会反映到一周内每日客流的变化上来。在以通勤为主的轨道交通线路上，在双休日，上下班的两次高峰就不明显，全日客流往往也有所减少。而在连接商业网点、旅游景点的轨道交通线路上，双休日的客流又往往会有所增加。根据上海轨道交通系统年日均客流量统计可以得出：平时周一至周四各天客流量基本相同，客流量的波动幅度较小；非节假日情况下，周五客流量最大，周日客流量最小。另外，周一与节日后的早高峰小时客流量和周末与节日前的晚高峰小时客流量，比一般工作日早、晚高峰小时客流量要大。由此可见，上海的轨道交通已成为上下班、学生人群的首选交通工具。

③ 季节性或短期性客流的变化

客流存在着季节性的变化。例如在上海，每年的六月份即梅雨季节和学生复习迎高考时期，客流通常是全年的低谷；在旅游旺季和暑假期间，城市中流动人口的增加会使轨道交通线路的客流也随之增加；短期性客流的激增，通常是因举办重大集会活动或遇天气骤变引起的。比如最大月日均客流量一般都出现在10月，说明国庆期间有持续的大客流量出现。

轨道交通客流的时间分布与城市居民出行时间的规律性密不可分。轨道交通客流的时间分布中，日客流量可以反映一定时期内每天客流量总数的变化以及车站乘降客流量的变化，每日的车站乘降客流量可以反映一日内乘坐轨道交通的人数，小时客流量可以反映客流量在一天内以小时为时间单位的分布变化规律，影响客流量各个因素的影响状况能在日客流量的统计数据中反映出来。

(2) 空间分布特征

除了从客流的时间分布上分析客流的特征外，还可以从空间分布上分析客流的特征。客流分布的空间特征包括区间断面客流在全线上的分布和车站乘降客流在方向上的分布。

① 各条线路客流的不均衡

各条线路客流存在的不均衡，包括现状客流分布的不均衡和客流增长的不均衡两个方面，它们构成了整个轨道交通网客流分布的不均衡。

② 方向上客流的不均衡

由于通勤、上学出行的来源是居住地和就业地，其分布是影响高峰期客流特征的一个重要方面。居住地的郊区化使城市近郊与中心区流量发生了变化，许多城市形成了明显的“潮汐”特征，即高峰期部分线路不同方向之间流量出现了明显的不对称性。在放射状的轨道线路上，早、晚高峰小时的各个方向客流的不均衡尤为明显。

③ 断面上客流的不均衡

在轨道交通线路上，由于各个车站乘降人数不同，线路单向各个断面的客流存在不均衡现象是不可避免的。断面客流分布通常有阶梯形与凸字形两种情况，前者是指线路上各区间的断面客流为一头大一头小；后者是指线路上各区间的断面客流为中间大、两头小。

断面客流量又可分为上行和下行断面客流量。在单位时间内，通过各个断面的客流量是不相等的。上、下行的最大客流断面一般不在同一断面上。

④ 各车站乘降人数的不均衡

在部分线路上，构成全线各站乘降量总和的大部分乘客往往是集中在少数几个车站上办理进出站的。此外，新的居民住宅区形成规模和新的轨道交通线路投入运营，也会使车站乘降量发生较大的变化，带来不均衡性的加剧或形成新的不均衡。车站乘降人数的不均衡决定了各车站的客运工作量、设备容量、客运作业人员的配备等也需要相应地作出调整。

3.4.2 轨道交通系统网络化客流特征

城市轨道交通网络化运营是大势所趋。当轨道交通逐渐成网以后,客流分析不能仅局限于分析单条线路以后再进行简单的叠加。随着线路增多逐渐成网,各条线路相交于换乘站,客流互相作用,构成了网络效应,随着网络规模的增大,换乘更加便捷,居民出行乘坐轨道交通可达性提高,线网客流量会迅速增大,轨道交通分担率迅速上升,轨道交通的优势得以充分体现。

学者们通过调研国内外大城市轨道交通线网建设历程和运营客流数据,发现随着轨道交通线网建设,客流变化趋势具有一定的规律,具体如下:

① 在城市轨道交通建设初期,运营轨道线路较少,且在开通前3年左右有一个客流培育的阶段,必须经历一个乘客认知、适应、熟悉,直至形成一个合理的客流吸引区域的过程,客流的增长比较平缓;

② 随着轨道交通线路逐步成网,轨道交通线网日均客流呈现总体上升趋势,初期、近期日均客流上升幅度均较大;

③ 位于郊区的轨道交通线路,其客流的形成和培育时间较长。位于中心城内线路,客流强度与线路走向和主要客运走廊的重合度有关,一般在开通初期客流增长较快;

④ 市区线路呈现客流总体保持增长、运营后初近期客流增长较快、中远期客流增长较慢、远期客流趋于平稳;

⑤ 郊区线轨道交通线路在开通运营之后相当长的时间内,客流呈现总体上升趋势,直至沿线区域开发相对成熟后趋于稳定。

3.4.3 换乘客流特点分析

轨道交通的换乘包括乘客在线网内同一线路上换乘、乘客在线网内不同线路间换乘、乘客在轨道交通与其他交通方式间换乘三种情形。线网内同一线路上换乘是指部分乘客在中间站换乘同线路、同方向或不同方向列车,这部分客流人数较少,部分乘客因乘车坐错方向换乘至同一线路相反方向,或是等候他人一起前去目的地,这类换乘客流对车站客流组织影响不大。城市轨道交通与其他交通方式换乘一般在站外换乘。在此只做乘客在线网内不同线路间换乘的客流特点分析介绍。

乘客在线网内不同线路间换乘是指乘客在城市轨道交通线网内通过换乘车站实现不同线路之间的换乘。不同线路之间的换乘常采用的换乘形式可分为同站台换乘、结点换乘、站厅换乘、通道换乘等基本形式。

(1) 同站台换乘

同站台换乘一般适用于作为两条线路交织点且采用岛式站台形式的车站,乘客换乘时,由岛式站台的一侧下车,穿过站台到另一侧上车。这种换乘方式比较方便,但是存在部分客流换乘距离较大的缺陷。

(2) 节点换乘

节点换乘是在两线交叉处,将两线隧道重叠部分的结构做成整体的节点,并采用楼梯将两座车站站台直接连通的换乘形式,一般有“十”字形、“T”字形、“L”字形等几种形式。该种换乘方式乘客通过楼梯进行换站,进出站客流和换乘客流的交织紊乱。虽然乘客较为方便,但存在客流交叉的问题,若换乘设施设置不当,会造成换乘客流交叉拥堵。

(3) 站厅换乘

站厅换乘为两线或多线共同设置共用站厅，乘客下车后，无论是出站还是换乘，都必须经过公用站厅，再根据导向标志出站或进入另一个站台继续乘车。由于下车客流只朝着一个方向流动，客流组织简单，减少了站台上人流的交织。乘客行进速度快，在站台上滞留时间短，可避免站台拥挤，同时又可减少楼梯等升降设备的总数量，从而增加了站台的有效使用面积。此种换乘方式，换乘乘客必须先上(下)后下(上)，换乘总量大。另外，由于出站客流和换乘客流一起经过站厅，因此站厅内客流导向和指示标志以及各种信息显示屏等换乘诱导系统设施的设置显得尤为重要，它是保证乘客有序流动必备的硬件条件。另外城市轨道交通运营单位应在换乘线路上设置一定的导流、隔离装置，当换乘客流较大时，应在一些重要位置增加人工引导。

(4) 通道换乘

通道换乘是在两线交叉处，用通道和楼梯将两车站连接起来，属于一种间接换乘形式，乘客换乘步行距离长，换乘能力有限，有时需要出付费区换乘(需要重新购票)，但是此类换乘布置灵活，连接通道可以设置于两站站厅之间，也可直接设置在站台上。

3.4.4 终端站客流特点

由于轨道交通终端站一般位于城市的外围区，土地开发利用比较单一，终端站的高峰时段与平峰时段存在较大的差异，主要有以下几种情况的客流时间分布特征：

① 终端站位于以居住区为主的客流发生区，主要表现为早高峰上客量较大，下客量较小；晚高峰则相反，即早高峰以进站客流为主，晚高峰以出站客流为主，在车站常出现早晚高峰乘降客流的潮汐现象。

② 终端站位于以旅游区或就业区为主的客流吸引区，主要表现为上午下客量较大，上客量较小，晚上则相反，也就是说上午以出站客流为主，晚上以进站客流为主。

③ 终端站位于对外交通枢纽区，这种类型的终端站既是客流发生区，同时也是客流吸引区。客流时间分布表现为随机性，上下客量呈现出不规律性，与对外交通到发时间密切相关，如与火车站直接换乘的枢纽车站，城市轨道交通车站客流会表现出明显的波峰型，当某趟火车到站后，将有大量乘客涌入地铁站乘车，波峰客流持续到这趟火车的客流疏散完毕。

✍ **实训任务 3.1**

几个同学一组对某站进行客流调查。设计一份调查问卷，实地走访调查，对调查资料统计分析并写一份调查报告。利用客流调查数据对未来客流情况进行简单的预测。

课后练习题

1. 简述城市轨道交通需求的特点。
2. 简述城市轨道交通客流调查有哪些种类。
3. 简述城市轨道交通客流预测的目的和意义。
4. 城市轨道交通客流预测的方法有哪些?
5. 简述城市轨道交通客流特征。

项目4 城市轨道交通运输计划

☞ 学习目标

掌握客流计划的概念、作用；了解全日行车计划编制因素（包括运营时间、全日分时最大断面客流量、列车定员数、线路断面满载率）；掌握列车编组种类，了解影响列车编组方案比选的因素；掌握列车交路种类、列车折返方式，了解列车交路方案比选因素；掌握列车停站方式，了解列车停站方案比选因素；掌握列车运行图图解表示，列车运行图意义，列车运行图分类，了解列车运行图因素（包括列车区间运行时分、最小行车间隔、列车停站时间、列车间隔时间、列车在折返站停留时间），了解列车运行图编制步骤；掌握运用车、维修车、备用车概念。

☞ 重点和难点

全日行车计划、列车运行方案、列车运行图。

☞ 导入案例

【案例 4.1】

成都地铁提前执行春运列车运行图 鼓励市民多乘地铁出行

春运还没启动，成都地铁今起就开始执行春运列车运行图了。12 月 20 日，记者从成都地铁公司获悉，此举为鼓励市民乘坐公共交通出行，减少汽车等尾气排放对空气的污染。

成都地铁公司调整了线网列车运行图，通过增开上线列车、压缩行车间隔、延长高峰运营服务时间等措施，提升地铁运输能力，保障乘客出行。

地铁 1 号线

执行春运列车运行图后，1 号线早高峰将增加 2 列车上线，每小时开行列车对数从 23 对提高到 24.5 对，运力提升 6.5%，早高峰服务时间延长 60 min；晚高峰周一至周四、周五分别增加 1～2 列车上线，每小时开行列车对数从 22 对分别提高到 22.5 对、23 对，运力分别提升 2.3%、4.5%，晚高峰服务时间延长 75 min。

地铁 2 号线

2 号线早、晚高峰均增加 2 列车上线，每小时开行列车对数从 21 对、18 对分别提高到 23 对、20 对，运力分别提升 9.5%、11.1%，早、晚高峰服务时间分别延长 55 min、80 min；同时考虑到 2 号线东客站春运期间客流的增长，在低峰期间增加 2 列车上线，同时适当压缩列车行车间隔，运力提升 9%。

地铁 4 号线

4 号线早高峰增加 2 列车上线，每小时开行列车对数从 15 对提高到 17 对，运力提升 13.3%，早、晚高峰服务时间分别延长 55 min、60 min。

来源：四川在线

【案例 4.2】

温暖回家路，多项运营举措满足市民出行需求

1. 科学优化线网运输组织

通过采用增加上线列车数、优化峰期时间等方式多措并举全面提升线网运力。

2. 执行“多点发车”方案

组织2号线共计12个车站在06：10同时开行首班车，有效延长运营服务时间，提高运营服务水平。

3. 优化备用车方案

通过增加备用车数量并优化存放地点，灵活采用备用列车加开上线等措施，做好重点枢纽运力保障工作。

4. 优化“大站空车”开行方案

根据客流情况增加“大站空车”开行频次、优化投入载客时间等措施，缓解火车南站等重点车站客流压力。

5. 采取线网行车联动措施

适当调整早高峰期间列车间隔，有效减缓换乘客流压力，延长成都东客站等重点车站停车时间，提高大客流车站上下车需求。

6. 春节假期返程高峰线网延时运营

2月9日、10日各线路延长运营服务时间35～60 min不等，温暖市民回家路，保障市民春节返程出行需求。

来源：搜狐网

【案例思考】

1. 文中提到的列车运行图、备用车方案、开行方案是什么？有何作用？
2. 列车运行计划是什么？为何要做列车运行计划？

城市运输计划是轨道交通系统日常运输组织的基础。从社会服务效益看，城市轨道交通系统应充分发挥运量大和服务有规律的特点，安全、迅速、正点和舒适地运送乘客。从企业经济效益看，城市轨道交通系统的运营应实现高效率和低成本，为达到这些目标，轨道交通系统的运输组织必须以运输计划作为基础，即根据客流的特点，合理编制运输计划、组织列车运行、实现按运输计划运营。城市轨道交通系统的列车运行计划一般包括全日行车计划、列车运行方案、列车运行图、车辆配备计划等内容。运输计划在保证城市轨道交通运营各部门相互配合、协调运作上发挥着重要的作用。

任务4.1　客流计划

4.1.1　客流计划的概念

由于城市轨道交通的用户主要是乘客，所以运输计划的制定需要考虑乘客的需求特性及变化规律。运营部门需要了解未来一定时期内客流的情况，对客流作出相应的规划，这个规划就是我们常提到的客流计划。客流计划是运输计划编制阶段对轨道交通线路客流的规划，是全日行车计划、车辆配备计划、列车交路计划编制的基础。为满足广大市民的出行需求以及经济有效、有条不紊地使用运营设备和组织安排运输任务，编制客流计划十分必要。

4.1.2　客流计划的主要内容

对未投入运营的城市轨道交通来说，客流计划的编制需要非常复杂的预测才能够得出误差较小的客流量。在已运营一段时间的线路上，客流计划的编制需要每天详细的运营数据作为参考得出未来的客流量。客流计划主要包括站间到发客流量、各站方向上下车人数、各区间断面客流量以及全日分时最大断面客流量等。

4.1.3 客流计划的编制

(1) 编制资料

在新线投入运营或既有线路临时性客流发生重大变化的情况下,客流计划根据预测的站间到发客流资料进行编制;在既有线路正常运营情况下,客流计划则根据统计或调查的实际站间到发客流资料进行编制。

(2) 编制过程

① 根据某一小时站间到发客流量,计算该小时各站上、下车人数。

② 根据该小时各站上、下车人数,计算该小时各区间断面客流量,绘制断面客流图,确定该小时最大断面客流量。

③ 重复上述过程,确定全日分时最大断面客流量。

任务 4.2 全日行车计划

1. 全日行车计划的概念

全日行车计划是以客流计划为基础确定的城市轨道交通运营时间内各个小时开行列车数的计划。它规定了城市轨道交通线路的日常运输任务,是编制列车运行图、计算运输工作量以及制定车辆运用计划的基础资料。

2. 全日行车计划的影响要素

影响全日行车计划编制的要素有以下 4 点:

(1) 营业时间

营业时间是指城市轨道交通系统全日营业时间范围。时间的安排主要考虑了两个因素:一是考虑城市居民出行活动特点,满足城市生活的需要;二是满足城市轨道交通系统各项设备检修、施工的需要。世界上大多数城市的轨道交通营业时间为 18~20 h,也有的城市是 24 h 运营。

(2) 分时最大断面客流量

断面客流量是单位时间内沿同一方向通过轨道交通线路某断面的乘客数量。分时断面客流量则是各小时断面的客流量。分时断面客流量是决定全日行车计划的关键因素,数据的取得应以调查数据为基础,首先要计算出各站上、下车人数,然后计算出断面客流量,最后得出最大断面客流量。

(3) 列车定员数

列车定员数是列车编组辆数和车辆定员数的乘积。

列车编组辆数的确定以高峰每小时最大断面客流量作为基本依据。在客流量与列车运能一定的情况下,列车编组辆数取决于列车间隔和车辆选型。但在列车密度已经较大时,为满足增长的客流需求,增加列车编组辆数往往成为首选措施。此时,轨道交通保有的运用车数是增加列车编组辆数的限制因素之一,其他限制因素包括站台长度等。

车辆定员数取决于车辆的尺寸、车厢内座位布置方式以及车门设置数。一般而言,在车辆限界范围内,车辆长宽尺寸越大载客越多,车厢内座位纵向布置比横向布置载客要多。

(4) 线路断面满载率

线路断面满载率即单位时间内特定断面上的车辆载客能力利用率。在实际工作中,线路断面满载率通常是指早高峰每小时、单向最大客流断面的车辆载客能力利用率,它与单向最大断面客流量、单位时间内开行的列车数、列车编组数及车辆定员数有关。线路断面满载率既反映了列车在最大客流断面的满载程度,也反映了乘车的舒适程度。为提高车辆利用率、降低运输成本,在编制全日行车计划时,高峰每小时可适当超载。

3. 全日行车计划的编制过程

根据分时最大断面客流量、列车定员数及线路满载率计算出营业时间内分时开行列车数和行车间隔时间后,还需要考虑乘客便利性、服务质量等因素。检查是否存在某段时间内行车间隔时间过长的情况,如果行车间隔时间过长,会增加乘客的候车时间,降低服务水平,因此需调整开行间隔,最终确定全日行车计划。另外,高峰每小时行车间隔的确定应检验是否与列车折返能力相适应,以及实际行车组织的可行性。

任务4.3　列车运行方案

列车运行方案包括列车交路计划、列车编组方案、列车停站方案3个部分。

4.3.1　列车交路方案

列车交路是指列车在线路上两个车站之间往返运行的区段。

列车交路方案规定了列车交路以及不同交路列车开行的数量,即列车交路方案规定了列车的运行区段、折返车站以及按不同列车交路运行的列车对数。当线路各区段的客流量差别较大时,通过合理设计列车交路方案,能提高列车和车辆的运用效率,避免运能浪费,降低运营成本,提高运营服务水平。在轨道交通线路的各个区段客流量不均匀的情况下,采用合理列车交路安排是行车计划的一个重要组成部分。

列车交路计划制定必须遵守以下5条原则:

① 最大限度地使客流顺畅。

② 把城市轨道交通的高速度和远距运输能力发挥得淋漓尽致。

③ 满足城市轨道交通运营设备载荷的要求。

④ 与其他城市轨道交通线路配合安排。

⑤ 考虑实际工作中的可行性。

1. 交路模式及其优缺点

(1) 单一交路模式

全线单一交路是指列车在城市轨道交通某线路上每站都停,并在线路的起讫点折返,为每个站的旅客提供运输服务。该交路是最简单、最基础的交路,适用于每个断面的客流量比较均衡的情况,如图4.1所示。

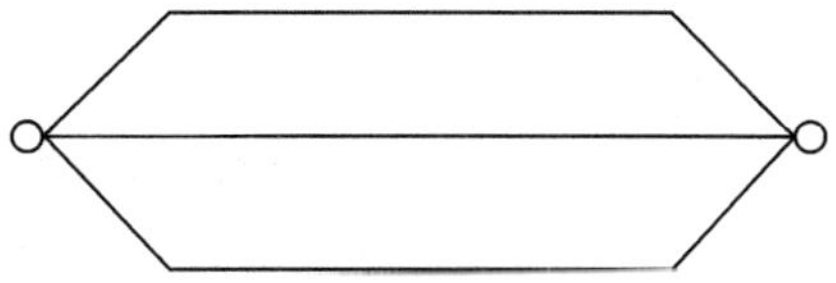

图4.1　单一交路模式

(2) 衔接交路模式

衔接交路是指列车只在规定的某个区段内运行,并不跑完全程,在城市轨道交通线路中的某一个中间站和终点站折返。这种交路可以满足几个断面客流量有着明显不同的区段的需要,同时还可以降低运输成本,如图4.2所示。

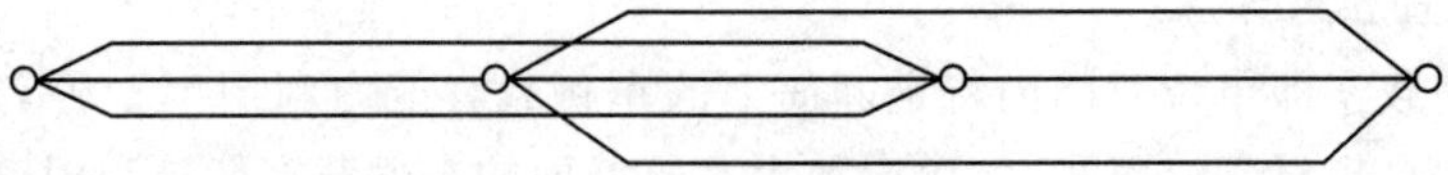

图 4.2　衔接交路模式

(3) 大小交路嵌套模式

大小交路嵌套是指有的列车只在规定的两个中间站之间运行，其他的列车每站都停并在线路两端折返。该列车交路计划可以用于中间几个车站断面的客流与其他断面有着非常明显的区别的情况，如图 4.3 所示。

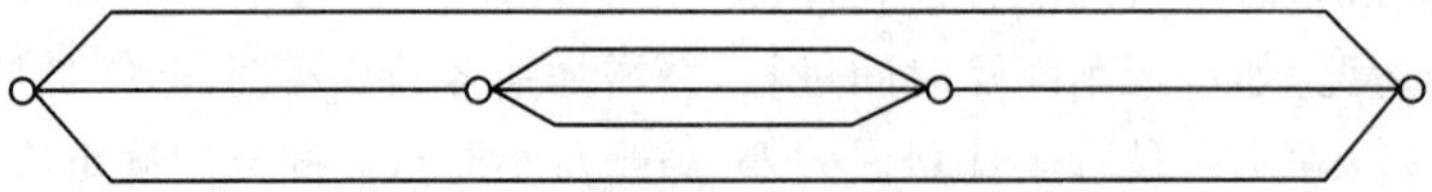

图 4.3　大小交路嵌套模式

单一交路可以使每个站的可达性十分均衡，但是有时会造成列车运载能力的浪费。大小嵌套交路和衔接交路较单一交路可以提高运输组织效率，并且节约成本，但是对列车的组织要求非常高。

2. 列车交路计划的确定

采用符合实际情况的列车交路计划，可以提高城市轨道交通的运营效率，降低运营成本，在保证原有的服务水平上提高列车的运载能力。列车交路方案的确定是建立在对线路各区段客流量进行统计分析的基础上，充分考虑行车组织与客运组织的条件，进行可行性研究后加以确定。

✍ 实训任务 4.1

通过网络查找资料或者实地走访，调查某一条地铁线路的列车交路方案，判断分析其交路类型。

4.3.2　列车编组方案

列车编组方案可分为大编组方案、小编组方案以及大小编组方案 3 种。

(1) 大编组方案

大编组方案是指在运营时间内列车编组辆数固定且相对较多，如城市轨道交通列车采用 6 辆或 8 辆编组的情形。

(2) 小编组方案

小编组方案是指在运营时间内列车编组辆数固定且相对较少，如地铁列车采用 3 辆或 4 辆编组的情形。

(3) 大小编组方案

大小编组方案是指在运营时间内列车编组辆数不固定。大小编组有两种情形，一种是在客流非高峰时段编组辆数相对较少，在客流高峰时段编组辆数相对较多，如在客流非高峰和高峰时段，城市轨道交通列车分别采用 3/6 辆编组、4/6 辆编组或 4/8 组的情形；另一种是在全日运营时间内采用大小编组，如城市轨道交通列车采用 3/6 辆或 4/6 辆编组的情形。

影响列车编组方案比选的主要因素是客流、车辆类型以及行车间隔等，此外，还应考虑运营服务水平、车辆运用经济性、运营组织复杂性等因素的影响。

(1) 客　流

在进行列车编组方案比选时,客流因素主要是指高峰小时最大断面客流和全日分时客流不均衡程度这两个方面。在车辆类型和行车间隔一定的情况下,列车编组辆数一般和高峰小时最大断面客流成正比。若高峰小时最大断面客流较大,通过压缩行车间隔也无法满足客流的需求时,应选择大编组;在高峰小时最大断面客流不大,但分时客流不均衡程度较大时,选择小编组或大小编组会更有利于提高运营经济性和运营服务水平。

(2) 车辆类型

选用的车辆类型不同,其车辆定员数是不同的。在满足客流需求的前提条件下,当行车间隔一定时,选定车型的车辆定员数较多,则列车编组辆数有可能会减少。车辆选型涉及许多因素,如客流、限界、车站长度、牵引供电制式等。城市轨道交通不同运能等级的线路应选用不同车型。

(3) 行车间隔

在满足客流需求的前提条件下,当车辆定员数一定时,列车的行车间隔较小,则列车编组辆数有可能会减少。但由于行车间隔受到信号系统、车辆性能、折返能力、停站时间等多个因素的影响,所以采用小编组时,必须对列车的行车间隔进行验算,确定其是否可行。

(4) 运营服务水平

在进行列车编组方案比选时,应考虑不同编组方案的运营服务水平。在客流量不大的情况下,采用小编组,适当压缩行车间隔,可以缩短乘客的候车时间,提高运营服务水平。

(5) 车辆运用经济性

采用小编组可以提高列车满载率、降低牵引能耗,但是乘务员的配备数量也会相应增加,而且随着列车中动车比例的增加,车辆的平均价格也呈增加趋势。

(6) 运营组织复杂性

相对于大编组或小编组,大小编组由于列车的编组辆数不固定,增加了列车的编组与解体、高峰时段和非高峰时段的过渡以及行车间隔的调整等工作,使运营组织更为复杂。

4.3.3 列车停站方案

列车停站方案包括站站停车、区段停车、越站停车3种。

(1) 站站停车

站站停车是指列车在全线所有车站均停车,如图4.4所示。与其他非站站停车相比,线路上开行列车种类简单,不存在列车越行,乘客无须换乘,也无须关注站台上的列车信息显示。目前,城市轨道交通大多数都采用这种方式。

采用站站停车方式时,运营组织相对简单,但由于列车的停站次数多,旅行速度比较低。

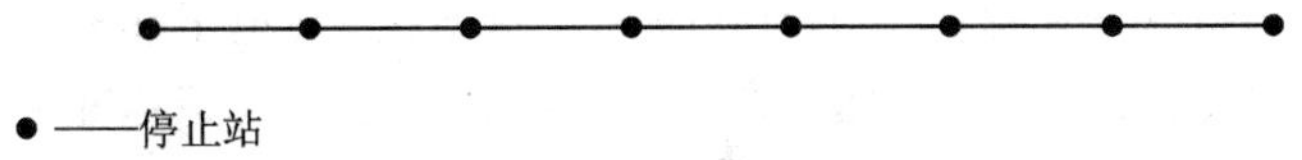

图4.4 站站停车方式示意图

(2) 区段停车

区段停车在长短交路情况下采用,长交路列车在短交路区段外每站停车,但在短交路区段内不停车通过;而短交路列车则在短交路区段内每站停车,如图4.5所示。短交路列车的中间折返站同时又是乘客换乘站。

采用区段停车方式时,由于长交路列车停站次数相对减少,提高了长交路列车的旅行速

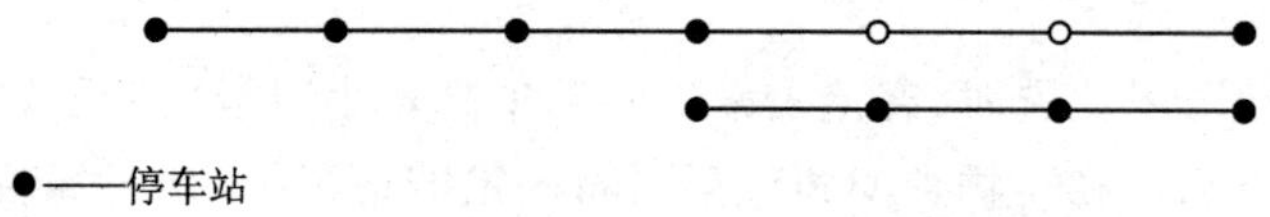

图 4.5　区段停车方式示意图

度，压缩了长途乘客的乘车时间，加快了长交路列车的车辆周转。但短交路区段内车站（不包括短交路两端折返站）和短交路区段外车站之间到发的客流无法直接到达，必须进行换乘作业。

（3）越站停车

越站停车是在长交路情况下采用，线路上运行甲、乙两种停站方式的列车，A、B、C 为线路上 3 种类型的车站。其中 A、B 类车站按相邻分布的原则设置，C 类车站可按每隔 4 或 6 个车站选择一个的原则设置。甲类列车在 A、C 类车站停车作业，在 B 车站通过；乙类列车在 B、C 类车站停车作业，在 A 类车站通过，如图 4.6 所示。

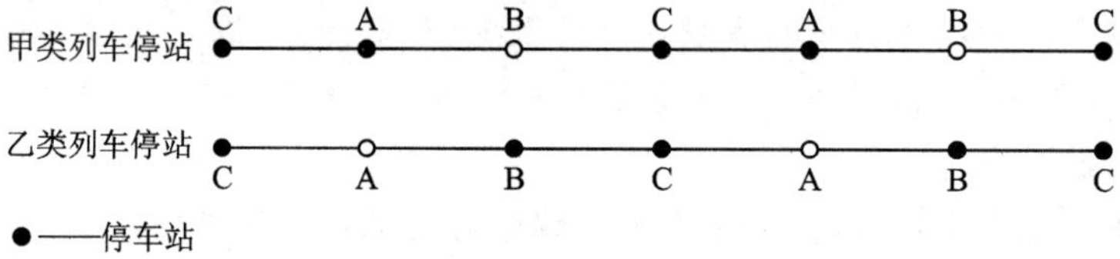

图 4.6　越站停车方式示意图

越站停车方式减少了列车停站次数，提高了列车的旅行速度，压缩了乘客的乘车时间，加快了车辆的周转，减少了车辆的使用，降低了运营成本。但是在 A 类和 B 类车站，停车列车的行车间隔加大，乘客候车时间会增加；A 类与 B 类车站之间到发的客流无法直接到达，必须在 C 类车站进行换乘作业。

（4）部分列车跨多站停车方式

部分列车跨多站停车方式是指线路上开行两类长交路列车，即普速、站站停车列车和快速、跨多站停车列车，快速列车只在线路上的主要客流集散站停车作业，在其他车站则不停车通过，如图 4.7 所示。

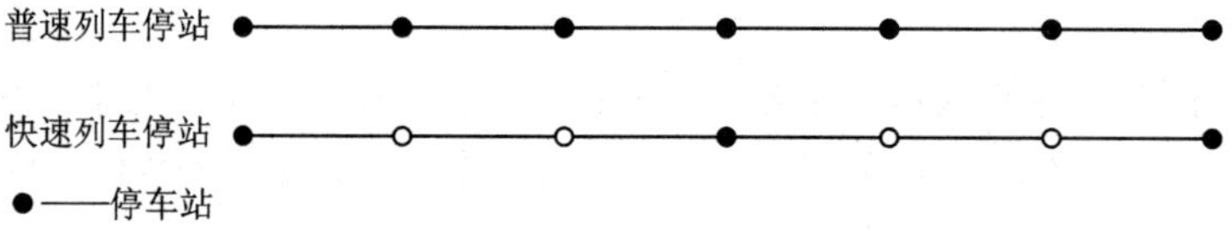

图 4.7　部分列车跨多站停车方式示意图

部分列车跨多站停车方式提高了快速列车的旅行速度，避免了跨站停车方式存在的部分乘客换乘的问题。在线路通过能力利用率较高的情况下，由于快速列车相对于普速列车的旅行速度快，会产生列车越行的问题，这就对车站的设备、运营工作人员的业务水平等有较高的要求。

采用非站站停车方案通常有利于减少车辆运用与降低运营成本，但采用非站站停车方案也会出现一部分乘客节约了乘车时间，另一部分乘客又增加了候车时间或者换乘时间的情形，是否采用这种停站方式主要取决于站间客流的空间分布。

任务4.4　列车运行图

4.4.1　列车运行图概述

列车运行图是运用坐标原理来表示列车运行的一种图解形式，体现了列车运行时间与时空的关系，是表示列车在各个区间运行及在各车站停车或通过状态的二维线条图，又称为时距图(time-distance diagram)。

1. 列车运行图的作用

(1) 列车运行图是行车组织的基础

在轨道交通系统中，列车运行图是协调城市轨道交通系统各个部门、单位按一定程序进行生产活动的重要文件。列车运行图规定了列车占用区间的次序，列车在每一个车站出发、到达或通过的时间，区间运行时间，车站停车时间，在折返线的折返作业时间，以及列车交路和列车出入车辆段时刻等，能直观地显示出各次列车在时间上和空间上的相互位置对应关系，因此，它也就规定了线路、站场、车辆和通信信号灯设备的运用以及行车有关各部门的工作。

(2) 列车运行图是城市轨道交通系统的综合性计划

城市轨道交通运营的各业务部门都需要根据列车运行图来安排工作。例如，控制中心根据列车运行图调度、指挥以及监控列车运行；车站根据列车运行图组织行车、客运以及其他站内工作；车辆段则需要根据列车运行图安排相关工作，维修部门每天要做好上线列车的整备工作，运转部门要确定上线列车数、车辆段出入段顺序及时间、乘务员作息时间和列检等；机电、供电、通电和工务等部门应根据列车运行图的规定来安排施工计划和维修计划。列车运行图对保证城市轨道交通运营各部门的相互配合和协调起到了非常重要的作用。

(3) 列车运行图是形成列车时刻表的依据

在城市轨道交通日常运营过程中，为方便列车运行组织和乘客的乘车需要，根据列车运行图的规定，以表格的形式表示各次列车在车站到、发或通过的时刻，形成列车时刻表，如表4.1所列。《运营时刻表》是行车组织工作的基础，凡与列车运行有关的各部门都必须根据《运营时刻表》的要求组织本部门的工作，以确保客运组织流程、设备设施状态良好，顺利完成每日的乘客运输生产任务。

表4.1　成都地铁4号线首末班时刻表

成都地铁4号线首末班车时刻				
站名	往西河方向		往万盛方向	
	首班车	末班车	首班车	末班车
万盛	6:10	23:00	——	——
杨柳河	6:12	23:03	6:57	0:08
凤溪河	6:14	23:05	6:55	0:06
南熏大道	6:16	23:07	6:53	0:04
光华公园	6:18	23:09	6:51	0:02
涌泉	6:21	23:11	6:49	23:59
凤凰大街	6:23	23:14	6:46	23:57
马厂坝	6:26	23:17	6:43	23:54

续表 4.1

成都地铁 4 号线首末班车时刻				
站名	往西河方向		往万盛方向	
	首班车	末班车	首班车	末班车
非遗站	6:28	23:19	6:41	23:52
蔡桥	6:10	23:22	6:38	23:49
中坝	6:13	23:25	6:35	23:46
成都西站	6:10	23:27	6:33	23:43
清江西路	6:13	23:30	6:29	23:40
文化宫	6:10	23:33	6:27	23:38
西南财大	6:11	23:35	6:25	23:36
草堂北路	6:13	23:36	6:23	23:34
中医大	6:10	23:39	6:21	23:32
宽窄巷子	6:12	23:41	6:19	23:30
骡马市	6:14	23:43	6:16	23:27
太升南路	6:17	23:46	6:14	23:25
市二医院	6:19	23:48	6:12	23:23
玉双路	6:21	23:50	6:10	23:20
双桥路	6:23	23:52	6:12	23:18
万年场	6:25	23:54	6:10	23:16
槐树店	6:28	23:57	6:13	23:13
来龙	6:32	0:01	6:10	23:10
十陵	6:34	0:03	6:12	23:08
成都大学	6:35	0:04	6:10	23:06
明蜀王陵	6:38	0:07	6:13	23:03
西河	——	——	6:10	23:00

2. 列车运行图的图解

列车运行图有两种输出形式：时刻表和图解表。其中图解表又称为时距图，它利用坐标原理表示列车运行状况和行车时刻，将列车看作一个质点，斜线就是列车运行的轨迹，代表列车的运行线。在我国大多数的城市轨道交通系统运行图中，采用图 4.8 中的表示方法。在列车运行图上，下行列车的运行线由左上方向右下方倾斜；上行列车的运行线由左下方向右上方倾斜。

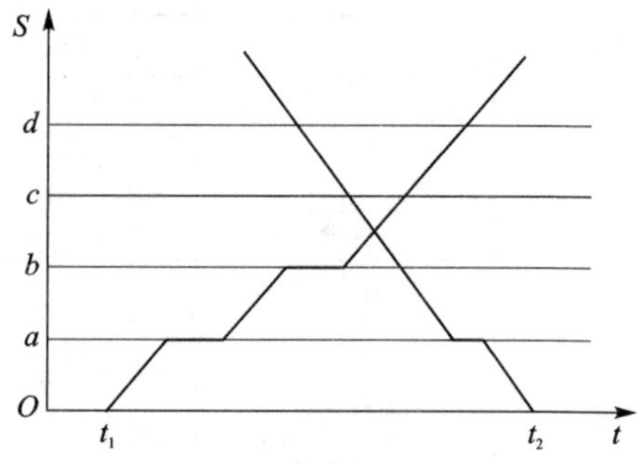

图 4.8　列车运行图

（1）横坐标

横坐标表示时间，用一定的比例进行时间划分，城市轨道交通列车运行图一般采用 1 分格或 2 分格，即每一等分表示 1 min 或 2 min。

（2）纵坐标

纵坐标表示距离分割，根据区间实际里程，采用规定的比例，以车站中心线所在位置进行距离定点。

（3）垂直线

垂直线是一组平行的等分线，表示时间等分段。

（4）水平线

水平线是一组平行的不等分线，表示各个车站中心线所在的位置。

（5）时　刻

在列车运行图上，列车运行线与车站的交点即表示该列车到达、出发或通过的时刻。由于城市轨道交通列车停站时间较短，一般不标明到、发时间。

（6）车　次

对于不同种类的列车，列车运行图采用不同的列车运行线条和车次范围加以区别。一般按不同的列车类别规定代号与列车号。

3. 列车运行图的分类

（1）按区间正线数目不同分

按区间正线数目的不同，列车运行图可分为单线运行图、双线运行图以及单双线运行图。

① 单线运行图(见图4.9)：列车运行图上、下行列车都在同一正线上运行，上、下行方向列车交会必须在车站进行。

② 双线运行图(见图4.10)：列车运行图上、下行列车在各自的正线上运行，上、下行方向列车交会可在区间或车站进行。

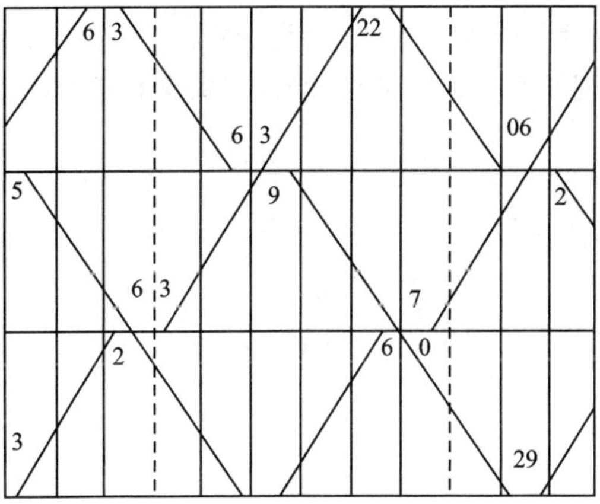

图4.9　单线运行图

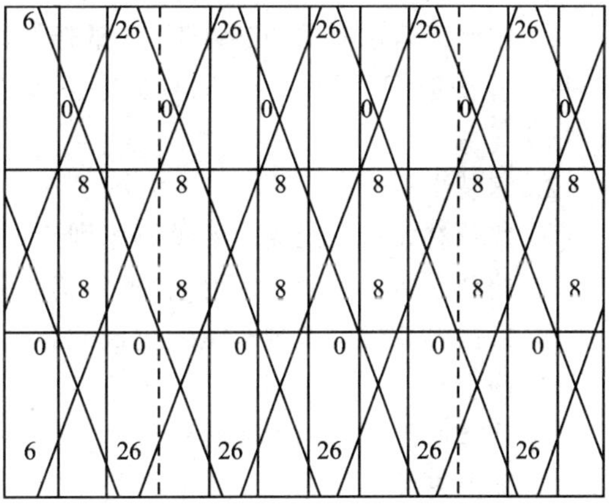

图4.10　双线运行图

③ 单双线运行图：单双线运行图兼有单线和双线运行图的特点，列车在单线区间和双线区间分别按单线运行图和双线运行图运行。

（2）按列车运行速度不同分类

按列车运行速度的不同，列车运行图可分为平行运行图和非平行运行图。

① 平行运行图：列车运行图上，同方向列车的运行速度相同。

② 非平行运行图：列车运行图上，同方向列车的运行速度或旅行速度不相同。

（3）按上、下行方向列车数目不同分类

按上、下行方向列车数目的不同，列车运行图可分为成对运行图和不成对运行图。

① 成对运行图：列车运行图中上、下行方向的列车数目相等。

② 不成对运行图：列车运行图中上、下行方向的列车数目不相等。

(4) 按同方向列车运行方式不同分类

按同方向列车运行方式的不同分，列车运行图可分为连发运行图和追踪运行图。

① 连发运行图：列车运行图上，同方向列车的运行以站间区间为间隔，采用连发运行时，在连发的一组列车之间不铺画对向列车。

② 追踪运行图：列车运行图上，同方向列车的运行以闭塞分区(轨道电路区段)或制动距离加上安全防护距离为间隔，即在一个区间内允许有一列以上同方向列车运行。必须是安装自动闭塞设备的线路才能采用追踪运行图。

4.4.2 列车运行图的编制

在新线投入运营以及既有线技术设备、客运量或行车作业方法等发生较大变化时，均需要进行列车运行图的编制。

1. 编制原则

① 在保证安全可靠的条件下，提高列车的旅行速度，缩短列车运行时间。列车旅行速度是城市轨道交通系统的主要优势，在保证安全的前提下，通过提高列车旅行速度，可提高系统的运行效率、竞争力和服务水平。

② 尽量方便乘客。根据客流变化的规律，尽量考虑在满足运行技术要求的前提下选择较小的列车发车间隔，以减少乘客的候车时间。在安排低谷时段的列车运行时，最大的列车运行间隔不宜过大，以保持一定的服务水平。

③ 充分利用线路的能力和车辆的能力。

④ 在保证运量需求的条件下，尽量降低运营车数。可通过综合考虑高峰时段列车运行速度、折返作业时间、列车开行方式等要素，使上线列车数量达到最少，降低车辆保有量和运营成本。

2. 编制步骤

① 按照有关指示及规定的编制原则确定编图注意事项。

② 按列车运行图的组成要素，搜集资料并计算、查定各要素的数值。

③ 根据客流资料及列车编组定额载客量分时段确定列车运行间隔时分。

④ 确定全日行车计划。

⑤ 计算所需的运用列车数量。

⑥ 征求有关部门意见。

⑦ 修改运行方案。

⑧ 根据方案绘制详细的列车运行图。

⑨ 编写运行图说明书。

3. 编图资料

在编制列车运行图前应收集的编图资料包括运营时间、分时最大断面客流量、全日行车计划、列车开行方案、运用车数、线路通过能力和车站折返能力、列车出入段能力、车站换乘能力、车站存车能力、列车区间运行时分、列车停站时间、列车在折返站停留时间、列车出入段作业时间、追踪列车间隔时间、列车检修能力(即确定可以投入运用的列车数量)、近期调试任务对轨行区资源需求及乘务员作息安排、与其他交通方式的衔接，以及对现行列车运行图完成情况的分析等。

✍ 实训任务 4.2

通过网络查找一条地铁线路的列车时刻表，根据时刻表试着绘制某几个站点间列车运行图。

任务 4.5　车辆配备、运用与检修计划

为完成乘客运送任务，轨道交通必须设置车辆基地，配属一定数量的车辆。车辆部门在正常运营结束后，必须对车辆进行检查，向车辆基地的运转部门提供目前车辆的检修情况以及可供使用的车辆配备计划。车辆基地运转部门根据车辆部门提供的车辆配备计划，综合列车运行图所需的车辆的数量和时间，编制车辆运用计划，并在运营开始前通知行车调度员。

4.5.1　车辆配备计划

车辆配备计划是为完成全日行车计划而制定的车辆保有数安排计划。车辆按运用方式的不同，分为运用车、维修车和备用车三大类。

(1) 运用车

运用车是为了完成日常客运任务而配备的技术状态良好的车辆，运用车数与高峰每小时开行列车数、列车周转时间、列车编组辆数有关。列车周转时间是指列车在线路上往返一次消耗的全部时间，它包括了列车在区间的运行时间，在各中间站的停车时间，以及在两端折返站的折返停留时间。

(2) 检修车

检修车是指处于定期检修状态的车辆。车辆经过一段时间的运用后，各部件会产生变形或损坏，为保证车辆技术状态良好，确保列车运行安全和延长车辆使用寿命，需要定期对车辆进行检修。检修车的数量取决于运用车的配属数、检修周期与检修停时等因素。一般检修车的数量是运用车的10%～15%。

(3) 备用车

在高峰时段，可增加部分区段的行车密度，并可为行车调度员应对突发事件的调整带来一定的便利性。一般备用车的数量是运用车的10%。

4.5.2　车辆运用计划的编制

车辆运用包括列车出入段、正线运行和列检等作业。车辆运用应按计划进行，车辆运用计划根据列车运行图和车辆检修计划进行编制，其主要内容有以下几方面：

(1) 排定出入段顺序与时间

新列车运行图下达后，车辆基地应根据列车运行图的要求，排定运用车组的出段顺序、时间和担当车次，回段顺序、时间和返回方向。运用车组出段时间应分别明确乘务员出勤时间和运用车组出库、出段时间。

(2) 铺画车辆周转图

列车正线运行通常采用循环交路，根据列车运行图和车辆出入段顺序，车辆运用计划以车辆周转图的形式规定了全日对应各出入段顺序的运用车组在正线上往返运行的列车交路，运用车组在两端折返站的到、发时刻，以及运用车组出入段时间和顺序。

(3) 确定对应各出段顺序的运用车

根据车辆的运用状态与检修计划，确定担当次日各出段顺序、列车交路的运用车(编号)与

待发股道。在安排车辆运用时,应注意使运用车的走行公里在一定时期内大体均衡。

(4) 配备乘务员

轨道交通的乘务制度通常是采用轮乘制。由于乘务员值乘的列车不固定,在编制车辆运用计划时,应对乘务员的出、退勤时间、地点和值乘列车车次以及工间休息和途中用餐等同步做出安排。安排乘务员的工作时,应注意乘务员的连续工作时间不得超劳。

为实现按图行车,行车调度员要努力确保列车正点运行,行车调度员应在列车出场、列车折返方式、客流组织等方面进行组织,确保列车正点始发。由于途中运缓、设备故障等原因,会造成列车运行晚点。此时行车调度员应根据列车运行点和保证行车安全的原则,对日常运输计划进行调整。

日常运输计划调整的主要方法有以下几种:

- 始发站提前或推迟发出列车。
- 根据车辆技术状态、线路允许速度,改变列车速度,恢复正点。
- 组织车站快速升降作业,压缩停站时间。
- 组织列车放站运行。
- 改变列车运行交路,列车在具备条件时在中间站折返。
- 停运部分列车。

课后练习题

1. 城市轨道交通运输计划有哪些?
2. 什么是客流计划?包括哪些内容?
3. 简述全日制行车计划的概念,其影响要素有哪些?
4. 列车交路的种类有哪些?各类交路有何优缺点?
5. 什么是列车运行图?
6. 列车运行图的作用和意义是什么?
7. 阐述列车运行图的表示方法。
8. 列车运行图分为哪几类?分别适用于哪些情况?
9. 阐述列车运行图的编制步骤。
10. 车辆按运用方式的不同,分为哪几类?

项目 5　城市轨道交通行车组织

☞ 学习目标

掌握城市轨道交通列车行车组织的概念、特点；掌握行车调度机构的任务；了解地铁行车指挥体系；了解正常情况下和非正常情况下的行车组织方法。

☞ 重点和难点

列车运行组织、行车调度指挥。

☞ 导入案例

【案例 5.1】

揭秘地铁运营“神经中枢”：调度员争分夺秒保畅行

目前南京地铁共有十线运营，总里程达到了 378 km，日均客流超过 305 万乘次，单日最高 408.50 万乘次。尤其春暖花开，天气晴好之际，市民纷纷外出踏青，地铁日均客流维持在高水平，而行车调度员的工作，就是要保障地铁能够始终保持畅行，有序准时地将乘客送达目的地。

记者看到，在 1 300 m^2 的南京南站地铁圆形调度大厅里，依次排列着 5 块巨幅屏幕，上面分别显示着机场线、3 号线、宁和线、宁高二期和宁溧线的地铁实时运行状态及全线路车站 CCTV 视频监控画面。每条地铁线路都有数名配有银星肩章的调度员值守在工作台位，除了面对巨幅屏幕外，每人面前还有 4、5 台正在运作的电脑。他们有的在接听工作电话，有的在监控大屏，有的在发布调度命令，整个大厅气氛紧张而又专注。

当前正是南京赏樱季，尤其是鸡鸣寺、南京林业大学的樱花，吸引了大量游客。行车调度中心值班主任黄佳佳告诉记者，近几日鸡鸣寺地铁站客流量达到平常的 4 倍多，新庄地铁站客流量达到平常的 3 倍多，且都存在集中进出的大客流特点，给调度工作带来较大压力。为确保乘客有序出行，调度员提前数日就做好了赏樱季应对方案：一方面是调整列车错时进站，确保到达乘客快速疏散；另一方面是加开班次，有效疏散集聚在地铁站内的乘客。调度员会根据现场客流预报和历史客流情况，判断当日客流聚集时间点，确保加开地铁在最佳时间点进站，让乘客有序到达目的地。

“为确保赏樱季地铁的有序运行，我们每天要下达数百个调度命令及操作指令，工作强度相当大。”黄佳佳告诉记者，调度员工作实行四班二倒制，一方面工作时间长，白班工作 11 个小时，夜班工作 13 个小时，期间，调度员除了正常吃饭、上洗手间，中途几乎没时间休息；另一方面工作压力大，调度员一个工作上的疏忽、一个决策上的失误，都可能对全线地铁运行带来影响，甚至危及安全。

来源：江苏金融报道

【案例 5.2】

科学防疫，青岛地铁 7 次调整行车安排

为抗击疫情，自春节以来，青岛地铁已先后 7 次调整行车安排。每一次调整，都涉及青岛地铁数千名员工的共同努力。而这些调整的目的既是为了控制疫情的需要，也是为了给乘客提供安全、健康的乘车环境。

做好疫情防控，减少发车频次

随着疫情的发展，部分疫情严重的城市地铁停运了，大多数城市地铁都不同程度地拉大了行车间隔。青岛地铁作为大运量公共交通工具，既要保障市民的基本出行需求，又要结合疫情防控形式的总体判断，降低出行风险。疫情扩散初期，地铁客流大幅下降，为符合市民出行规律，并保证部分乘客刚需出行需求，同时做好疫情防控，青岛地铁运营调整以拉大间隔为主，市区线路间隔 25 min，郊区线路间隔 45～50 min。

配合复工，运力逐步恢复

随着疫情控制发展形势变化，以及部分行业逐步复工，早晚高峰通勤客流明显回升，客运量占全天客运量的比例超过了一半，为满足复工刚性出行需求，地铁有针对性的加密工作日早晚高峰期间的行车间隔，降低车厢人员密度。通过两次调整，市区线路高峰间隔 5～6 min，郊区线路高峰间隔 10 min。工作日平峰和周末行车间隔较大，仍倡导大家减少出行。

预估客流，控制乘客密度

目前地铁客运量呈现出以周为单位阶梯形回升的趋势，每次运营调整前，青岛地铁均会对调整后的客运量及列车拥挤度进行预估，根据预估结果压缩间隔，降低拥挤度，实现避免乘客密集的目标。截至 3 月 2 日已 3 次加密高峰行车间隔，调整时间与客流增长时间匹配，市区线路最小间隔压缩至 4 min30 s。以 3 月 2 日的行车调整效果为例，调整后工作日 3 号线高峰运力为疫情前的 70%～75%，而高峰客运量仅为疫情前的 25%～30%，拥挤度也仅为疫情前的 1/3。

分析需求，调整高峰时间

值得一提的是，疫情期间，青岛地铁考虑到部分乘客错峰通勤，上下班时间相对灵活的特点，对早高峰时间进行了适量延后，晚高峰时间适量提前，满足疫情期间乘客乘车的特殊需求。

另外需要提醒各位乘客的是：高峰（早高峰约 7:30－9:00、晚高峰约 17:30－19:30）是通过增加列车上线运行的方式来压缩间隔，由于地铁列车是从车辆段（3 号线由青岛北站开始进入高峰、2 号线由同安路至泰山路方向开始进入高峰）驶出，从近至远依次经过各个车站，故全线各站的高峰时间不是统一的，每个车站的高峰时段有所不同。请各位乘客合理安排好出行时间。

来源：中国山东网

【案例思考】

1. 总结以上资料中行车调度工作岗位的工作内容。
2. 如何做好行车组织工作？以上资料不同情况下行车组织有何不同？

任务 5.1　城市轨道交通行车组织概述

5.1.1　行车组织的概念

城市轨道交通的行车组织工作是指在运输生产的过程中，为完成运送乘客的任务所进行的一系列与运输有关的工作。行车组织工作是整个轨道交通运输生产的核心内容，组织工作的好坏，直接影响乘客的选择意愿，甚至影响乘客的生命安全。城市轨道交通行车管理是城市轨道交通生产组织最核心的组成部分，是综合运用各种专业设备协调组织运输活动的技术业务，是安全、正点、优质、高效地完成乘客运输任务的保证。

城市轨道交通，尤其是地下铁道因其固有的特点，对行车组织工作的要求有以下几方面：

(1) 安全性要求高

因城市轨道交通尤其是地下部分隧道空间小、行车密度大、故障排除难度大，若发生事故难以救援，损失将非常严重，所以对行车组织工作提出了更高的安全要求。

(2) 通过能力大

城市轨道交通一般不设站线，进站列车均停在正线上，先行列车停站时间直接影响后续列车接近车站，所以要求信号设备必须满足通过能力的要求。另一方面，不设站线使列车正常运行的顺序是固定的，有利于实现行车调度自动化。

(3) 保证信号显示

城市轨道交通虽然地面信号机少，地下部分背景暗，且不受天气影响，直线地段瞭望条件好，但曲线地段受隧道壁的遮挡，信号显示距离受到限制，所以保证信号显示也是一个重要的问题，

(4) 可靠性高

由于城市轨道交通隧道净空小，且装有带电的接触网(轨)，行车时不便于维修和排除设备故障，故要求信号设备具有高可靠性，应尽量做到运营时不维修或少维修。

(5) 自动化程度高

城市轨道交通站间距短，列车密度大，行车工作十分频繁，而且地下部分环境潮湿，空气不佳，没有阳光，工作条件差，所以要求尽量采用自动化程度高的先进技术设备，以减少工作人员的数量，并减轻他们的劳动强度。

(6) 限界条件苛刻

城市轨道交通的室外设备及车载设备，受土建限界的制约，要求设备体积小，同时必须兼顾施工和维护作业空间。

5.1.2 城市轨道交通行车组织特点

城市轨道交通信号系统虽然沿袭了铁路的制式，但由于其自身的特点，与干线铁路又有所不同。城市轨道交通在整个运输生产过程中，调车作业甚少，行车组织基本上只从事列车运行组织和接发列车工作，由调度所(或中央控制室)和车站(段)两级完成。

城市轨道交通行车组织有以下特点：

(1) 具有完善的列车速度监控功能

城市轨道交通所承担的客运量巨大，对行车间隔的要求远高于铁路，最小行车间隔达到90 s，甚至更小，因此对列车运行速度和位置监控的要求极高。

(2) 联锁关系简单但技术要求高

城市轨道交通的大多数车站没有配线，不设道岔，甚至也不设地面信号机，仅在少数有道岔联锁站及车辆段才设置道岔和地面信号机，故联锁设备的监控对象远少于铁路车站的监控对象，联锁关系远没有铁路复杂。除折返站外全部作业仅为旅客乘降，非常简单。通常一个控制中心即可实现全线的联锁功能。

城市轨道交通信号自动控制最大的特点是把联锁关系和列车自动防护编/发码功能结合在一起，且包含一些特殊的功能，如无人驾驶运行(ATO)、自动折返、自动进路、紧急关闭、扣车等，增加了技术难度。

(3) 车辆段独立采用联锁设备

城市轨道交通的车辆段类似于铁路区段站的功能,包括列车编解、接发列车和频繁的调车作业。线路及道岔多,一般独立采用一套联锁设备。

(4) 行车调度自动化水平高

由于城市轨道交通的线路短,站间距离小,列车种类较少,行车规律性很强,故它的调度系统中通常包含自动排列进路和运行自动调整的功能,自动化程度高,人工介入少。

任务 5.2 行车调度指挥

行车调度是城市轨道交通运输组织指挥系统的中枢神经,按列车运行图的要求指挥行车,并根据客流变化及时调整运力安排,合理使用生产资源,实行 24 h 指挥、协调、监督与控制,保障运营安全与质量,确保运营生产的顺利实施。负责运营事故以及其他运营突发事件的处置、抢险、指挥与协调工作,以减少影响与损失、迅速恢复正常运行为前提,及时采取一切有效措施控制事件发展态势。按地铁公司负责管辖范围内的检修施工计划管理,协调各单位、各专业间的作业计划安排与配合工作,合理分配检修作业时间、空间资源,并组织计划实施。因此,行车调度指挥工作有其重要的地位与作用。

5.2.1 行车指挥机构

1. 运营控制中心(Operation Control Center,OCC)

轨道交通是一个复杂的、技术密集型的城市公共交通系统,具有各项作业环节紧密联系和各部门、各工种协同工作的特点,对运输生产活动进行集中领导、单一指挥和实行有效监控,轨道交通必须设立调度机构,即运营控制中心(Operation Control Center,OCC)。如图 5.1 所示,轨道交通企业运营指挥机构一般分为两个指挥层级;二级服从一级指挥。其中一级指挥为行车调度、电力调度、环控调度和维修调度。二级指挥为车站值班站长,车辆段调度员、检修调度员。各级指挥要根据各自职责任务独立开展工作,并服从运营控制中心值班主任总体协调和指挥。

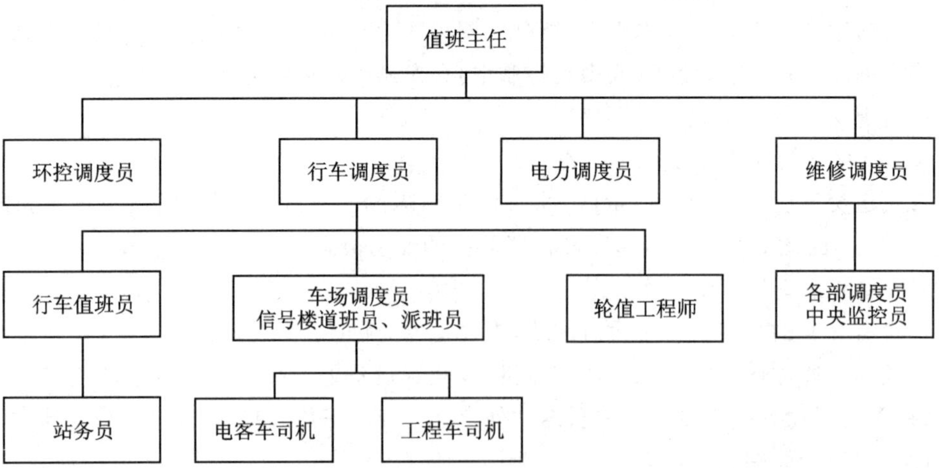

图 5.1 运营指挥机构组织层级

运营控制中心是轨道交通日常运输工作的指挥中心,凡与列车运行有关的各部门、各工种都必须在调度机构的统一指挥下进行日常运输生产活动。运营控制中心是轨道交通系统的日常运营、设备维护、行车组织的指挥中心和运营信息收发中心,指挥运营工作。应急情况下运营控制中心代表轨道交通运营公司与外界协调联系运营支援工作。所有与行车有关的信息都是通过运营控制中心集散。

2. 运营控制中心的基本任务

运营控制中心的基本任务是合理运用技术设备,组织指挥与列车运行有关的各部门、各工种协同作业,确保实现列车运行图、完成运输生产任务,保证行车安全和乘客安全,提高运输效率和经济效益。

根据业务分工及性质的不同,设置不同的调度工种,分别为行车调度员、电力调度员、环控调度员、维修调度员四大调度,运营控制中心各调度员由值班主任协调统一指挥。在处理突发事件、事故时,各调度员有责任向值班主任提供本岗位的协助处理方案,并及时报告相关信息。成都地铁分行车调度、车场调度、电力调度等。

在正常情况下,行车工作由行车调度员统一指挥,供电设备运作由电力调度员统一指挥,环控和防灾报警设备由环控调度员统一指挥,非车辆专业设备的维修组织由维修调度员统一指挥。

3. 行车调度员的岗位职责

行车调度员的岗位职责主要包括监控组织列车运行、跟踪监控客流、组织实施相应区域的施工、处理各种应急情况下的故障等几方面内容。

行车调度员的职责是:

① 组织指挥各部门、各工种严格按照列车运行图的规定和要求行车;

② 组织列车到发和途中运行、监控与行车相关设备的运转情况;

③ 根据客流变化,及时调整列车开行计划;

④ 列车晚点、运行秩序紊乱时,通过自动或人工调整列车运行,尽快按图恢复行车;

⑤ 发生突发行车事故时,按照规定及时向有关部门及上级报告,迅速采取救援措施,最大限度减小对运营造成的影响,及时恢复列车正常运行;

⑥ 安排审批施工作业、组织夜间施工顺利进行以及组织开行调试列车工程车等。

✍ 实训任务 5.1

通过网络查找资料或者实地参观调查了解某地铁公司的调度指挥组织层级和岗位,了解不同岗位的岗位职责和工作内容。

5.2.2　列车行车指挥方式

城市轨道交通系统的基本行车调度控制方式主要有调度集中和行车指挥自动化两种。车站控制是在特殊情况下采用的辅助方式。采用何种行车调度控制方式与采用的行车调度指挥设备类型有关。

1. 行车指挥自动化

在行车调度员的监督下,由双机冗余计算机组等设备构成的列车自动监控了系统(Automatic Train Supervision,ATS)完成列车运行的控制任务。这时,基本闭塞方法为自动闭塞,通常还采用列车自动防护(Automatic Train Protection,ATP)和列车自动运行(Automatic Train Operation,ATO)子系统,三个子系统构成列车自动控制系统(Automatic Train Control,ATC),列车自动控制系统具有列车运行自动化和行车指挥自动功能。在列车自动监控子系统因故障不能使用时，改为调度集中控制。

列车自动监控子系统的主要功能如下：① 列车时刻表(列车运行图)的编辑、修改，如由基本时刻表或计划时刻表生成使用时刻表；② 自动或人工控制车站的发车表示器、道岔，排列列车进路；③ 实时显示车站发车表示器、道岔的状态和进路占用情况，自动追踪列车运行与列车车次号；④ 自动或人工进行列车运行调整；⑤ 显示站台列车到达信息；⑥ 绘制实绩列车运行图和生成运营统计报告；⑦ 离线模拟或复示列车的在线运行，用于系统的调试、演示和人员培训。

2. 调度集中

采用调度集中设备的轨道交通线路，行车指挥实行调度集中控制。调度集中设备是指挥列车运行的一种远程遥控设备，由控制中心的调度集中总机、进路控制终端、显示盘和列车运行记录仪、闭塞设备、调度集中分机和数据传输设备以及联锁设备等组成。

行车调度员通过调度集中控制设备控制所管辖线路上的信号和道岔，办理列车进路，组织和指挥列车运行。这时，基本闭塞方法为自动闭塞法，列车运行以驾驶员操纵为主。在调度集中控制因故障不能实现时，改为车站控制。车站值班员在列车调度员的指挥下，办理列车进路，接发列车。

集中调度的主要功能有：① 行车调度员可直接控制车站的信号机、道岔，排列列车进路；② 控制中心能实时显示车站信号机、道岔的状态、进路占用情况、列车车辆和列车运行状态等；③ 绘制实绩列车运行图和生成运营统计报告。

3. 调度监督

采用调度监督设备的轨道交通线路，行车指挥实行调度监督控制，调度监督设备是指挥列车运行的一种远程监控设备，由控制中心的调度监督设备、显示盘、闭塞设备、车站终端和数据传输设备及联锁设备等组成。采用调度监督设备的轨道交通线路，行车指挥实行调度监督控制。调度监督与调度集中的区别是只能监督、间接控制，不能直接控制。

调度监督的主要功能有：① 控制中心实时显示车站信号机、道岔的状态、进路占用情况、列车车次和列车运行状态等。② 打印列车时刻表和生成运营统计报告。

5.2.3 行车指挥基本原则

城市轨道交通行车组织指挥工作，必须坚持安全生产的方针，贯彻高度集中、统一指挥、逐级负责的原则。行车有关人员必须服从行车调度员指挥，执行行车调度员命令；同时行车调度员应严格按运营时刻表(或列车运行图)指挥行车。

正线、辅助线(包括出入段线、折返线、存车线、渡线、联络线、安全线等)及转换轨一般由行车调度员管理，车辆段线由车辆段调度员管理。指挥列车在正线运行的命令只能由行车调度员发布。

1. 行车时间的规定

轨道交通企业规定的行车时间以北京时间为准，从零时起计算，实行 24 小时制。行车日期划分以零时为界，零时以前办妥的行车手续，零时以后仍视为有效。

2. 关于上、下行方向的规定

每条线路在划分上、下行时都有自己的原则和因素，以西安地铁 2 号线为例，2 号线正线为双线，列车运行采用双线单向右侧行车。北客站往会展中心站方向为上行，反之为下行。

3. 统计晚点的规定

轨道交通企业统计电客车晚点是根据列车运行到达终点站时，比照《运营时刻表》单程每列晚点时间，判定是否属于晚点列车。一般晚点时间是根据具体线路的开通运营情况、行车间隔等各种因素设定的。各轨道交通企业有所不同。

4. 列车车次规定

列车车次一般由服务号、目的地码以及序列号几个要素组成，同时个位是偶数则为上行，奇数为下行，顺序编号。但是目前车次的具体排列次序及位数没有统一的标准，如广州地铁1、2号线的电客车车次为6位数，左边2位为目的地码，中间2位为服务号，右边2位为序列号；沈阳地铁1号线电客车车次由5位代码组成，前3位为服务号，后2位为目的地码。

5. 行车工作中数字的标准发音

调度电话、无线电话用于行车各工种间的工作联系，须使用标准用语，如表5.1所列。

表5.1 数字的标准发音

1	2	3	4	5	6	7	8	9	0
yao	liang	san	si	wu	liu	guai	ba	jiu	dong
幺	两	三	四	五	六	拐	八	九	洞

任务5.3 正常情况下列车运行组织

5.3.1 正常情况下列车运行组织概述

与铁路相比，城市轨道交通系统的技术设备自动化程度较高，因此城市轨道交通系统的运输组织和运营工作都比铁路简单。正常情况下的行车组织工作是指在设备及客流比较稳定的情况下，列车运行实现自动控制。

行车组织工作包括列车进出车辆段、正线列车运行组织、车站接发列车三部分，分别由控制中心、车站和车辆段三地协调完成。城市轨道交通的列车运行由控制中心统一指挥，车站和车辆段作为二级调度，按照控制中心的指挥组织列车运行。

为统一指挥日常运输生产工作，城市轨道交通的行车工作必须坚持"高度集中、统一指挥、逐级负责"的原则。城市轨道交通具有行车密度高、运行间隔小、安全运营要求高等特点。根据信号设备所提供的运行条件，一般分为调度监督下的自动运行控制、调度集中控制以及调度监督下的半自动运行控制3种方式，按照列车运行图规定的行车计划组织列车运行。

1. 调度监督下的自动运行控制

列车自动运行控制是城市轨道交通列车运行组织的主要控制方式，自动运行控制方式利用计算机技术对列车运行实行自动指挥和自动运行监护，并有列车运行保护系统可以提高行车安全系数。在正常情况下，系统根据列车运行图自动排列列车进路，列车以自动驾驶模式运行；在非正常情况下，按调度指令调整行车计划。调度监督下的自动运行控制可实现的基本功能如下：

① 计算机系统可输入及储存多套列车运行图，并可根据设定的列车运行图实现实行列车的指挥功能。对正线运行列车实行自动跟踪，显示进路、道岔位置、区间及线路占用情况。可自动或人工对列车运行进行调整，可人工对进路排列、信号开放、道岔转换进行控制。提供中央及车站两级运行控制模式，并可根据需要进行控制权转换。

② 列车运行自动保护系统对列车运行设定防护区段，控制前后列车运行的安全间距。列车可使用自动驾驶功能，也可采用人工驾驶，列车占用区间的凭证是列车收到的速度码。通过计算机系统自动绘制列车实际运行图，并进行有关运营数据统计。

2. 调度集中控制

调度集中控制下的行车组织方式，在控制中心行车调度员的统一指挥下，利用行车设备对列车在车站的到达、出发、折返等作业进行人工控制及调整。调度集中控制下的组织指挥由行车调度员实施。在大多数情况下，车站不直接参与行车组织工作。调度集中控制可实现的基本功能如下：应具有微机联锁和电气集中联锁设备，实现远程控制功能，并从设备方面提供列车的运行安全保障；通过控制屏或显示器可监护全线列车运行状态、信号显示、道岔位置及线路占用情况；应能利用微机联锁或电气集中联锁设备转换道岔、排列进路、开放信号、指挥和调整列车运行；应能自动或人工绘制列车实际运行图。

3. 调度监督下的半自动运行控制

此方式是在控制中心行车调度员的统一指挥和监督下，由车站行车值班员操作车站微机联锁设备、电气集中联锁设备或临时信号设备控制列车运行。在一些新线上，由于信号系统尚未安装调试完毕，在过渡期运营时会采取这种方式进行行车组织。在信号设备完全安装完毕的条件下，当中央列车自动监控子系统设备发生故障时或在特殊情况下也可采取此种方式。调度监督下的半自动运行控制可实现的功能有：

① 车站信号控制系统具有联锁功能，可对进路排列、道岔转换、信号开放实行人工操作。

② 可实时反映进路占用、信号及道岔等工作状态，对线路上的列车运行进行监护。

③ 可储存信号开放时刻、道岔动作、列车运行等各类运行资料，并根据需要调用。

④ 车站根据调度指令对列车运行进行调整。

5.3.2 控制中心作业

1. 运营前准备

每天运营前在规定时间内，行车调度员根据《正线施工登记》，检查当晚的所有维修、施工及调试作业是否完毕及销点，线路巡视工作是否完成，确认线路出清并符合行车条件后进行下列运营前的准备工作。

（1）试验道岔

每天运营开始前规定时间（各地铁公司根据设备情况对时间标准规定有所不同）内，行车调度员通知各联锁站（一般指设有联锁设备的车站）的行车值班员试验道岔，调度主任、行车调度员查看列车自动监控子系统的人机接口、调度员工作站及行车调度员模拟屏的显示。联锁站试验完毕，行车调度员收回控制权。调度主任、行车调度员使用调度员工作站试验进路、道岔的操作，使有关道岔处于正确位置。如果发现道岔不能正常使用，应及时通知维修调度，派人检查抢修。

（2）检查和准备

运营前主要检查行车值班人员到岗情况，站台是否有异物侵入限界，行车设备是否正常，备品是否齐全、完好，当日运用车、备用车的安排及司机配备等情况。行车调度员检查完毕，于运营开始前规定时间内通知电力调度员牵引系统送电。同时，行车调度员需要按车辆段调度提供的当日上线列车及备用车，编辑无线调度台动态组以便调度。

（3）装入列车运行图

由于城市轨道交通一般根据客流规律采用分号运行图，故在每天运营前规定时间内，控制中心调度主任在控制系统上装入当天使用的列车运行图。当日使用的列车运行图装入后，必须检查是否有效。通常运营部门都会编制最少两个不同的列车运行图，一个是工作日运行图，一个是周末运行图。除此以外，有些运营公司还编制节假日运行图。

(4) 核对时钟时间

行车调度员、电力调度员在开始行车前与各站(含车辆段)、各变电所(站)核对日期和时钟时间(对表);行车调度员与车辆段派班员核对时钟时间、服务号和注意事项。

(5) 核对列车出库计划

根据当日列车运行图,与车辆段调度员核对列车出库计划是否准确。

(6) 首班车组织

开行首班车,应特别注意开行时间,严格按照列车运行图组织行车,按时开出,避免晚点发车。

2. 运营期间

运营期间行车调度员应充分使用各项调度指挥设备,组织指挥列车按照计划运行图安全、正点运行,尽量均衡在线列车的运行间隔。运营期间调度员的主要工作有列车运行监控、电力供应、环境控制、防灾救护及设备维修施工等的调度指挥,监视各站情况,与相关单位进行信息沟通、列车运行调整、末班车组织等。

(1) 列车运行监控

行车调度员通过模拟显示屏,掌握调度区域范围内信号系统设备(轨道电路、信号机等)状况,列车占用线路情况,各次列车运行位置。必要时,人工介入进行列车调整,如发现列车车次变化,可通过系统予以改正。

(2) 调度指挥

进行电力供应、环境控制、防灾救护及设备维修施工等的调度指挥工作。

(3) 监视各站情况

通过监视器监视各站的站厅、站台情况,发现异常可进行录像分析。

(4) 与相关单位进行信息沟通

运用调度电话与车站值班员、车辆段调度员、运转值班队长保持联系,发布调度命令,实现对列车运行的调度指挥。调度员在日常工作中,为了确保进行安全、高效的调度指挥,应提高沟通技巧,确保调度指令能够迅速准确地下达和执行,同时必须使用标准用语。

(5) 列车运营调整

由于各种因素的影响,列车在运行过程中实际运行图与计划运行图存在偏差,需自动或人工介入进行调整。因此,列车运行调整一般分为系统自动调整和人工调整。

① 系统自动调整

当列车运行偏离计划运行图时,系统可自动调整列车的区间运行时间。轨道交通信号系统的列车自动监控子系统一般具有列车运行调整的功能。由于列车运行一般很少采取无驾驶员的方式,因此,信号系统只对列车区间运行的时间在系统能力范围内进行调整。列车自动运行调整可根据列车偏离计划运行图的程度大小自动决定所采用的调整策略。由于车辆性能、线路条件以及站停时间等因素的制约,当这种误差较大时,往往不可能一次性调整到位。

因此,系统需要采取弹性的调整策略,通过改变前后多趟列车的运行状态,逐步消除当前列车的运行偏差对系统总体的影响。

② 人工调整

当列车运行的偏离误差较大时,可由调度员人工介入,通过调整列车的停站时间和区间运行时间,达到实现计划运行图的目的。列车运行晚点或早点,可采用在车站设置扣车命令或设置列车跳停命令、使下一列车不停站通过等方式进行调整。在遇到线路中断、堵塞时,行车调度员通过采取小交路、单线双向等特殊组织措施来维持一定水平的运行组织。

3. 运营结束后

每天运营结束后，调度员要对当天的行车工作进行分析、总结。运营结束后，除了打印当日计划和实际运行图外，调度员的作业还主要包括以下几个方面：

① 编写运营情况日报表。运营情况日报表的主要内容包括当天完成的运送客运量、客车开行情况、兑现率及正点率、月度累计指标等；运用客车数及投入使用客车数；客车加开、停运及中途退出服务的情况；耗电量和温度、湿度情况；客车服务情况，包括事故、故障和列车运行延误及处理；有关工程列车、试验列车运行方面的信息。

② 组织施工计划的实施。根据施工计划及施工申请，对需要停电区段的接触网通知调度停电，根据线路情况和施工负责人清点情况，批准开始施工。作业完毕后，确认人员出清，同意办理销点。

③ 运营指标统计。运营指标主要包括客车运行统计、客运量统计、工程车统计、调试列车统计、检修施工作业统计、用电量统计及设备故障情况统计等内容。一般运营指标的计算由专门的系统自动统计。

5.3.3 车站行车作业组织

车站是乘客乘降列车的主要场所，同时还是轨道交通系统行车组织指挥的二级调度所在，其主要任务是在调度的指挥下完成接发列车工作，保证列车按照列车运行图安全、正点地运行。

车站行车指挥系统一般设有值班站长、车站控制室行车值班员以及站台工作人员等岗位。

值班站长负责全站行车组织、客运组织的指挥工作，而具体行车组织工作的实施和指挥则由车站控制室行车值班员完成。行车值班员主要负责监控列车运行、接收调度命令、按调度要求组织行车，以及设备状态的监控。站台工作人员主要负责列车监控，乘客上、下车组织，设备监控及设备故障处理。

车站行车作业包括行车接发作业、列车折返作业等。车站行车作业应按照列车运行图要求，不间断地接发列车与折返列车，确保行车安全与乘客安全。对车站行车作业的基本要求有：

(1) 执行命令听从指挥

严格执行单一指挥原则，车站行车作业由车站值班员统一指挥。列车在车站时，列车司机应在车站值班员指挥下进行工作。车站值班员应认真执行行车调度员的命令和上级领导的指示。

(2) 遵章守纪按图行车

认真执行行车规章制度，遵守各项劳动纪律，办理作业正确及时，严防错办和忘办，严禁违章作业。当班必须精神集中、服装整洁、佩戴标志，保证车站安全、不间断地按列车运行图接发列车。

(3) 作业联系及时准确

联系各种行车事宜时，必须程序正确、用语规范、内容完整、简明清楚，严防误听、误解和臆测行事。

(4) 接发列车目迎目送

接发列车严肃认真，姿势端正。认真做好看、听、闻，确保列车安全运行。

(5) 行车表报填写齐全

应按规定内容、格式认真填写各种行车表报，保持表报完整、整洁。行车表报包括各种行车凭证、行车日志以及各种登记簿。行车凭证有路票、绿色许可证以及调度命令等,登记簿有《调度命令登记簿》《检修施工登记簿》以及《交接班登记簿》等。

1. 运营前准备

车站每天运营前应在规定时间根据《施工登记表》检查当晚的所有维修施工及调试作业是否完毕及销点,线路巡视工作是否完成,确认线路出清并符合行车条件后进行下列运营前的准备工作。

(1) 试验道岔

每天运营开始前规定时间(各地铁公司根据设备情况对时间标准规定有所不同)内,各联锁站(一般指有联锁设备的车站)的行车值班员按照行车调度员要求试验道岔。试验完毕将控制权交回行车调度员。如果发现道岔不能正常使用,及时通知维修调度员派人来检查抢修。

(2) 检查和准备

主要检查车站值班人员到岗情况,检查站台区域轨行区是否有异物侵入限界,开关屏蔽门以检查屏蔽门状态。

2. 运营期间

车站行车组织工作由车站当班值班站长统一负责,行车值班员具体负责。值班站长必须服从行车调度员的统一指挥,执行行车调度员命令。正常情况下车站的行车组织作业主要包括首班车组织、末班车组织、运营期间的接发列车作业、列车折返作业以及向行车调度员报告几个方面。

以下主要介绍首班车组织、接发列车作业、列车折返作业以及末班车组织。

(1) 首班车组织

开行首班车前,车站各岗位工作人员要准时开门、开启电扶梯及照明、巡视车站等。首班客车发车前规定时间内开始向乘客广播第一列车的到达时间及注意事项。

(2) 接发列车作业

① 采用调度监督下的自动控制组织行车

采用调度监督下的自动运行控制组织行车时,列车是自动运行控制,除了站台客流疏导和运行监控外,车站基本不参与组织行车。

② 采用调度集中控制下的组织行车

采用调度集中控制下的组织行车时,在大多数情况下,车站不参与行车组织的工作。列车以规定速度进站,车站不显示接车信号,车站原则上不办理接发列车作业,值班站长(或行车值班员)根据列车所处状态播放录音广播,做好乘客服务工作,监视站台乘客候车秩序,以确保站台安全。

③ 采用调度监督下的半自动控制组织行车

采用调度监督下的半自动控制组织行车时,由车站行车值班员操作车站微机联锁设备、电气集中联锁设备或临时信号设备控制列车运行。为保证列车运行安全,车站需要办理接发车手续。

一般的城市轨道交通车站接发列车的基本程序为:办理闭塞、布置与准备进路、排列进路、接送列车、车站报点(也作为开通区间的同步作业)五个步骤。具体接发列车作业程序与信号联锁设备及其状态有关。

(3) 列车折返作业

① 中央控制

列车在进行折返作业前,应清客、关车门。列车折返进路由中央列车自动监控系统

(ATS)自动排列或行车调度员人工排列。在车站有数条折返进路的情况下,应在折返作业办法中规定优先采用的列车折返模式,明确列车折返优先经由的折返线或渡线。在办理列车折返作业时,如要变更列车折返模式,在折返列车尚未启动时,可在通知折返列车司机后,变更列车折返模式。

当自动排列折返进路时,折返列车凭发车表示器的稳定白灯显示进入折返线或折返停车位置。在人工排列折返调车进路时,折返列车凭调车信号显示进入折返线或折返停车位置。列车停妥后,司机应立即办理列车换向作业,然后凭防护信号机的准许显示越过防护信号机进入车站出发正线。

当列车自动驾驶时,列车进出折返线的速度按接收到的列车自动防护系统(ATP)速度码自动控制;在列车人工驾驶时,列车进出折返线的速度根据有关规定,由司机人工控制。

② 车站控制

车站控制时的折返作业组织,除列车折返进路由车站值班员人工排列外,其余与中央控制时相同。原则上,车站值班员按作业办法中规定的优先模式排列折返进路,如要变更列车折返模式,必须要得到列车调度员的同意。

(4) 末班车组织

车站在末班车开出前应在规定时间内开始广播,通知停止售票和进站检票工作,检查、确认付费区内乘客均已上车,并确认无异常情况后才能向司机显示发车信号。在最后一班车离开车站后,应即时清客,关闭车站出入口,关闭扶梯,并设置车站省电照明模式。

运营结束后,车站主要负责组织施工计划的实施,办理施工请销点手续,确认人员进出轨行区及出勤情况。

5.3.4 车辆基地行车作业组织

车辆段是城市轨道交通车辆停放的基地,也称车厂或车库,主要承担轨道交通车辆的用、停放、列检、清扫、洗刷、维修、保养等任务。每天运营开始时,列车由车辆段出发到线运行;运营结束后,列车回到车辆段检修保养。

车辆段内行车指挥部门为车辆段控制中心,是轨道交通系统行车组织指挥的二级调度,主要负责组织列车出入段,实施客车、机车车辆转轨、取送、检修作业,车辆段内行车设备检修维护作业,客车调试等工作。

车辆段内的行车组织应认真贯彻安全生产的方针,坚持“高度集中,统一指挥”的原则,由车辆段调度员集中领导、统一指挥,与行车有关部门主动配合,协同劳作,确保及时提供技术状态良好、数量足够的列车投入服务。

车辆段内作业应以接发列车为优先,其他作业不能影响列车出入车场,接发列车应灵活运用股道,做到不间断接车、准点发车、减少转线作业,备用车应停放在便于出车的股道上。

1. 列车出车作业

列车出车作业主要包括编制发车计划、司机出乘、列车出库与出段3部分。

① 编制发车计划。发车计划由车场调度员根据使用列车运行图、运营检修用车安排、车辆段线路存车情况等编制,内容包括列车车次、待发股道、运用车编号等。编制发车计划时,应避免交叉发车并保证列车出库顺序无误。发车计划编制完毕后,除应将计划下达给信号楼值班员外,车场调度员还应该将计划中列车车次、车号、有无备车、备车车号等内容上报给行车调度员。

② 司机出乘。司机应在已充分休息后的情况下出勤,按规定时间在规定地点办理出勤手

续，领取相关物品。在办理出勤手续时，应检查列车状态是否符合有关规定，经车辆调度员签认。还需要仔细查看行车告示牌上的行车命令，指示和安全注意事项，以及本次列车出车股道，听取车场调度员传达的事项。

出勤手续办妥后，乘务员应对值乘的列车进行出车前检查，检查合格后方能发车。若检查时发现列车故障应及时上报车场调度员并按其指示执行，车场调度员应立即通知检修故障列车，及时调整乘务员值班列车的出车次序，并向信号楼值班员传达变更出车计划。备用乘务员应与值乘乘务员同时出勤，完成备用列车检车程序后，备用乘务员应在车上待命，在发车工作结束后，方可回到乘务员休息室待命。

③ 列车出库与出段。列车起动前应确认信号开放与库门开启正常，并注意平交道口是否有人员、车辆穿越。当规定的出库时间已到而出库信号仍未开放时，司机应询问信号楼值班员，联系不上时可通过车场调度员询问。

正常情况下，列车经由出段线出段，列车出段凭防护信号机的显示（绿色灯光或黄色灯光），在出段线的有码区按人工列车自动防护（ATP）方式运行，在出段线的无码区按限速（20 km/h）人工驾驶方式运行。在出段线设备出现故障时，列车可以由人段线出段，但应得到行车调度员的许可。信号楼值班员在该情况下办理列车发车作业时，应确认区间空闲，停止影响发车进路的调车作业。

2. 列车正线运行

从车辆运用角度，列车正线运行主要涉及列车运行交路、列车驾驶作业以及司机正线交接班等。

① 列车运行交路。列车正线运行的循环交路，以及列车在两端折返站的到、发时刻和出入段时间、顺序由列车交路图规定。

② 列车驾驶作业。司机在值乘中应集中注意力，严禁违章行车。

③ 正线交接班。司机在正线交接班时，接班司机应按规定提前到指定地点出勤，交班司机应将列车技术状态、有关行车命令与注意事项交代清楚，并填写在司机报单上。

3. 列车收车作业

列车收车作业包括列车入段与入库、库内作业两部分。

① 列车入段与入库。正常情况下，列车经由入段线入段。列车入段凭防护信号机的显示，在入段线的有码区按人工列车自动防护（ATP）方式运行，在入段线的无码区按限速人工驾驶方式运行。在设备故障或检修施工时，列车可以由出段线入段，但应得到行车调度员准许。信号楼值班员在办理列车接车作业时，应确认接车线路空闲，停止影响接车进路的调车作业。

② 库内作业。列车进入车库停稳后，司机应对列车进行检查，在确认列车无异常后携带列车钥匙、司机报单及其他相关物品办理退勤手续，然后向司机长汇报当日工作情况，并听取次日工作安排与注意事项。在发现列车技术状态不良时，司机应向车场调度员报告并在有关报表中详细记录。在发生列车晚点、掉线、清客、行车事故与救援时，车场调度员应组织当事人及有关人员填写情况报告并及时上报有关部门处理。此外，车场调度员还应对当日列车故障与安全情况统计。

4. 列车整备作业

列车整备作业包括列车清洗、列车检修以及车辆验收3部分。

① 列车清洗。列车清洗包括车辆内部的清扫、清洁和车身清洗等，根据清洗计划进行。列车清洗计划应下达给信号楼值班员、调车司机、调车员及其他相关人员。列车清洗时的动车

按调车作业办理。

② 列车检修。列车回库停稳、收车后，如无列车清洗等其他作业，车场调度员应及时与车辆检修部门办理车辆交接手续。未办理交接手续、未经车厂调度员同意，检修部门不得擅自进行列车检修作业。正在进行列车检修作业的车辆，未经检修负责人同意，车场调度员不得擅自调动，无关人员不得擅自动车。

③ 车辆验收。信号楼接到车辆检修部门移交的车辆后，应指派专人对车辆技术状态进行检查，确认车辆技术状态符合正线运行要求后方能接收投入使用。

5. 调车作业

(1) 调车作业的定义

除列车在正线上的运行以外，凡因列车折返转线、解体、编组和车辆摘挂、取送等作业需要，列车或车辆在线路上进行有目的的调动，都属于调车。按调车目的不同，轨道交通调车主要有折返调车、转线调车、解体调车、编组调车、摘挂调车以及取送调车等。轨道交通的调车作业主要是在车辆段和折返站内进行。调车作业的动力是内燃机车或动车。车辆段调车作业的特点是作业量大和作业复杂，除列车折返调车外，其他各种类型的调车都有。

(2) 车辆段调车作业组织

① 调车指挥及要求。调车作业是一项多工种联合进行的复杂作业，为了安全、协调、迅速地进行工作，按时完成调车任务，必须实行统一领导 、单一指挥。

② 调车工作制度。调车工作制度主要包括交接班制度、作业前准备制度，班后总结制度以及要道还道制度。

交接班制度：交接班时，调车组在规定地点对号交接线路存车数、停留车位置、安全及有关注意事项等。

作业前准备制度：在调车作业前，调车长应将调车作业计划、作业方法向调车司机及其他调车人员传达清楚。

班后总结制度：每班工作结束后，由调车长负责召集调车组人员，总结本班生产任务完成、安全等情况，遇非正常情况应及时向车场调度员报告。

要道还道制度：要道还道是指调车长或调机司机向信号楼值班员要道，信号楼值班员在进路准备要道后向调车长或调机司机还道。

③ 调车计划的编制、下达。调车作业计划由车场调度员根据调车作业内容编制书面计划(使用调车作业通知单)，书面计划编制后电话抄送给信号楼值班员、调车组长。

④ 调车计划的布置和变更。一批作业(指一张调车作业通知单)变更计划不超过三勾时，可用口头方式布置，但必须停车向有关人员传达清楚，复诵核对正确。

任务 5.4　特殊事件下列车运行组织

非正常情况下的行车组织是相对于正常情况下的行车组织而言的，主要是指由于人、设备或环境等因素导致不能继续采用正常情况下的行车组织方法组织行车的情况。

城市轨道交通由于采用了较多的先进设备，自动化程度较高，故出现意外情况的概率较小。也正是由于平时很少遇到故障情况，一旦出现故障，如果处理不当就很容易导致大面积的晚点，严重的甚至造成人员伤亡。因此，各大城市轨道交通运营单位都非常重视非正常情况下的列车行车组织，都制定出了详细的应急处理方法和预案，在日常的培训和管理中，重点加强员工对非正常情况下应急处理能力的培训及演练，提高员工的应急处理水平，降低事故造成的影响。

5.4.1　设备故障及处理

一般对于列车正常运行影响较大的设备故障包括列车故障、信号系统故障、轨道线路故障、供电系统故障、通信系统故障及其他设备设施故障。

列车故障包括制动系统故障、牵引系统故障、车辆构件故障等。

信号系统故障包括连锁系统故障(包括系统故障,轨道电路、道岔及信号机故障等)、列车自动监控子系统故障、车载列车自动防护子系统故障、轨旁列车自动防护子系统故障等。

轨道线路故障主要是指钢轨故障,包括钢轨变形、断裂、破损,道岔转动故障、无显示等情况。

供电系统故障主要包括停电、变电系统故障、接触网故障等。

通信系统故障主要是指用于行车组织的通信工具故障,它会影响正常指挥信息的传递并影响列车的运行指挥。

其他设备设施故障包括建筑结构变形倾斜、部件脱落,威胁到行车安全的故障等。

在运营期间设备故障影响正线行车组织时,一般由相关设备维修部门对故障进行先期处理,确保维持运行。如短时间内不能处理完毕的,需要采取其他方式保证列车的运行,维持一定水平的客运服务。非运营期间发生设备故障时,需要立即组织维修人员进行抢修,保证不影响正常的运营服务。

5.4.2　自然灾害

自然灾害通常是指强台风、暴雨、暴雪、地震等灾害,自然灾害一方面可以直接影响正常的行车组织,另一方面也会影响设备系统的运作而引发故障,从而影响正常的行车组织。

恶劣天气主要对地面车站、地面线路造成较大的影响。因此,在恶劣天气期间应对地面车站和线路作出重点安排,保证行车安全。

地面车站在恶劣天气条件下的行车组织,以确保行车安全为原则,车站严格执行恶劣天气下的组织预案,特别要强化站台组织、确保旅客人身安全。首先,车站在得到恶劣天气的信息后,应及时向全体员工发出信息通报,并对关键岗位提出安全工作要求,同时加强车站巡察工作。其次,站务人员应对接车线路接触网、路轨状况及候车乘客密切观察,发现有危及行车及人身安全的情况时,应及时采取措施(按下紧急停车按钮)将列车拦停。最后,恶劣天气下,车站和车辆段工作人员作业时要加强自身防护。

当发生高震级地震时,线路、轨道肯定会发生不同程度的移位与变形,排水系统和其他建筑物也将遭受严重破坏,全线应立即停止运营,车站开放所有通道引导乘客出站。停在区间的列车在线路条件允许的情况下,司机以低速驾驶列车进入前方就近站清客;如线路已经严重破坏,则通过区间隧道疏散车上乘客。地震过后,组织对全线设备进行检查、测试、抢修,确认各系统技术状态正常后,再决定是否恢复全线正常运营。

5.4.3　人为因素

主要是指由于人为操作失误(包括故障处理失当)、故意行为等造成影响列车运行组织的情况。人为因素包括内部员工和外部人员的因素,一般涉及人的生理、心理等因素,因而对行车组织影响的人为因素情况很多。过往事故的统计数据表明,约70%以上事故的发生都是由于人为因素造成的。不同情况下应采取不同的处理方法。

以火灾为例，城市轨道交通大部分处于地下空间，形成封闭的环境，一旦发生火灾，其后果不堪设想。因此，在新兴的轨道交通建设中，要求各种消防安全设备采用绝缘材料，且各地城市轨道交通对火灾的处理都有很明确的要求，在提高员工消防能力方面也是不遗余力的。结合轨道交通运营的特点，针对不同地点发生的火灾，在行车组织上的安排也不尽相同。

1. 车站火灾处理

(1) 地下车站的站厅火灾处理。

地下车站的站厅发生火灾时，控制中心应组织已经进入火灾车站的列车不停车越过该车站，并安排前一个车站的列车在车站清客，然后工作人员进入火灾车站的站台将乘客和员工疏散。为保证乘客和车辆设备的安全，全线将在短时间内停运，待特定列车(前一个车站或后一个车站已清客的列车)将火灾车站乘客和员工疏散完毕，确认该站可以通过时再以跳站方式恢复列车运行。其他相关设备系统根据具体情况采取相应的模式。

(2) 地下车站的站台火灾处理。

地下车站的站台发生火灾时，对于已经进入车站范围的列车，应采取跳站运行方式越过该车站，未进入该车站范围的列车应在前方车站停车清客。在确定火灾严重程度和情况之前，全线暂停运营，待确认火灾消除后再决定是否恢复运行。其他相关设备系统根据具体情况采取相应的模式。

2. 列车火灾处理

列车在区间发生火灾，应尽量使列车继续运行到下一个车站，让乘客尽快下车，火灾的处理模式基本与站台发生火灾模式相同。当列车必须在区间停车并需要紧急疏散乘客时，全线列车暂时停止运行，列车停车后，司机组织乘客从列车疏散到区间，沿区间进入两侧的车站。沿线系统设备采用隧道火灾的模式运行。

3. 区间隧道火灾处理

当列车已经进入火灾区域，无法在火灾区域前停车的情况下，司机应操纵列车冲过火灾区域，在前方车站停车。当列车停在火灾区域前，并且与车站有一定距离时，列车应在控制中心的指挥下退回车站。全线其他列车将暂时停止运行，沿线系统设备采用隧道火灾的模式运行。

课后练习题

1. 简述城市轨道交通行车组织特点。
2. 画图说明城市轨道交通行车指挥机构层次图。
3. 简述行车调度员的岗位职责。
4. 控制中心模式下，运营前的准备工作有哪些？
5. 接发列车的程序包括哪些？
6. 调车作业按其目的分为哪几类？
7. 试述特殊情况下列车运行组织的方法。

项目 6 车站客运组织与票务管理

☞ 学习目标

掌握城市轨道交通票务管理的流程和内容，掌握售检车票的两种模式，掌握售检票工作的流程和内容，掌握车票的制式和分类，了解票务管理的政策，了解现金管理的内容。

☞ 重点和难点

车票管理流程、车票制式、车票种类。

☞ 导入案例

【案例 6.1】

全国首个动车地铁同台换乘地铁站改造
未来成都地铁 2、6 号线换乘成灌线不出站

成都地铁犀浦站作为全国首个动车、地铁同台换乘站，它是成都地铁 2 号线的起点站，也是成灌快铁的起点站，未来地铁 6 号线也将与 2 号线、成灌快铁在此交汇。

为了给 6 号线开通做准备，最近犀浦站开始了“改头换面”。换乘通道、站内改造 3 月底完成。

6 号线如何不出站直达高铁站台？“乘客通过换乘通道到达 2 号线站台即可换乘。”成都地铁运营有限公司犀浦站站区长岳隶俊介绍，首先乘客通过换乘通道到达 2 号线站厅后，可通过步梯、直升电梯到达 2 号线站台，实现同台换乘。“也就是说 6 号线开通后，同台换乘的工作是不受影响的。”

同时，6 号线开通后，成都地铁也将根据客流情况，对客运组织方式实时进行调整。“初步考虑可能会对出站扶梯的运行方向进行调整。现在 A1 口两部扶梯均为下行，之后可能调整为一上一下。”相关负责人说。

来源：红星新闻

【案例 6.2】

成都地铁倡议乘客：无接触式扫码乘车 让出行更安全

随着越来越多人返岗复工，搭乘地铁出行的乘客也越来越多。2 月 18 日，成都地铁提醒乘客：当前疫情防控工作正值关键期，倡议尽量减少通过自动售票机购买车票，尽量减少单程票使用频次，最大限度减少交叉感染风险，建议使用成都地铁 App 二维码电子单程票，无接触式扫码乘车。

据悉，成都地铁 App 二维码过闸，离线也可扫码，并支持支付宝、微信支付，先乘后付，无须提前充值。

来源：四川在线

【案例 6.3】

成都市民：最长地铁 5 号线来啦！全程票价 9 元

12 月 27 日上午 10:00，成都地铁 5 号线一二期、10 号线二期、有轨电车蓉 2 号线非首开段同时开通运营，创造成都轨道交通一次性开通 100 km 的新纪录，也标志着成都轨道交通线网运营正式进入 300 km 时代。

5 号线一二期北起新都区，南至天府新区。作为贯通南北的骨干线，是目前成都市一次性开工建设最长的地铁线路，也是实现"南拓""北改"，优化城市空间结构的重要线路。5 号线全长 49.02 km，设立车站 41 座，其中地下站 36 座，高架站 5 座，换乘站 13 座，车辆段 1 座，停车场 2 座。此外，作为中西部首条采用"8A"车辆编组的地铁线路，5 号线运量大幅提升，对缓解成都南北向的客运压力具有重要意义。

在票价方面，地铁 5 号线一二期、10 号线二期仍采用"里程计价"方式，线网最高票价为 10 元。

来源：四川新闻网

【案例思考】

1. 以上资料中，换乘方式是哪一种，如何组织旅客换乘？

2. 以上资料中，成都地铁售票方式有哪几种？成都地铁车票有哪几种？票价是怎么计算的呢？

任务 6.1　城市轨道交通客运组织

6.1.1　车站客运组织的内容和原则

城市轨道交通主要通过合理的客运组织来完成其大容量的客运任务。客运组织通过合理布置客运有关设备、设施以及对客流采取有效的分流或引导措施来组织客流运送。

客运组织的主要内容包括：车站售检票位置的设置、车站导向的设置、车站自动扶梯的设置、隔离栏杆等设施的设置以及车站广播的导向、售检票机数量的配备、工作人员的配备、应急措施等。

不管是何种形式的车站（高架、地下、地面），进站乘客最基本的流程是：购票＋过检票机→通过楼梯/扶梯＋乘车。出站乘客则反之。进、出站流程是两个完全对称的逆向过程。乘客进出站线路如图 6.1 所示。

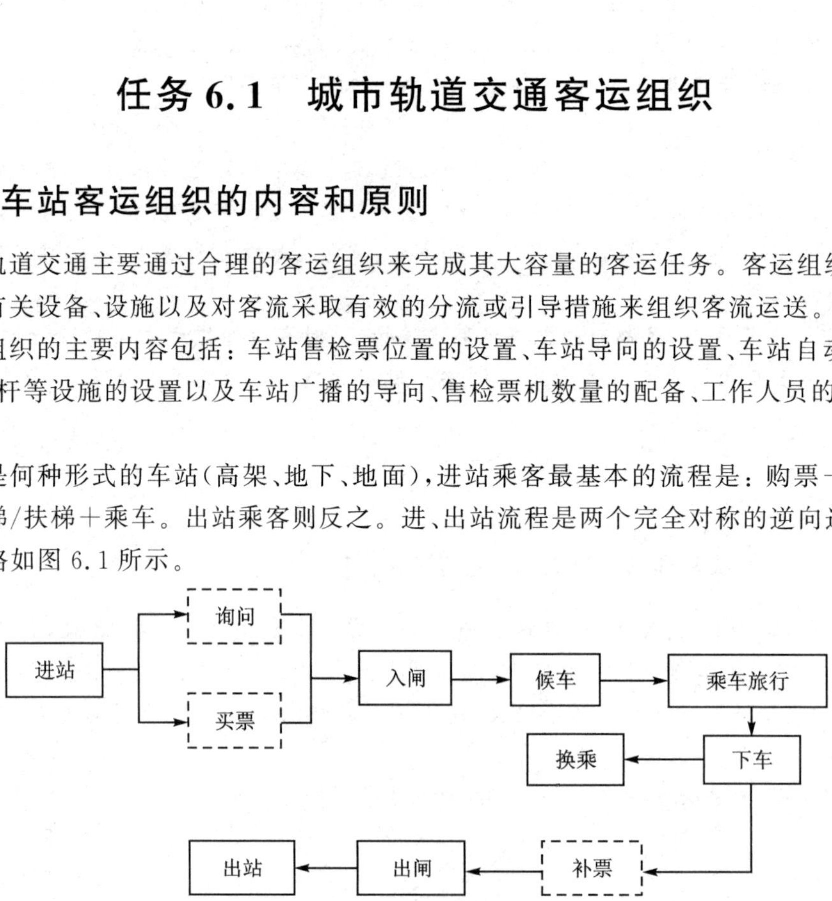

图 6.1　乘客进出站线路

影响客运组织的因素较多，不同类型的车站其客运组织有不同的特点，比如大车站、换乘站因客流较大、客流方向比较复杂，其客运组织也比较复杂。侧式站台的车站相对于岛式站台的车站容易将不同方向的客流分开，但不利于乘客的换乘，售检票设置较分散，不利于车站管理。

城市轨道交通客运工作的特点决定了客运组织应以保证客流运送的安全、保持客流运送过程的畅通、尽量减少乘客出行的时间、避免拥挤、便于大客流发生时的及时疏散为目的。为此，在进行客运组织时应特别考虑下面几个方面的原则：

① 合理安排售检票位置、出入口、楼梯，行人流动线简单、明确，尽量减少客流交叉、对流。

② 乘客换乘其他交通工具顺畅、安全、高效。人流与车流的行驶路线严格分开，以保证行人的安全和车辆行驶不受干扰。

③ 完善诱导系统，快速分流，减少客流集聚和过分拥挤现象。

④ 满足换乘客流的方便性、安全性、舒适性等基本要求。如适宜的换乘步行距离，恶劣天气下的保护、气候调节，对残疾人专门设计无障碍通道；步行通道照明充分、视野开阔，配备突发事件应急系统等。

⑤ 在大客流情况下，车站应合理安排人员，对乘客做好疏导、宣传工作，并会同地铁公安对人潮进行控制。人潮控制应坚持“由内至外，由下至上”的原则，在车站出入口、入闸机、站厅与站台的楼梯、电扶梯处进行重点控制。

这些客运设计的基本要求也是评价客流交通组织合理性的重要方面。城市轨道交通车站的选址、规模在城市轨道交通建设时已经确定，一般不能再改变，出入口及通道宽度、站厅及站台的规模一般在建设时根据预测客流量确定，在运营管理中如何正确设置售检票位置、合理布置付费区、进行合理的导向对客流组织起到了重要作用。在布置时一般要以符合运营时最大客流量、保持客流的畅通为原则，因此一般按以下要求进行布置：

① 售检票位置与出入口、楼梯应保持一定距离。售检票位置一般不设置在出入口、通道内，并尽量保持与出入口、楼梯有一定的距离，从而保证出入口和楼梯的畅通。

② 保持售检票位置前通道宽敞。售检票位置一般设置在站厅内的宽敞位置，以便于售检票位置前客流的疏导，售检票位置应适当保持一定距离，避免乘客排队时拥挤。

③ 售检票位置根据出入口数量相对集中布置。因城市轨道交通车站一般有多个出入口，为了减少乘客进入车站后的行走距离，一般设置多处售检票位置，但过多设置容易造成设备的使用不平衡，降低设备使用效率，并且不利于管理，因而售检票位置应根据车站客流的大小相对集中布置。

④ 应尽量避免客流的对流。客流的对流减缓了乘客出行的速度，同时也不利于车站的管理。因此车站一般对进、出客流进行分流，进、出车站检票位置分开设置，保持乘客经过出入口和售检票位置的线路不至于发生对流。车站具有多种形式，在确定站台客流组织方法时，应使行人流动线简单、明确，尽量减少客流交叉、对流。对不用的车站采取灵活策略。

6.1.2　正常客流组织

(1) 进站客流的组织

按照进站客流的路线流程进行组织，如图6.2所示，具体流程如下：

① 组织引导客流经出入口、楼梯、自动扶梯(或垂直电梯)，通过通道进入车站站厅层。

② 组织引导部分乘客在自动售票机、客服中心或临时售票亭购票后，通过安全检查，检票通过进站闸机进入付费区，引导部分持储值票、月票等不用购票的乘客直接检票通过进站闸机

进入付费区。

③ 乘客入闸检票或人工检票进入站厅付费区后,组织引导乘客再通过楼梯、自动扶梯(或垂直电梯)进入站台层候车。

④ 乘客到达站台,应组织引导乘客站在黄线外候车,通过导向标志和乘客咨询系统选择乘车方向和了解列车到发时刻。

⑤ 列车到站停稳开门后,引导乘客按先下后上的顺序乘车,站台工作人员要注意做好引导工作,防止乘客因抢上抢下导致安全和纠纷问题的产生。

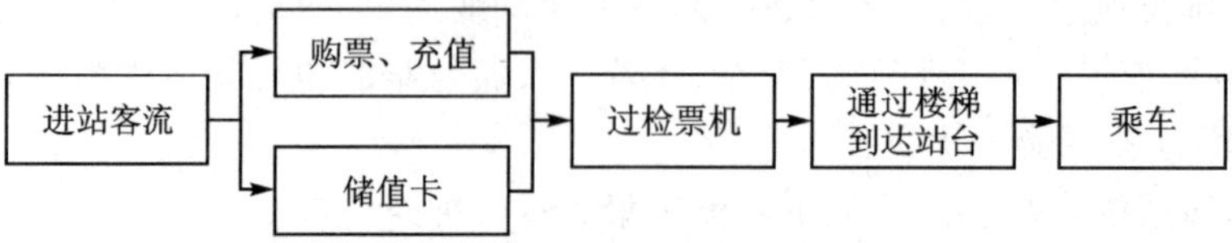

图 6.2　进站客流流程

(2) 出站客流的管理

按照出站客流的路线流程进行组织管理,如图 6.3 所示,具体流程如下:

① 乘客下车到达车站站台,组织引导其经楼梯、自动扶梯(或垂直电梯)进入站厅层付费区。

② 通过出站闸机(单程票出闸时将被收回)或人工验票,进入站厅层非付费区后,组织引导客流(通过导向标志)找到相应的出入口,经通道、出入口出站。

③ 组织引导车票车资不足(无效车票)或无票乘车的乘客到客服中心办理相关补票事宜后,方可出站。

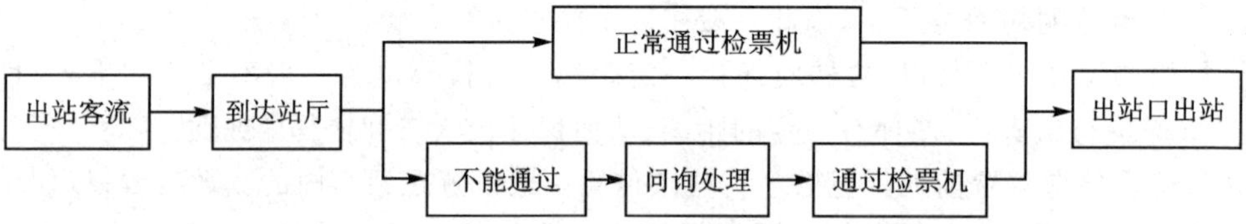

图 6.3　出站客流流程

(3) 换乘站客流的管理

按照换乘地点的不同,客流换乘形式主要有两种,即付费区换乘和非付费区换乘。

付费区换乘:乘客到达换乘站下车后,不需通过车站闸机,直接在付费区内根据换乘导向标志指引经楼梯、自动扶梯(或垂直电梯)、换乘通道或平台到达另一站台层换乘候车。付费区换乘一般包括同站台平面换乘、站台立体换乘及通道换乘。这种换乘组织要求有良好的引导标志和通道设计,在容易走错方向的地点安排工作人员值守引导,保证乘客尤其是初乘者安全顺利地完成换乘。

非付费区换乘:乘客到达换乘站下车后,根据换乘导向标志指引,经楼梯、自动扶梯(或垂直电梯)到达站厅层付费区,通过出站闸机进入非付费区或出站,到另一线路重新进入付费区或进站进行换乘。这种换乘组织需要最大限度缩短乘客的行走距离,具有良好的衔接引导标志,并且要避免换乘客流与其他进、出站客流的交叉干扰。

换乘方式首先取决于轨道交通两条线路的走向和相互交织形式。一般常见的有垂直交叉、斜交、平行交织等多种线路交织形式。轨道交通不同线路间的换乘方式主要有站台换乘、站厅换乘、通道换乘、站外换乘和组合式换乘几种类型。

① 站台直接换乘。站台直接换乘有两种方式,同站台换乘和上下层站台换乘。

同站台换乘一般适用于两条平行交织的线路,且采用岛式站台的设计,两条不同线路的车辆分别停靠同一站台的两侧,乘客换乘时由岛式站台的一侧下车,穿越站台至另一侧上车,即完成了转线换乘,换乘极为方便。同站台换乘要求站台能够满足换乘高峰客流量的需要,乘客无须换乘行走,换乘时间短,但换乘方向受限。双岛式站台通过同一站厅能实现四个方向的换乘,单岛式站台每一层只能实现两个方向的换乘,其余方向的换乘仍然要通过站厅或自动扶梯、楼梯进行,换乘时间相应增加。在所有换乘方式中同站台换乘的换乘能力最大,适用于优势方向换乘客流较大的情形。这种换乘方式的主要制约因素是站台的宽度和列车的行车间隔,前者关系到站台的容量,后者关系到站台出清速度的快慢。

上下层站台换乘是指乘客由站台通过楼梯或自动扶梯到另一站台直接换乘。根据地铁线路交叉的情况及两车站的位置,可形成站台与站台的十字换乘、T形换乘、L形换乘和平行换乘的模式。

上下层站台换乘方式的关键在于楼梯或自动扶梯的宽度,该宽度往往受岛式站台总宽度的限制,使其通道能力不能满足乘客流量的需要。这种换乘方式要求换乘楼梯或自动扶梯应有足够的宽度,以免高峰客流时发生乘客堆积和拥挤。在所有换乘方式中,这种换乘方式的换乘能力最小,其制约因素是自动扶梯(楼梯)的运量。在上下层站台配置的组合中,线路的交叉点越少,则换乘能力越小。实践中,通过增加站台宽度以扩大交叉处面积,是提高上下层站台换乘能力的基本途径。

② 站厅换乘。站厅换乘一般用于相交车站的换乘,设置两线或多线的共用站厅,或相互连通形成统一的换乘大厅。乘客下车后,无论是出站还是换乘,都必须经过站厅,再根据导向标志出站或进入另一个站台继续乘车。由于下车客流到站厅分流,减少了站台上人流交织,乘客行进速度快,在站台上的滞留时间减少,但换乘距离比站台直接换乘要长。若换乘过程中需要进出收费区,检票口的通过能力可能成为限制因素。

站厅换乘方式中:乘客换乘线路必须先上(下),再下(上),换乘总高度落差大。若站台与站厅之间是自动扶梯连接,可改善换乘条件。这种换乘方式有利于各条线路分期修建、后期形成。

③ 通道换乘。通道换乘是指在两个或几个单独设置车站之间设置联络通道等换乘设施,方便乘客完成换乘。通道可直接连接两个站台,这种方式换乘距离较近,换乘时间较短;通道也可连接两个站厅收费区,这种方式换乘距离相对较远,换乘时间较长。一般情况下,换乘通道长度不宜超过100 m,换乘通道的宽度可根据客流状况加宽。这种换乘方式最有利于两条线路工程分期实施,预留工程最少,后期线路位置调节有较大的灵活性。

④ 站外换乘。是指乘客在车站付费区以外进行换乘。此种换乘方式往往是客观条件不允许或设计不当造成的。乘客换乘线路可分割为出站行走、站外行走以及进站行走,在所有换乘方式中,站外换乘所需的换乘时间和换乘距离最长,给乘客的换乘带来很大不便,应尽量避免。对轨道交通自身而言,站外换乘是缺乏线网规划造成的一种后遗症。

⑤ 组合式换乘。在换乘方式的实际应用中,往往采用两种或几种换乘方式组合,以便所有换乘方向的乘客均能实现换乘。同时组合式换乘可改善换乘条件,方便乘客的使用。

如同站台换乘方式辅以站厅或通道换乘方式,可使所有的换乘方向都能换乘;站厅换乘方式辅以通道换乘方式,可以减少预留的工程量;组合式换乘可进一步提升换乘通过能力,同时还具有比较大的灵活性,工程设施比较方便。

换乘站客运组织管理，如图 6.4 所示。

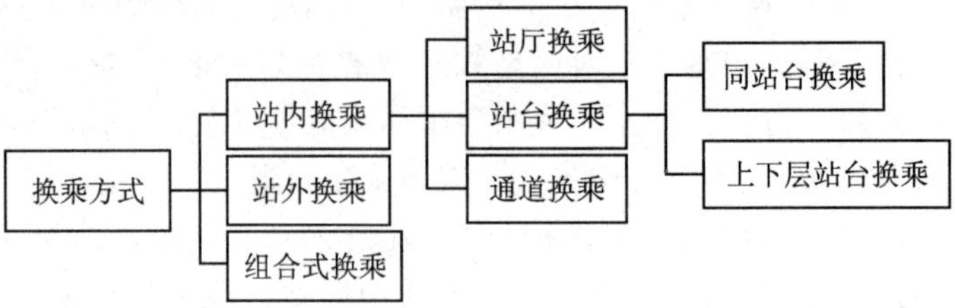

图 6.4　换乘组织方式

(4) 一般情况下车站客流的接续与疏散

车站地区客流可以有多种交通方式进行接续和疏散，包括步行方式、自行车方式、公交方式、出租车方式以及其他方式(主要是自备车，包括私家车及摩托车，还包括其他城市轨道交通方式)等。针对车站种类不同，此处主要针对集中多种换乘方式的换乘枢纽车站来说明，对换乘枢纽地区的客流接续和疏散应特别考虑下面几个方面的原则：

① 行人流动线简单、明确；

② 行人流动线尽量与车辆流动线分离，保证行人安全；

③ 交通工具之间相互顺利连接；

④ 不同换乘工具之间的冲突最低；

⑤ 完善诱导系统，快速分流；

⑥ 周边道路与内部道路相协调。

落实到具体的设计中，这几方面主要体现在静态的停车场地的布置和设计，动态的人流组织、车流组织，以及相关的控制性管理措施。

静态交通组织：主要是结合枢纽车站的设计和换乘客流方式，做好各类停车场地(自行车、出租车、自备车等)的规划布局，合理布置常规公交站点。

人流组织：行人组织主要是应提供明确的通行空间，设置良好的诱导标志，引导行人通向指定的目的地，设置齐全的无障碍人行系统。

车流组织：换乘枢纽地区周边道路交通需求不同，在周边道路数量多而布置复杂、交通压力大的情况下，可以对道路通行进行管制，降低区域内的冲突点，比如采用单行措施，甚至可以封闭路口，将道路改为步行街。另外，常规公交电车、汽车往往是接驳城市轨道交通客流的一种重要方式，在运营调度和发车时刻安排方面加以调整，与城市轨道交通协调起来。

6.1.3　大客流的客运组织管理

大客流是指车站在某一时段集中到达的，超过车站正常客运设施或客运组织所能承担的客流量时的客流。根据大客流产生的原因可具体分为节假日大客流、大型活动大客流、恶劣天气大客流三类。大客流突发时，要在保证安全的前提下尽快地疏散客流，确保安全、顺畅。

(1) 大客流的控制

① 控制的原则：客流控制的原则主要有三点，一是坚持由下至上、由内至外的人潮控制原则，做好车站出入口、车站入闸机、站厅与站台的楼梯(电扶梯口)三处客流控制；二是坚持点控和线控结合的原则，各站根据客运能力控制进站客流，组织乘客上车；三是控制换乘站，先控制本站进站客流，再控制本线、邻线的换乘客流。

② 客流控制的方法：第一级为控制站台客流，控制点在站厅与站台的楼梯口（或电扶梯口）；第二级为控制付费区客流，控制点在入闸机处；第三级为控制非付费区客流，控制点在车站出入口处。

③ 客流控制的决策与实施：车站值班站长负责车站第一、二级客流控制的决策和实施，组织护卫和车站公安协助完成。值班站长会同警务人员根据客流情况决策第三级客流控制。在实施三级客流控制之前及过程中，站务人员必须配套做好对乘客的宣传引导工作，警务人员、护卫和站务人员相互配合，共同实施三级客流控制。客运调度或值班主任负责全线的客流控制，重点疏运发生人潮的车站。

（2）大客流控制的措施

① 增加列车运能。根据大客流的方向，在大客流发生时，利用就近的折返线、存车线组织列车运行方案，增加列车运输能力，保证大客流的疏散。

② 增加售、检票能力。售检票能力低是大客流疏散的主要障碍。在大客流疏散时，可事先准备足够的车票，增设售票点，增加临时售检票人员。

③ 临时疏导措施。做好出入口、站厅的疏导工作，保持通道的畅通和出入口、站厅客流的秩序。

同时还要设置临时导向牌（告示）、栏杆，采用人工引导以及通过广播宣传引导等。

④ 控制或关闭出入口，限制进站客流。有些大客流难以预测，为了保证大客流发生时疏散客流的安全，在采用控制措施不能奏效时，可采用限制、关闭出入口或对某部分出入口控制（如只出不进）。

6.1.4　突发事件的客流组织

突发事件是指在没有任何征兆的情况下，在城市轨道交通车站内、列车上或其他设备设施内突然发生的危及人身安全的事件，如自然灾害（地震）、人为因素（爆炸）、设备故障（火灾）等。突发事件发生时在车站内或列车上的客流均称为突发事件客流。各车站应根据本站具体情况，建立切实可行的突发事件客流组织预案，合理安排各岗位和地点的具体工作，迅速疏散客流，避免意外发生、扩大和蔓延。

发生突发事件时，车站可根据实际情况采用不同方法疏导乘客，要采取疏散、清客、隔离的办法进行。

✍ 实训任务 6.1

实地调查本城市某轨道交通车站，了解该站客流组织的组织措施，绘制其进、出站客流流程。

任务6.2　票务管理

6.2.1　票务管理概述

票务系统的业务管理通过借助自动售检票系统来实现，主要内容有票卡管理、规则管理、信息管理、财务管理、模式管理和运营监督等。

(1) 票卡管理

对票卡的发行、使用、更新等全过程进行的有效管理。

(2) 规则管理

为保证票务系统能够在多部门和多环节高效运行，要制定科学、严密的规则、流程，包括票价策略、结算规则、权限管理和操作流程等。

(3) 信息管理

信息化是自动售检票系统的一个基本特征。为进行有效的管理和为决策提供可靠的信息，需要对系统收集的基础数据进行深度挖掘、加工，开展统计分析并发布信息。

(4) 账务管理

账务管理是对系统内的票务收入进行汇缴、清算、入账等过程的管理，包括账户设置、票款汇缴、收益清算、资金划拨和对凭证进行有效管理等。

(5) 模式管理

模式管理就是针对不同的运营状况、条件所做出的相应操作行为的选择和实施，包括正常运营模式、降级运营模式以及相配套的运营管理。

(6) 运营监督

运营监督就是通过系统设备以及所具有的完整、严密、及时的信息流对运营状况进行实时跟踪监督，以提高运营质量和服务水平，它包括信息传输状况监督、客流状况监督、调配监督、收款监督及收益监督等。

6.2.2 售检票方式

城市轨道交通的票务管理工作模式可分为人工售检票模式和自动售检票模式两种。

(1) 人工售检票模式

人工售检票模式是指城市轨道交通在开展票务工作时，完全依靠人工进行售票、进站检票、出站验票，所使用的车票是纸票，所有的统计分析数据完全依靠人工填写。

(2) 自动售检票模式

自动售检票模式是指城市轨道交通采用了自动售检票系统来开展票务工作，由设备进行售票、进出站检验票工作，而人工售票只是一种应急辅助手段。该系统中流通的车票是磁卡车票或 IC 卡车票，所有的统计分析数据基本由系统自动生成。

自动售检票系统通过计算机技术、现代通信技术、网络技术、自动控制技术、智能卡技术、大型数据库技术、传感技术、统计和财务等专业知识的综合运用，可以大大减少票务工作人员的劳动强度，使乘车收费更趋于合理，提高地铁运营效率和收益；可以大大减少现金流通，避免人工售票、检票过程中产生的各种漏洞和弊端；可以对客流量、运营收入等综合业务信息进行汇总分析，增强决策者客流分析预测的能力，合理调配资源，提高运营单位的经营管理水平。

6.2.3 车票管理

(1) 车票制式

城市轨道交通系统的票价制式主要有单一票制、计程票制、混合票制。

① 单一票制：根据乘车次数进行计费，与实际乘坐的距离长短无关。其优点是票制单一，易于管理和操作，服务人员相对较少；但缺点同样显而易见，长短途客流在费用支出上明显

不合理，票价制定不可过高又不能过低，经济效益体现得不充分。2007 年 10 月 7 日到 2014 年 12 月 28 日，北京地铁全路网实行单一票价制 2 元(不含机场轨道交通线)，这段时间被媒体命名为“北京地铁 2 元时代”。

② 计程票制：指经过进出站检票，严格按照实际乘坐距离长短(里程或乘坐车站数)并根据票价计费标准计算乘车费。这种票制的优点是乘客的车费负担比较合理，有利于吸引更多的客流；缺点是车票种类多、售检票作业比较复杂。我国现运营的城市轨道交通系统大部分实行计程票制，比如成都地铁采用的是里程计价制。

③ 混合票制：也称分区域计程制，即将运营线路总长度分为若干个区域，根据票价计费标准，在各区域内采用统一票价，实际运营距离跨越一个或多个区域时，根据占用的区域数进行计费。

(2) 车票种类

在城市轨道交通系统中，所使用的车票种类很多，可回收类车票包括单程票、福利票和出站票，非可回收类的车票包括储值票、纪念票、员工卡和车站工作票等。其中单程票是指乘客以一定金额购得一次服务旅行承诺，只可进行一次进站和一次出站行为的车票。储值票是指车票内预存一定资金，在金额足够的情况下可多次使用的车票，每次使用时需扣除乘车费用，出站不回收。图 6.5 所示分别为成都地铁所用的单程票、储值票、纪念票。

图 6.5　成都地铁的单程票、储值票、纪念票

(3) 车票的管理流程

车站是城市轨道交通企业的车票出售、流通中心，车票配送部门将车票配发到车站后，车站根据需要将一定量的单程票补充进自动售票机和半自动售票机，以供乘客购买。乘客持单程票刷闸进站乘车，出闸时投入投票口，由出闸机回收至票箱，以供车站循环使用。当车票出现异常问题或因特殊原因需要退票时，由车站售票亭处理。车票管理流程图如图 6.6 所示。

(4) 车票的安全管理

车票自身制作成本及所赋予的价值，均属于城市轨道交通企业财产的重要组成部分，其安全管理直接影响企业收益安全。为保证车票的安全，原则上车票只能存放于专门的车票管理区域，主要包括点钞室(票务处)、售票亭、临时售票亭、自动售票机、半自动售票机、出站闸机及车票回收箱等。

赋值储值票和预制票应存放于保险柜或上锁的票柜中。售票员在售票亭处理车票时，应将车票放在乘客接触不到的地方。存放于临时售票亭的车票需要做好防盗工作。车票在运送途中，一律放在上锁的售票盒、票箱或上锁手推车中。赋值储值票和预制票需要由两名车站站务员工负责运送和保证安全。

保管车票时，注意防折曲、刻画、腐蚀、防水、重压和高温。车票加封可用票盒、钱袋、信封、

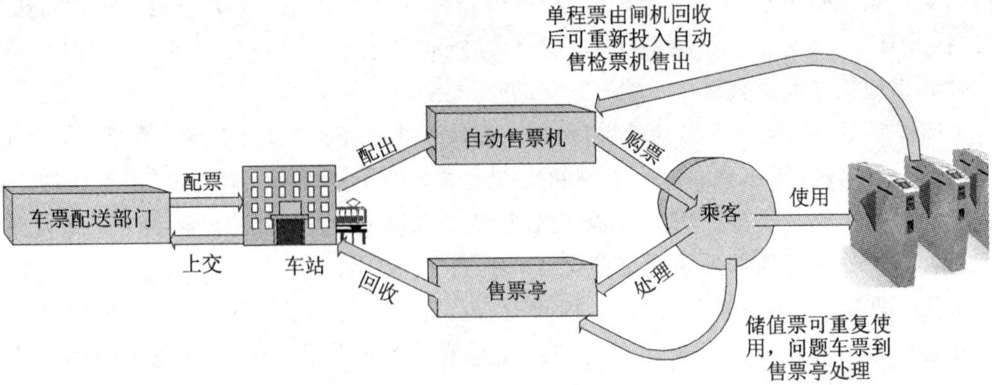

图 6.6 车票管理流程

砂纸加封，加封后必须保证一经破封无法复原。

6.2.4 现金管理

（1）现金的种类

轨道交通车站现金来源主要有两类，即备用金和票款。备用金是指上级部门配发给车站，专用于给乘客兑零、找零、自动售票机补币、与银行兑零等用途的周转资金。票款指车站通过自动售票机、半自动售票机或临时售票亭人工向乘客发售车票及办理票卡充值、更新等售补票业务收取的现金。由车站具体负责对备用金及票款的安全管理。

（2）现金的管理流程

备用金配发到车站后，主要供车站流通使用。自动售票机及售票亭的票款经车站清点后，须及时存入企业在银行的专用账户。现金的管理流程如图 6.7 所示。

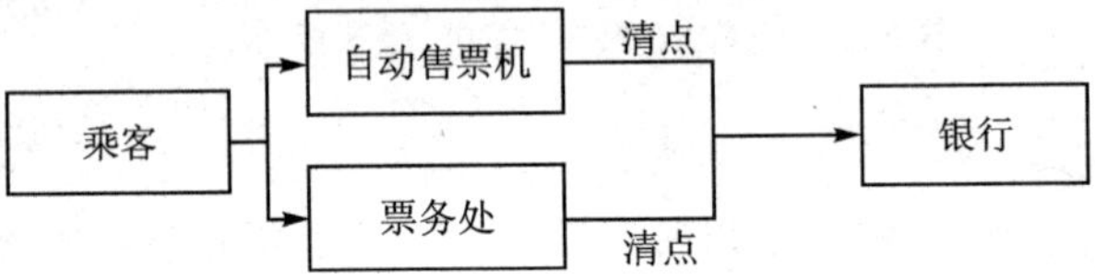

图 6.7 现金管理流程

（3）现金的安全管理

车站备用金及票款收入作为城市轨道交通企业现金收益的重要部分，其安全管理直接影响企业收益安全。以保证现金安全为目的，原则上车站的现金只能存放于专门的安全管理区域，主要包括点钞室（票务处）、售票亭（含临时售票亭）、自动售票机等。

票务处应随时保持锁闭状态，运营时间除当班售票员、车站票务检查人员外，其他人员必须得到当班值班站长或以上级别人员的许可，并由一名客运值班员或以上级别的人员陪同方可进入票务处。非运营期间，原则上不允许任何人进入票务处，确实需要进入时，须得到当班值班站长或以上人员的许可，由一名客运值班员或以上级别的人员陪同方可进入。车站售票员在处理现金时，应将现金放在乘客接触不到的地方。现金在运送途中必须放入锁闭的钱箱、票盒或上锁的手推车中，由两名车站员工负责运送和运送途中的安全。所有现金的加封均需要双人负责加封，现金可用钱袋、信封、砂纸加封，加封后必须保证一经破封无法复原。

✍ **实训任务 6.2**

亲身体验一次地铁出行，往返采用不同的购票方式，了解购票流程和售检票流程。

课后练习题

1. 车站客运组织的内容和原则有哪些？
2. 简述进站客流、出站客流流程。
3. 车站换乘方式有哪些？
4. 车票制式有哪几种？
5. 简述车票管理的流程。
6. 简述现金管理的流程。

管 理 篇

项目 7　城市轨道交通客运服务管理

☞ 学习目标

了解城市轨道交通客运服务的基本概念；了解城市轨道交通客运服务规范；了解城市轨道交通客运服务礼仪；了解城市轨道交通客运服务投诉流程及处理方法。

☞ 重点和难点

站务、票务的礼仪服务规范；投诉的流程和处理方法。

☞ 导入案例

【案例 7.1】

某家汽车公司客服招聘

某家汽车公司进行客服招聘，朋友以为工作就是简单的电话回访、客服信息登记，就很轻松地跑去面试，结果到了公司顿时陷入沉默。文件中要求到：1. 要有机动车驾驶证；2. 必须要有高级办公软件证书，并现场测试办公软件使用熟练度；3. 要掌握汽车销售流程、售后流程以及相关的专业知识……

目前，企业对综合素质的重视程度是非常高的。近年来，随着城市轨道交通在我国的快速发展，技术手段的不断更新、经营的多元化、岗位和工作人员技术的高要求促使城市轨道交通运营企业将“服务乘客为中心”作为城市轨道交通客运服务的重中之重。因此，城市轨道交通运营对复合专业人才的需求增加，并对从业者的专业技能、职业素养提出了更高的要求。

来源：百度文库

【案例思考】

1. 如今，在城市交通运营系统内，为了给乘客提供安全、舒适、快捷、经济的乘车环境，作为城市轨道交通运营管理人员应具备怎样的综合素质，如何提升自己的素质呢？

2. 俗话说“顾客是上帝”，那么这句话在城市轨道交通客运服务中心该怎样理解？

任务 7.1　城市轨道交通客运服务概述

7.1.1　城市轨道交通客运服务概念

城市轨道交通客运服务是指在城市轨道交通系统内，轨道交通运营企业为乘客安全、准时、快捷、方便、经济、舒适、文明乘车而直接开展的服务工作。客运服务作为城市轨道交通运营管理的重要组成部分，它不仅是反映城市轨道交通服务质量的一个重要方面，也是保证城市轨道交通运营企业竞争力的关键。

7.1.2 城市轨道交通客运服务类型

(1) 按服务时间和销售时间划分

按服务时间和销售时间划分,可以将服务划分为售前服务、售中服务、售后服务。售前服务是指服务时间早于销售时间的服务,售中服务是指服务时间与销售时间同步的服务,售后服务是指服务时间晚于销售时间的服务。

对于城市轨道交通服务来说,既有售前服务,又有售中服务和售后服务。售前服务是指乘客购票之前接受的服务,主要包括乘客到达车站后的问询服务、自助查询服务、向导服务等;售中服务是指乘客在购票过程中享受的服务,主要包括乘客的购票服务、找零服务、兑换服务和问询服务等;售后服务是指乘客购票进入车站付费区后的全部服务,它占的比重最大,主要包括验票服务、列车服务、站台服务等,一旦在该服务中出现疏漏,将会给运营企业带来更多的不良影响。

(2) 按提供服务的主体划分

按提供服务的主体划分,可以将服务划分为自助服务和人工服务。

① 自助服务主要是通过自助设备设施向乘客提供所需要的服务,如自动售票提供的售票、充值和查询服务。在该种服务下,服务人员必须保证设备设施的干净整洁和可操作性。

② 人工服务主要是依靠服务人员与乘客的交流,询问相关信息,利用相关设备提供乘客所需要的服务,如安检服务、售票服务等。该类服务中,服务人员的服务态度和工作效率则具有至关重要的作用。

7.1.3 城市轨道交通客运服务内容

城市轨道交通运营企业管理结构如图 7.1 所示。

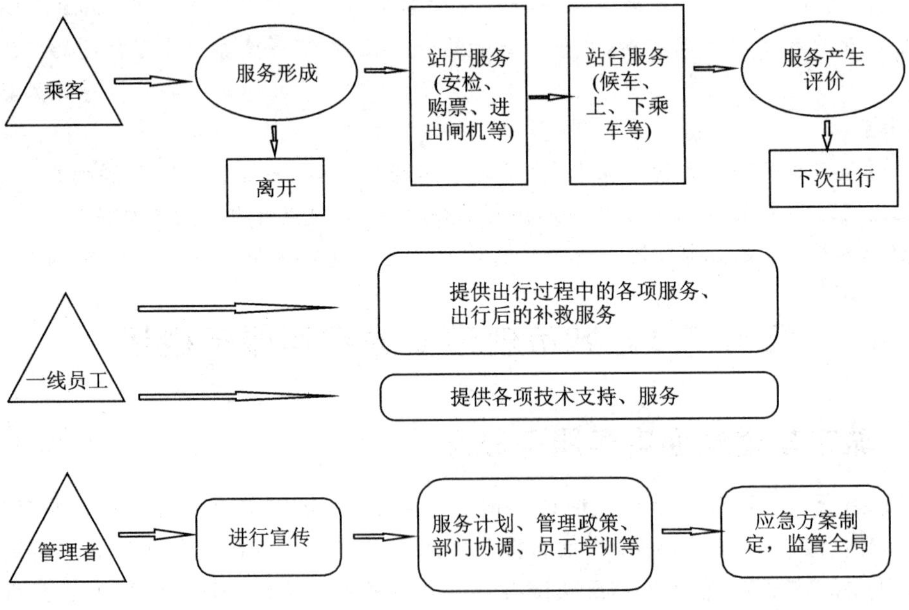

图 7.1 管理结构

乘客在出行时会选择什么类型的交通工具取决于交通所带给乘客的服务是否舒适、快速、安全,所以城市轨道交通将是乘客出行的第一选择。

乘客出行对交通服务人员的要求如下：

(1) 尊重他人

当你用诚挚的心灵使对方在情感上感到温暖和愉悦，在精神上得到充实和满足时，你就会体会到一种美好、和谐的人际关系，你就会拥有许多的朋友，并获得最终的成功。在人际交往中，只要不失敬人之意，哪怕具体做法微不足道，也容易获得服务对象的肯定。

(2) 热情主动

现在的乘客，既希望得到服务人员的尊重，又希望在精神上感受到被人服务的满足，所以主动服务显得非常重要，主动服务要做在乘客开口之前。积极主动满足乘客的需求，是城市轨道交通客运服务工作发展的根本。既体现了服务人员的精神风貌，又意味着投入了更强的情感，把自己的真情投入到每一位乘客，真正把乘客当作朋友和需要帮助的人，真正从心里理解他们、关心他们，使自己的服务更有人情味，让乘客倍感亲切，并从中体会到城市轨道客运服务的与众不同之处。

(3) 控制情绪

在服务过程中会遇到各种各样的突发状况、形形色色的人，应善于控制自己的情绪、约束自己的情感、克制自己的举动，不失礼于人。当愤愤不已的情绪即将爆发时，要用意识控制自己，提醒自己应当保持理性，无论发生什么问题，都能做到镇定自若。当乘客开始在公共场合向服务人员疾言厉色时，往往会使人难以接受。遇见这种情况，客运服务人员首先需要冷静，不要急于与之争辩，切不可针锋相对，使矛盾难以化解。如果乘客无理取闹，可交给相关部门解决。

(4) 冷静沉稳

凡事先想再做，当你有冲动做什么事情的时候，先想想事情的来龙去脉，心里默念1到10，给自己几秒的冷静时间再去和乘客沟通处理，遇到自己处理不了的问题可以转交给其他工作人员处理。在面对一些喜怒无常、无理纠缠的乘客时，在遇到列车晚点、发生突发事件时，都需要客运服务人员临危不乱地应对各种突发状况。这就要求服务人员熟知各类应急处置预案，培养良好的心理素质。

城市轨道交通服务内容如图7.2所示。

7.1.4　城市轨道交通客运服务特点

(1) 无形性

客运服务属于无形产品，乘客在购买服务之前，看不到、摸不着、闻不到，这就要求作为服务提供者的城市轨道交通运营企业必须增加服务的有形性，尽可能通过实物的方式来表现出自身的服务水平，如整洁的车站环境、有序的客流组织、清晰明确的导向标志等。

(2) 即时性

客运服务的即时性是指城市轨道交通客运服务有无法储存的特点。服务过程一结束，服务就消失，乘客即使不满意也无法更换或退回服务，这样，就不能像有形产品那样通过更换商品来使乘客满意，从而挽回影响。

客运服务的即时性使城市轨道交通运营企业对服务供给量及服务时间难以进行准确的预测，从而造成运营企业不能准确根据服务市场的供求变化来调节自身的服务供给，容易造成客运服务能力供给不足或浪费。

(3) 同时性

客运服务的同时性是指客运服务的生产过程和消费过程在空间和时间上同时并存，同时

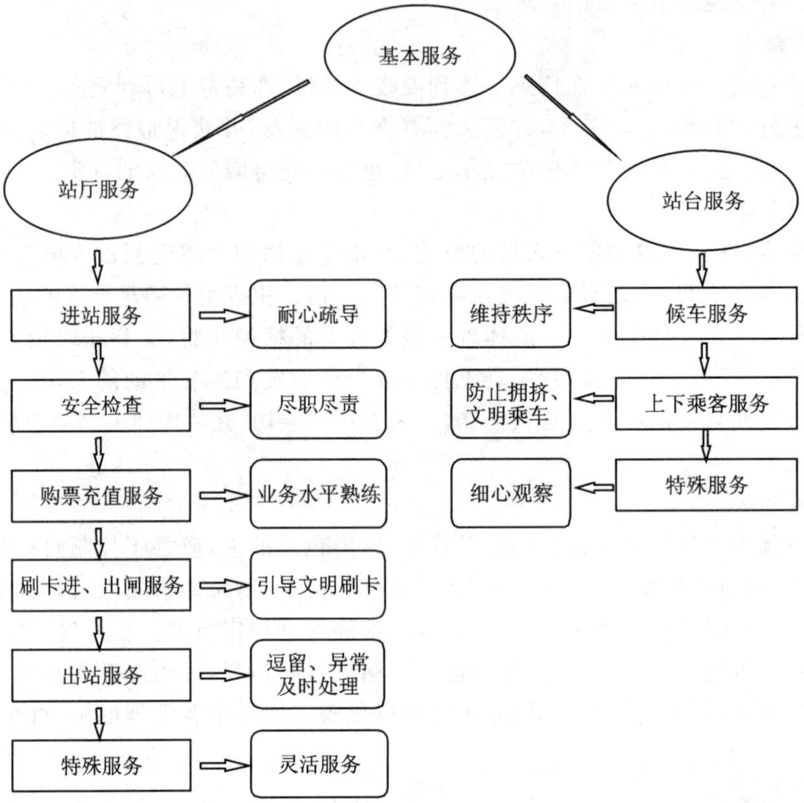

图 7.2 城市轨道交通服务内容

进行。从运营企业来说，运输过程就是服务的生产过程，而从乘客的角度来看则是消费过程。一方面，乘客参与服务提供的过程；另一方面，乘客的参与对运营企业的服务时间、服务质量以及服务设施的提供都造成了不确定性，从而给服务质量的管理和控制带来了困难。

(4) 差异性

客运服务的水准和质量常因人、因地、因时而异，任何条件和心理的变化都有可能出现服务的差异。服务是由客运服务人员通过劳动来完成的，而每位服务人员由于年龄、性别、性格、素质和文化程度等方面的不同，他们为乘客提供的运输服务也不尽相同，即使是同一员工，在不同的场合，不同的时间，或面对不同的乘客，其服务态度和服务方式也会有一定的差异；同时，对于乘客来说，在不同的时间也会存在服务需求的差异。服务的差异性给服务评价带来了更多的不可量化性。

任务 7.2 城市轨道交通客运服务规范

7.2.1 城市轨道交通站厅服务规范

交通站及车站站厅，是车站的门面和窗口，其服务水平的高低是乘客对车站服务做出评价的重要依据。随着客流量的增长，乘客文化层次差异的扩大给站厅服务增加了新的难度。如何提高服务质量是交通服务站员目前亟待解决的问题之一。

1. 交通站厅巡视及询问服务

(1) 问询服务

① 问询服务流程

接待乘客问询时,应做到"一迎、二听、三答"的作业程序。具体见表7.1。

表7.1　服务站问询服务流程

流　程	要　求	常见错误
一迎	(1) 主动站立,微笑迎接乘客,说:"你好,请进"; (2) 行走时,遇到乘客问询,要站稳面向乘客微笑迎接	转头斜视乘客
二听	认真听完乘客的提问,倾听时耐心专注、态度诚恳,并注视乘客面部	打断乘客话语
三答	耐心回答问题,回答时吐字清楚、语速适中、音量适宜,以乘客听见为准,让乘客有思考过程,要耐心,必要时要重复	以摇头、摆手等不礼貌动作或语言作为回答,不得边回答边做其他工作

② 服务外宾要求

在接待外宾的过程中,要注意自己的言行是否符合服务规范,具体包括:忌姿势歪斜、手舞足蹈、以手指人、拉拉扯扯等;在谈话中,忌询问隐私、评价他人、使用粗俗语言、大声争辩;在具体礼仪上,忌过分热情、冷落他人、乱接话茬、独占话题。

(2) 便民服务流程

为乘客提供便民服务时,应做到"一观、二问、三帮"。"一观"是指注意观察服务站厅周围是否有困难的乘客,"二问"是指对前来求助的乘客主动询问情况,"三帮"是指主动提供帮助。

(3) 服务站厅巡视内容

服务站厅巡视时要定期巡视站厅设备运行情况、乘客进站出站情况等,注意站厅进出闸机、导向标志、移动消防设施、护栏等设施设备运行情况,确保活动导向标志按照规定摆放,电梯是否正常运行,发现问题应及时向值班站长汇报。

(4) 指路姿势

在站务人员日常工作中,很多情况下都需要为乘客指路,为乘客指示方向应注意:

① 指向时掌心斜向上,四指并拢,大拇指自然分开;

② 以肘为轴,前臂自然上抬,臂弯的角度为135°~180°;

③ 视线移向指示方向,同时兼顾到乘客是否看到指示方向。

2. 监票岗位服务

(1) 监票流程

监票服务就是站务人员站在闸机旁边,对乘客刷卡进出站行为进行正确引导,对出现问题及时处理。

在乘客进出站检票时,监票的流程为"一听看、二提示、三疏导"。"一听看"就是听设备提示音是否正确,看设备提示灯是否正确;"二提示"就是提示乘客正确刷卡、顺序进站;"三疏导"指引导刷卡成功的乘客迅速进站乘车,引导票卡异常的乘客到补票窗口处理。

(2) 闸机的使用

闸机又称自动检票机(AG)是实现乘客自助进出站检票的设备,按照功能不同可以划分为进站检票机、出站检票机和双向检票机。其中,进站检票机设置在车站的入口处,用于对进站乘客所持车票的有效性进行检查和判断,并做出相应处理或发出相应的警告和提示;出站检票机为乘客出站检票使用,可对出站乘客所持车票的有效性进行检查和判断,并做出相应的处理或发出相应的警告和提示;双向检票机同时具备进站检查机和出站检票机的功能,可根据运营需要，通过车站计算机本地操作对其功能进行设定。

闸机需要正确使用，否则不能正常进站出站。闸机使用流程为“一刷、二进、三保管”。

一刷：① 将单程票或储蓄票，接触右侧刷卡区进行刷卡进站；② 刷卡后，乘客显示屏会显示车票信息；③ 闸机扇门打开，且顶灯绿色上锁，蜂鸣器“嘀”的一声鸣叫，进站界面出现单程票票价提示，乘客由闸机通道进站。

容易出现的问题及注意事项：① 如果闸机上显示红色的“圆内横”符号，就要等一会儿再刷卡，或是这个闸机口停止使用。只有右手边的闸机上显示出绿色的箭头，才可以使用。② 刷卡时，乘客要在闸机黄色安全线外面，将车票放在刷卡区停留片刻；③ 如果乘客进站刷卡前站于闸机的通道内侧，闸机会报警。此时闸机扇门不会打开，顶灯红色闪烁，且有语音提示，界面显示“非法通行”；④ 如果刷卡闸机锁死没有开启，乘客可以拿车票到客服中心分析不能进闸机的原因，禁止攀爬、跨越或钻越栏杆、检票闸机；⑤ 进、出闸机时，与前面的乘客保持一定的距离，待前面乘客通行完毕且闸机门关闭后，即可检票进、出闸机，切勿尾随前者进、出闸机。

二进：扇门打开后，乘客通过闸机进站。

容易出现的问题及注意事项：① 乘客刷卡后，闸机会开启 5～10 s，如果没有快速通过，闸机会自动关闭；② 在通过闸机时，切勿让儿童独自通行，这样极易发生夹伤事故，成人应抱孩童进出闸机。

三保管：车票在进站后要保管，不要损坏或遗失。

容易出现的问题及注意事项：车票损坏或遗失，出站时需要补距离本站单程的最高票价。

（3）监票常见问题处理

乘客初次使用车票：① 耐心指导乘客：“请您在 ** 区域刷卡，出站时票卡需要回收，请妥善保管。”；② 必要时协助乘客使用票卡，注意不要影响其他乘客进出闸机。

乘客无法刷卡进站：① 先了解情况，礼貌地向乘客询问是否已经刷卡；② 如了解情况后，仍不能解决，则指引乘客前往客服中心办理；③ 礼貌地用手掌指示前往的方向；④ 若情况许可，最好能陪同乘客前往解决问题，以免乘客重复提出问题和要求。

乘客携带大件行李：① 礼貌和乘客沟通，建议其使用直梯或走楼梯：“您好，您的行李较多，为了您的安全，请使用直梯，谢谢您的配合。”② 引导其从宽闸机进站，最左侧为宽闸机。

发现成人、身高超过 1.3 m 的小孩跳票或违规使用车票进站时：① 立即上前制止，并要求其到售票处买票：“对不起，您的孩子身高超过了 1.3 m，请您买票，谢谢您的配合。”如乘客有疑问，可在检票处 1.3 m 处衡量；② 若乘客故意为难工作人员，可以找公安配合；③ 若发现违规使用车票的乘客，可以按法制程序执行，必要时找公安配合。

乘客出站卡票：① 向乘客表示歉意，并安抚乘客：“对不起，我们马上为您解决。”；② 检查闸机状态，发现确实卡票，找到车票，向乘客询问车票信息，确认该车票是否为该乘客本人所有，并进行解释和道歉；③ 若车站计算机也没有报警，打开闸机也没有找到车票，请自动售检票系统（AFC）维修人员到现场确认，如情况属实，对乘客做好解释工作。

有盲人乘客独自进站：检票员要主动上前询问，“请问您需要帮助吗？”如需要帮助，及时提供帮助，搀扶上车，并与目的站联系，协助护送出站。

乘客刷卡未成功时：向乘客解释“对不起，您的 IC 卡未刷成功，请您再刷一次，谢谢合作。”如乘客有疑问，协助乘客到 IC 卡查询处进行查询，并耐心向乘客做好解释工作。

7.2.2 城市轨道交通站台服务规范

1. 站台站务人员岗位职责

站台是车站的重要组成部分，在早晚高峰时，站台上来往乘客较多，稍有疏忽就有可能发生安全事故，尤其是在乘客上下车时容易混乱，因此站务员在站台上就要做好各方面巡视工作，保证行车安全与行车秩序。

具体站台服务职责如下：

站台巡视：① 负责维护站台秩序，保证乘客在安全线内候车、组织乘客安全有序降乘、合理疏导站台内乘客；② 按时进行站台巡视，发现危及行车和人身安全的紧急情况时，及时采取有效措施制止；③ 及时发现并根据规定妥善处理可疑人员。

电梯：维护乘梯秩序，避免乘客出现不安全行为。

广播宣传：① 认真做好乘客乘车安全宣传工作；② 在列车清人时，做好广播宣传工作，得到乘客理解，并保证列车空车回库；③ 在发生火灾等紧急情况时，做好广播宣传，负责乘客有序撤离车站；④ 末班车时，做好广播宣传，避免乘客在车站停留。

站台接发列车：按照接发列车规定进行接发列车。

站台屏蔽门故障处理：及时发现并根据有关规定快速处理屏蔽门故障。

2. 接送列车标准及要求

(1) 接送列车

站台站务人员在接送列车时，应执行接送列车三转体制度标准，具体如下：

① 来车时面向列车进站方向；

② 列车进站停稳后面向列车；

③ 列车发出后面向车尾目送列车。

(2) 指点确认标准

一手指：抬起手臂伸直，伸出食指指向所要巡视的起始位置至终点位置。做到指点到位，过程完整。

二眼看：目视位置与手指位置保持一致，做到监视到位、彻底。

三确认：确认对象符合有关要求或无意外情况后，做到手指眼看再确认。

(3) 列车即将进站前

① 列车进站前 1 min，执岗人员站在规定接车位置，监视站台候车乘客，呼唤："请乘客站在候车线内候车。"

② 列车头部接近站台时，转体 90°，面向列车进站方向，伸手臂指车线路尽头，观察列车进站过程，确认接车站线有无异常。

(4) 列车停稳开门前

列车车头越过执岗人员后，回转 90°面向列车，待列车在规定位置停稳后，执岗人员向前迈一步，巡视候车乘客，呼唤："请您让开车门，先下后上。"

(5) 列车开门后

监视列车车门，屏蔽门开启状态，监视乘客乘降情况。

(6) 列车关门后

列车关门后，执岗人员向后退一步，伸出左臂指第一个车门、屏蔽门并向后逐一确认关闭状态，直至确认最后一个车门、屏蔽门已关闭无异常情况。

(7) 列车启动

列车启动,尾部越过接车位置后转体90°面向出站方向,目送列车,监视列车运行。

列车尾部越过出站信号机,伸出手臂指列车尾部,确认列车运行正常无异常情况。

(8) 站台巡视内容

为了保证站台上人、物的安全,站务人员必须要定时对站台进行巡视,

7.2.3 城市轨道交通票务服务规范

乘客票务服务中心担负整个车站的票务工作,是车站最繁忙的场所之一,其服务水平的高低直接影响整个车站的服务质量。

1. 乘客票务服务的基本职责

① 执行相关规章制度,做到有令必行,有禁必止。

② 承担整个车站的售补票工作和一卡通充值服务,保证票款的正确和安全,并在规定时间开关售票窗口。

③ 帮助乘客换取福利票、兑换零钱,负责处理票务问询的相关工作,热情接待乘客,按规定妥善解决乘客提出的问题。

④ 对无法进出站的乘客票卡进行分析,并按规定处理乘客的无效票和过期票。

2. 乘客票务服务的基本要求

① 必须佩戴工作号牌,做到仪表整洁、仪容端庄。

② 工作时,应精神饱满、思想集中,不与同事闲聊。

③ 售票时,应做到准确无误;对乘客表达不清楚的地方,要仔细询问清楚,以免出错。在任何情况下,车票、收据与找赎应同时交给乘客,并提醒乘客当面点清找赎钱款。

④ 仔细聆听顾客的询问,耐心听取乘客的意见;在乘客说话时,保持眼神接触,并且点头表示明白或给予适当回应。

⑤ 业务熟练,工作有序、高效。

⑥ 对于来到票务服务中心的乘客,应主动问好,耐心并有礼貌地向他们收集信息,了解乘客的需要,解决乘客遇到的问题,如未听清乘客的需要,必须有礼貌地说:“对不是,麻烦您再讲一遍。”

3. 单程票发售服务

(1) 单程票发售的基本流程

在乘客购买单程票卡时,售票员应该严格执行“一迎、二收、三唱、四操作、五找零、六告别”的程序。

一迎:① 面带微笑迎接乘客:“您好,请问您去哪儿,需要几张票?”“共**元”;② 不能面无表情,无精打采。

二收:① 面带微笑向乘客说:“收您**元”;② 接过票款后,进行验钞;③ 不能一言不发。

三唱:① 重复乘客要求的购票张数;② 重复票款金额:“到***车站单程票***张,共***元。”

四操作:在半自动售票机上选择相应功能键,处理车票。

五找零:① 清楚说出找赎金额和车票张数;② 将车票和找赎的零钱一起礼貌地交给乘客;③ 提醒乘客当面点清。

六告别:“请您慢走。”

(2) 单程票发售服务常见问题处理

当乘客给付的纸币出现残缺时,应按照以下规定处理:

① 不接受缺损1/4以上的纸币。

② 不接受辨认不清面值的纸币。

③ 除上述两种情况,所有人民币都应该按照规定收取(再小的零钱也要接受,不论数量多少)。

④ 如乘客给付的残钞按规定不能接受时,站务人员应在拒绝收取的同时,礼貌地向乘客解释原因:"对不起,您给我的纸币 ****,麻烦您换一张,谢谢合作。"

当发现乘客给付的是假钞时,应尽量避免让乘客感到难堪。

① 不告诉乘客是假钞,只要求乘客更换:"不好意思,请您换一张纸币。"

② 如果提醒无效,应向乘客解释原因:"不好意思,您给我的纸币不能被设备识别,麻烦您换一张,谢谢合作。"

③ 如果乘客拒绝更换纸币以致干扰到正常服务时,可以报告值班站长或请求公安协助。

④ 如遇到数量较多的假币,应立即报告值班站长或请求公安出面处理。

当遇到找不开零钱时,不要直接建议乘客去另外的入口处买票或充值。

① 应礼貌地询问:"对不起,请问您有零钱吗?"

② 如果乘客没有零钱,应向乘客表示抱歉:"对不起,这里的零钱刚找完,请您稍等,我们马上备好零钱或麻烦您到对面的票亭兑换。"

当发现乘客在售票窗口前排起长队时,一定要对乘客做适当的安抚:

① 对等待已久的乘客或感觉不耐烦的乘客要说:"对不起,请您稍等,我们会尽快办理。"

② 如果需要较多的时间接待某位乘客,可以向其他同事请求帮助。

③ 假如排队的乘客中有投诉时,应先说:"不好意思,让您久等了,我会尽快帮您处理。"

当发现有乘客插队时,应用礼貌但又鉴定的语气告诉他:"麻烦您先排队,我们会尽快为您服务。"

当乘客告诉你售票机发生故障时:

① 应该说:"多谢您的通知,我们会尽快处理。"

② 必须立即处理或通知相关人员处理,使乘客觉得事件受到关注。

当遇到情绪反应较大的乘客或难以处理的个案时:

① 将乘客带往办公区休息室等地方。

② 在处理过程中应有不少于两个人在现场。

③ 倾听乘客需求。

④ 不要一味地否定乘客的表述,即使是乘客的表达存在问题。

⑤ 如果在处理过程中发现无法独自处理此事,须及时联系上级主管,取得帮助,应明确告知乘客,表示对此事的重视。

4. 一卡通(储值卡)发卡、充值服务

(1) 一卡通发卡、充值服务的基本流程

在进行一卡通发卡和充值时,应严格遵守"一迎、二收、三确认、四操作、五找零、六告别"的程序,具体流程见表7.2。

表 7.2　一卡通发卡、充值服务的基本流程

程　序	内　容
一迎	1. 带微笑，主动向乘客道“您好”； 2. 问清乘客欲购买一卡通金额或充值金额
二收	1. 收取乘客的票款：“您好，收您＊＊＊元。” 2. 接过票款后，进行验钞，并将收取的票款放在售票台面上； 3. 严禁拒收旧钞、零币
三确认	1. 对于购买一卡通的乘客，提醒乘客根据显示屏确认票卡内金额； 2. 对于充值的乘客，则需要重复乘客充值的金额和票卡当前余额，并提示乘客根据显示屏确认充值后的金额：“您卡上余额是＊＊元，充值＊＊元，充值后金额为＊＊元，请核对信息。”
四操作	按照设备使用规定，操作 BOM 机准确发售售票卡或充值
五找零	1. 清楚说出找赎金额； 2. 将找零、一卡通、收据和发票一起礼貌地交给乘客； 3. 提醒乘客当面点清； 4. 找零做到有新不给旧，有整不给零
六告别	“请您慢走。”待乘客离开窗口后，将台面上的票款收入放进抽屉内

(2) 一卡通服务常见问题处理

当乘客需要某些一卡通服务在车站无法办理时：

① 首先适当安抚乘客，向乘客表示抱歉：“对不起，目前车站无法办理此项业务。”

② 向乘客解释车站没有办理此项业务的权限。

③ 如果乘客办理退卡，告知乘客可以到指定的网点办理退卡，并告诉乘客离本车站最近的网点位置。

当乘客的一卡通无法刷卡进站时：

① “请您别着急，我帮您查一下。”双手接过乘客的票卡，查询乘客一卡通的基本信息，首先判断无法进站的原因。

② 如果一卡通余额不足，则有礼貌地提醒乘客充值或购买单程票卡进站：“您好，您的票卡余额不足，请您充值后使用，谢谢合作。”

③ 如果乘客已有本次进站记录，可以告知乘客一张卡只能一人使用，避免出现一卡多人进站的问题。

④ 如果一卡通无上次出站记录，则需要补写出站信息，同时告知乘客会扣除上次乘车的费用，并提醒乘客出站时也需要刷卡。

⑤ 如果一卡通消磁，则礼貌地提醒乘客购买单程票卡进站，并建议乘客可以到指定网点办理换卡的手续。

5. 福利票发售服务

发售福利服务的基本流程如下：

① 主动问候乘客：“您好，请出示您的证件。”

② “请您稍等。”双手接过乘客的相关证件，核对乘客所持有的免费证件是否有效。

③ 如实填写《福利票换领记录》，并要求乘客签字确认。

④ “请您收好，慢走。”将福利票双手递给乘客。

6. 坏票处理及其他票务服务

(1) 当乘客的单程票卡不能正常出站时

① 首先,应适当地安抚乘客:“很抱歉,您的票卡已经损坏,无法正常刷卡。”

② 要求乘客支付单程票卡的成本费,向乘客耐心解释车站的规章制度。

③ 帮助乘客换取出站票出站。

(2) 当乘客要求退票时

如果线路运营正常,则应按照城市轨道交通运营企业的相关规定不予退票,处理方法如下:

① 首先,要说明车站的制度,并向乘客表示抱歉:“对不起,按照规定,我们不能帮您退票。”

② 向乘客解释单程卡票一律不给退票。

③ 如果办理储值卡退票,则需要到指定的储值票发放点。

如果线路运营发生故障,具体处理方法如下:

① 安抚乘客的急躁心理,并向乘客道歉:“对不起,请稍候,我们马上帮您解决。”

② 立即上报值班站长,经值班站长允许后按规定退票。

7.2.4　城市轨道交通特殊服务规范

(1) 老年人

① 在售票服务过程中一定要耐心提示,细致地帮助老年乘客解决问题,适当放慢语速,适当放大音量。

② 在乘客进出站时,应礼貌地引导老年乘客搭乘直梯或走楼梯,如果乘客坚持搭乘自动扶梯,则由乘务人员陪同老人一起搭乘自动扶梯。

(2) 儿童

① 儿童只有在大人的陪同下才可以进入车站,工作人员提醒乘客遵循“儿童在前、大人在后”的刷卡进站原则。

② 要特别关注儿童乘车,提示看护人照看好身边的儿童,避免发生因儿童快跑及随意走动引发的摔伤。

(3) 身体不适乘客

① 当值班工作人员发现情况后要第一时间上前询问乘客身体情况。

② 在征得乘客同意后去休息室或综控室休息,并为其倒水。

③ 如果稍做休息后乘客无好转迹象,在询问过当事人后帮忙叫救护车。

(4) 残疾人

① 由出入口进入站厅。如果有直梯,帮助残疾乘客搭乘直梯;如果没有直梯,则安排并帮助乘客乘坐残疾人专用电梯,如图7.3所示。

图片来源:百度图片

图7.3　残疾人专用电梯

② 引导与陪同。在推行轮椅的过程中应注意行进速度和稳定性;在轮椅陪护过程中应减少对其他乘客的妨碍,轮椅行进过程中提示周围乘客避让。

③ 协助安检。引导乘客至安检位置,对乘客的行李和轮椅进行检查,尽可能由同性别的工

作人员完成，尽量减少琐碎不便的环节，并给予乘客足够的尊重。

④ 协助乘客进出付费区。引导乘客至售票处，带乘客完成购票，引导乘客从宽通道或专用通道进出付费区，并帮助其刷卡。

⑤ 协助上、下车。引导乘客至划定的站台无障碍候车区，疏导其他乘客到相邻车门排队等候，使用渡板让乘客安全上、下车。上车时，要将乘客护送至车厢内无障碍专用位置，确认轮椅已经制动或与列车上专用挂钩固定，并提醒乘客坐稳扶牢，告知乘客目的站会有站务人员迎送，然后通知目的地的车站工作人员该乘客所乘车次、车号、发车时间、所在车门位置，列车路线等信息，目的站应做好相应准备工作。

(5) 涉外旅客服务

在地铁出入口用英语引导外国乘客进站接受安检，在站点指引涉外旅客购票、进站、乘车等。

任务 7.3　城市轨道交通客运服务投诉及处理

任何一个组织，包括企业、政府机关、非营利机构，只要提供产品或服务，都有可能遇到投诉。城市轨道交通运营企业作为一个服务性行业，再加上其公共交通的特性，自然也会不可避免地受到投诉。正确认识、妥善接待和处理投诉是良好企业形象和一流企业管理水平的体现。因此，作为直接面向乘客的服务人员，尤其需要掌握投诉处理的相关知识，处理好乘客的投诉，以提高企业运营服务质量，切实维护轨道交通的声誉。

随着消费层次的提高，消费者越来越注重自己的权益问题。以前多一事不如少一事，但现在越来越多的乘客为了自己的权益会选择投诉。当乘客乘坐轨道交通时，会对出行本身和企业的服务抱有良好的愿望和期盼值，如果这些要求和愿望得不到满足，就会失去心理平衡由此就会产生“讨个说法”的行为，这就是投诉。广义地说，乘客任何不满意的表示都可以看作投诉。

7.3.1　城市轨道交通客运服务投诉类型

(1) 按照投诉的表达方式分类

乘客感到不满意后的反应不外乎两种：一是说出来，二是不说。据一项调查表明：在所有不满意的乘客中，有 69%的乘客从不提出投诉，有 26%的乘客向身边的服务人员口头抱怨过，而只有 5%的乘客会向投诉管理部门(如客户中心)正式投诉。其中，正式投诉根据乘客表达方式不同可以分为以下 3 种：

① 当面口头投诉，包括向公司的任何一个职员。

② 书面投诉，包括意见箱、邮局信件、网上邮件等。

③ 电话投诉，包括热线电话、投诉电话等。

(2) 按投诉的内容分类

按投诉的内容主要可以分为：车站服务、列车运行、乘车环境、票款差错、设备故障等。

(3) 按投诉的性质分类

按投诉的性质可以分为有责投诉和无责投诉。有责投诉是指因工作人员工作失误、违规操作、设备设施保障不力等而引起的投诉。无责投诉包括两种情况：一是由于自然灾害等不可抗力因素导致服务失误而引起的投诉；二是因为乘客自身原因而引起的投诉。对于前者，运输企业应该加大应急事件的处理力度，对于后者，运输企业应该加强对乘客的宣传力度。

7.3.2　城市轨道交通客运处理流程

为了打造城市轨道交通企业服务品牌，提高社会满意度，提升诚信服务水平，降低乘客投诉率，交通企业制定规范的乘客投诉处理流程。

投诉处理流程的制定使乘客投诉的处理有章可循，企业要求部门认真、负责处理好每一件乘客投诉，做到件件有落实、件件有答复、件件有处理、件件有反馈；不断探讨服务质量管理工作的新办法、新经验；加大对违规违章人员处理的力度；减少乘客投诉现象的发生，以实事求是、公平合理、处理及时为原则，最大限度地满足乘客的正当要求，认真解决乘客提出的问题，改进工作流程，优化服务管理，及时发现乘客纠纷风险和不稳定因素，为打造交通服务品牌作出努力。城市轨道交通客运处理流程如图7.4所示。

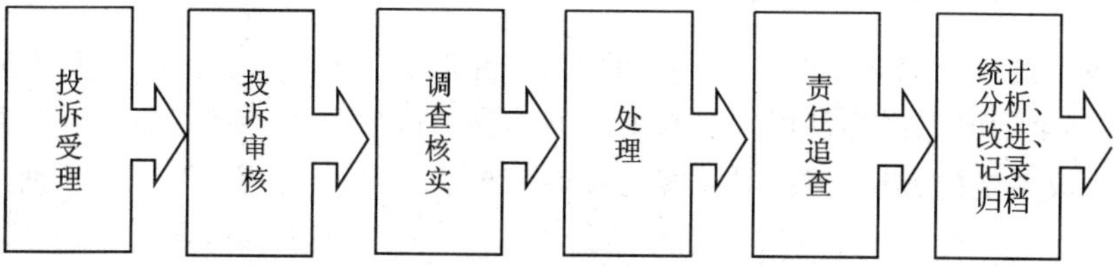

图7.4　城市轨道交通客运处理流程

（1）投诉受理

在站内设立“投诉服务中心”，负责投诉接待工作，交通企业管理人员在接到乘客投诉后，应询问乘客投诉时间、投诉对象、投诉事由、投诉要求，对乘客进行必要和适当地解释及安抚，并做好登记工作，以作为下一步解决问题的资料和原始依据，同时，这样做也向乘客表明交通部门采取的郑重态度，把乘客的问题放在非常重要的位置，以乘客利益为重。乘客在讲述事情经过时，因为要配合工作人员记录，不自觉会放慢语速，无形中缓冲了乘客的愤怒情绪。

（2）投诉审核

在受理完乘客投诉后，确定乘客投诉种类，对投诉者所投诉内容根据有关的法律、法规，依法进行调查和处理，判定投诉理由是否充分，如认为投诉不成立。当面告诉乘客，婉转说明理由。如乘客对工作人员的解释、回复表示满意，并表示不再就同一事件继续投诉，则将乘客投诉处理文档整理归档，处理完毕。如认为投诉成立，则进入调查核实阶段。

（3）调查核实

按照乘客提供的线索通知被投诉人，被投诉人应积极配合公司接受询问、调查、取证。车站管理人员应做好询问笔录。

（4）处　理

对能够当场解决的问题，应立即予以解决。在处理过程中，参照乘客投诉要求，提出解决投诉的具体方案，快速采取行动，补偿乘客投诉损失。当乘客同意采取的改进措施时，要立即行动，不要耽误时间，耽误时间可能进一步引起乘客不满，还有可能引起乘客改变先前已经协商好的解决措施。时间和效率就是对乘客最大的尊重，否则就是对乘客的漠视。

对在规定时间内难以处理的投诉，工作人员应将处理方案告诉乘客，征询乘客意见。提出解决方案时，应语调平和，态度诚恳，不要再次引起乘客的不满情绪。如“这样处理，您看行吗？”“我们这样办，您看合适吗？”并向投诉人说明原因，最好能给出一个较为具体的时间，并将确定的时间明确告诉乘客。在完成调查、取证工作后，及时将调查情况和处理结果回复投诉人。

(5) 责任追查

对造成乘客投诉直接责任人和责任部门进行处罚。如果是因为票卡(款)等问题,可以根据乘客的意见和表现出来的意思,结合实际情况,提出措施;如果是因为对服务人员的态度不满,则要考虑采取让服务人员本人道歉或由值班站长代替道歉等办法,平息乘客的不满情绪;如果遇到被投诉的员工不在现场的情况,可以采取电话道歉、书面道歉等处理方式。总之,给乘客一个满意的交代。

(6) 统计分析、改进、记录归档

对投诉的事件进行统计分析,总结出常见问题,在员工开会的时候进行改进总结,避免再出类似的问题。投诉工作结束后,将投诉资料存入资料卷宗。

7.3.3 城市轨道交通客运服务投诉处理原则

客运服务人员每天都会面对成千上万的乘客,在服务过程中,一句不负责的话、一个不规范的动作、一种生硬的态度等都可能引起乘客的不满而产生投诉。乘客的投诉千差万别,处理投诉也没有一成不变的方法,但面对乘客的投诉如果能牢记并把握以下 4 个原则,往往能收到很好的效果。

(1) 安全第一、乘客至上的原则

当接到乘客投诉时,首先要站在乘客的立场上考虑问题:"一定是我们的工作没有做好,给乘客带来了不便",同时还要相信,乘客的投诉总是有他的理由。这是一个非常重要的观念,有了这种观念,客运服务人员才能用平和的心态处理乘客的抱怨和投诉,并且会对乘客的投诉行为给予肯定和感谢。

安全第一、乘客至上就是指在保证地铁安全的前提下,客运服务人员应最大限度地满足乘客需求。只有了解了乘客的需求,才能对症下药,才能向乘客提供优质的服务。

(2) 不推脱责任的原则

很多客运服务人员面对乘客投诉的一个反应是:"是我的责任吗?""如果乘客向上级投诉,我应该怎么解释?"他们常常会说:"如果是我的问题,我一定帮您解决。"这看似十分礼貌,但却是一个十分糟糕的开头。客运服务人员必须清楚地认识到,乘客既然选择投诉就压根没有想到是自己的错,而是想从客运服务人员那边得到心理安慰,让客运服务人员重视他的投诉。

面对乘客投诉和不满情绪,客运服务人员首先要反思自己的不足,向乘客道歉,只有表明了这种态度,才能更好地处理乘客投诉。

(3) 先处理情感,后处理事件的原则

美国有一家汽车修理厂,他们有一条服务宗旨很有意思,称为"先修理人,后修理车"。什么叫"先修理人,后修理车"呢?一个人的车坏了,他的心情非常不好,你应该先关注这个人的心情,然后再关注汽车的维修。对于城市轨道交通运营企业来说也是如此,每一位投诉的乘客,心情都不好,在处理时,需要先关注这个人的心情,让乘客先平息怒气,然后再想办法帮助乘客解决问题。

(4) 包容乘客的原则

包容乘客就是指客运服务人员对乘客的一些错误行为给予理解和宽容。包容乘客的核心是善意的理解。当发现乘客的某些行为违反规定时,只要给予乘客善意的提醒即可。站务员要懂得体谅乘客,避免让乘客处于难堪的状态。虽然乘客的投诉并不都是对的,但那种得理不饶人的解决方法,必将会造成双方的关系紧张而不利于问题的解决。如果客运服务人员能够包容乘客,那么由此而引发的冲突就能及时避免。

7.3.4 乘客投诉处理技巧

在处理乘客投诉过程中，会遇到不同性格的乘客。除了要好好把握乘客投诉处理的基本原则外，还需要掌握一定的处理技巧，只有这样才能更好地为乘客，提升城市轨道交通企业的服务质量。

（1）用心倾听

抱怨的乘客需要有忠实的听众，工作人员喋喋不休地解释只会让乘客感觉在推卸责任，从而使乘客的心情更差。面对乘客的投诉，工作人员需要掌握倾听的技巧，从倾听中掌握事情发生的细节，找出乘客投诉的真正原因以及期望的结果。倾听是一种情感活动，是要真正理解对方所说的意思。想要做到用心倾听，需要注意以下几点：

① 要有耐心。在乘客投诉的过程中，切忌轻易打断乘客，要仔细思考乘客提供的信息。应该花80％的时间去听，给乘客80％的时间去讲。倾听过程中要保持冷静的心态，不受其他事物的影响。

② 学会回应。倾听的过程中要运用眼神、表情等非语言传播手段来表示自己在认真倾听。尽可能以柔和的目光注视着对方，并通过点头等方式及时对对方的谈话作出反应。

③ 用心。站在乘客的角度考虑问题，将心比心地感受乘客的心情。这是真正听到乘客心声的好办法，是乘客服务中不可缺少的沟通技巧。

④ 不要挑对方的毛病。倾听时不要当场提出自己的判断性意见，更不要与对方争论，尽量避免使用否定别人的回答或评论式的回答。如“不太可能”“我认为不该这样”等。应该站在对方的立场去倾听，努力理解对方所说的每一句话。

（2）了解乘客投诉的心理期望

乘客只有在对服务不满的情况下，才会进行投诉。而对乘客来说，既然选择了投诉，就一定会有一个心理预期并希望得到满意的答复。作为服务人员，只有了解了乘客投诉的心理期望，才能有针对性地处理投诉。一般来说，乘客投诉的心理期望主要有以下几种：

① 希望问题能被认真对待。有时乘客进行投诉或建议，并不是要求企业一定能够彻底改变这种现象，而是发表对此状态的看法与观点，给企业以警示。对于这种期望的乘客，一定要积极对待，耐心地听完乘客的批评与建议，抱着“有则改之，无则加勉”的正确态度，适当地对乘客表示感谢。

② 希望得到当事人的道歉和尊重。乘客投诉有很大一部分是对工作人员服务态度的不满，这种情况下，乘客当然希望自身能得到重视，并希望当事人能给予道歉。在这种情况下，要耐心倾听，即使是乘客的错，也不要想着去理论，避免产生新的不满或进一步加深矛盾。因为乘客既然选择了投诉，就不会觉得是自己的责任。

③ 希望相关人员得到惩罚或惩戒。有时乘客对某位工作人员不满，就会投诉，并希望该工作人员得到惩罚，所以需要向乘客保证企业一定会采取正确的行动，避免将来发生类似的问题。

④ 希望得到赔偿或补偿。乘客想要自己的损失取得赔偿，也想为耗费的时间、造成的不便或遭受的痛苦得到补偿。对于由我们自身责任而造成的乘客损失，当然要协商赔偿办法，对于不是我们自身责任造成的乘客损失，也不能一味地迁就，要耐心地向乘客解释清楚。

（3）真诚道歉

当乘客抱怨或投诉时，无论是否是工作人员的原因，都要诚心地向乘客道歉，并对乘客提出的问题表示感谢。尤其是在工作确定有过失的情况下，更应该马上道歉。如“对不起，给您添麻烦了。”这样，可以让乘客感到自己受到了重视。具体做法如表7.3所列。

表7.3 真诚道歉

要	不 要
1. 适当地表示歉意。让乘客了解你非常关心他的情况，如“我们非常抱歉听到此事。” 2. 道歉要诚恳。如“对不起，耽误您的时间了。”	1. 认为自己的行为没有错误，拒绝道歉； 2. 道歉缺乏诚意，语言语调或肢体语言表现出来不乐意或不耐烦

(4) 协商解决

在听完乘客投诉之后，工作人员首先要了解清楚乘客投诉和抱怨的原因，了解乘客的想法，切忌在没有了解乘客想法之前就自作主张地直接提出解决方案。在协商解决时，不要推卸责任，指责或敷衍乘客。在明白乘客的想法后，首先要十分有礼貌地告知乘客将要采取的措施，并尽可能让乘客同意。如果乘客不知道或者不同意这一处理决定，就不要盲目地采取行动。协商解决具体做法如表7.4所列。

表7.4 协商解决具体做法

要	不 要
1. 平复乘客的不满情绪。如：“我很理解您的想法。” 2. 主动提出建议和解决方法。如果是因为票卡(款)等问题，可以根据乘客的意见和表现出来的意思，结合实际情况，提出解决措施；如果是因为对服务人员的态度不满，则要考虑采取让服务人员本人道歉或由值班站长代替道歉等办法，平息乘客的不满情绪； 3. 耐心地解释地铁相关规定； 4. 提出解决方案时，应语调诚恳，不要再次引起乘客的不满情绪。如“这样处理，您看行吗？”“我们这样办，您看合适吗？”	1. 推卸责任、极力辩解； 2. 指责乘客； 3. 敷衍乘客

(5) 快速采取措施

乘客同意处理意见后，工作人员需要说到做到，而且是马上做到，速度很关键。快速地采取措施就是对乘客最大的尊重。一方面，耽误时间有可能引起乘客的进一步不满；另一方面，耽误时间还有可能引起乘客改变先前已经协商好的解决措施。如果遇到被投诉的员工不在现场的情况，可以采取电话道歉、书面道歉等处理方式。

对于那些不能立即实现的措施，工作人员应坦诚地告诉乘客企业正在办理，并把处理过程中的相关情况及时反馈给乘客，让乘客了解他们的问题正在得到解决。

(6) 感谢乘客

对待乘客的投诉一定要表示感谢，感谢乘客选择我们的服务并发现服务中的不足。因为这些批评指导意见会协助企业提高管理水平和服务质量。具体做法如表7.5所列。

表7.5 感谢乘客做法

要	不 要
1. 对乘客表示感谢。如：“谢谢你的配合”“非常感谢你的建议”； 2. 必要时送乘客出站，让乘客感到自己受到重视	1. 怠慢乘客，自己先行离开； 2. 让乘客自行离开

课后练习题

一、简答题

1. 举例乘客无法刷卡进站的原因。
2. 举例乘客无法刷卡出站的原因。
3. 在乘客售票中心服务中,哪些环节容易和乘客发生冲突？应该如何避免？
4. 在站厅服务中,哪些环节容易和乘客发生冲突？应该如何避免？
5. 在站台服务中,哪些环节容易和乘客发生冲突？应该如何避免？

二、综合实训

1. 仪态礼仪指导与训练

(1) 实训要求：着正装,女士穿高跟鞋进行练习。站姿等仪态训练每次不少于15～20 min,并配以适当的音乐,缓解训练的疲劳,训练时保持良好心情。

(2) 以组为单位进行不同仪态训练,并及时纠正或点评。采用同学之间互评、分组竞赛的方式改善和充实单调的练习。

(3) 仪态训练的考核(如表7.6所列)。

表7.6 仪态训练的考核表

考核项目	考核内容		分 值	自评分	小组评分	实得分
站 姿	身体各部位的正确姿态	头、颈	3			
		两肩、胸	3			
		腰部	3			
		手位	3			
		两脚	3			
	不同站姿的展示	肃立	5			
		直立	5			
	定数训练效果		10			
坐 姿	坐姿基本动作要领展示		10			
	脚的摆放方式		10			
	入座后姿态的整体保持效果		5			
	入座前后的其他要求		5			
	身体姿态		10			
行 姿	跨步的均匀度		5			
	手位摆动的情况		5			
	根据音乐情景变换步伐		5			
蹲 姿	上身姿态		5			
	起身动作与表情		5			
合 计						

2. 角色扮演(分组完成)

(1) 根据地铁实际情况,举出一个发生乘客纠纷的事件。

(2) 研讨事件处理经过。

（3）完成以下表格。组员分角色扮演值班站长、站务员、乘客等角色，并分组表演。

1	日期：	时间：
2	参与者	
	姓　名	扮演角色
3	演练情景	

项目8　城市轨道交通网络运营管理

☞ 学习目标

了解运营网络的形成，掌握网络运营管理的组织机构；了解网络运营管理的要点，掌握管理层次和管理幅度的概念；熟悉网络运营的内部管理和外部管理的内容。

☞ 重点和难点

运营网络的形成和效率；非正常运营时的对外联络和协调。

☞ 导入案例

【案例8.1】

国内外城市轨道交通网络化运营管理状况

1. 东　京

(1) 运营管理

东京地铁由两家公司组织运营，东京都交通局和东京地铁公司。其中东京都交通局负责管辖浅草线、三田线、新宿线、大江户线，共计109 km；东京地铁公司管辖9条线路，银座线、丸之内线、日比谷线、东西线、千代田线、有乐町线、半藏门线、南北线、副都心线，共195.1 km，车站179座，日运送620万人；保有列车数近2 700辆，列车平日走行约10万千米，开行列车5 600列，休息日约8万千米，开行列车4 400列；列车编组为6～10节；早高峰运行最小间隔时间是丸之内线1 min50 s，早高峰最长间隔时间是南北线3 min45 s。一天运送旅客约626万人。据2018年12月8日东京地铁官网显示，东京地铁共开通13条线路，包括东京地下铁9条路线，都营地铁4条路线，线路总长312.6 km，共计290座车站投入运营(换乘站不重复计算)。

为了解决换乘车站拥挤、乘客换乘时间过长、列车设备资源共享等诸多问题，东京地铁与JR(日本铁路公司)及其他私营铁路公司联合协商，开始提供不同地铁公司间、东京地铁与JR、私营铁路线路的直通运营服务。列车直通运营服务后，乘客不必下车就可以换乘到其他公司的线路上，列车车载两套设备适应两条线路上的信号制式，并在两家不同公司的线路间轮换乘务员。虽然东京地铁目前总运营里程195.1 km，但直通运营区间达到了440.1 km。

(2) 协调管理

在北千柱站有5条地铁线路相交，分属4个公司管辖。在多家运商管理的格局下，运营商之间的协调问题由各家之间签订协议自行协调，在换乘点的事务处理以及直通运营线路的事务处理上，以线路财产归属进行划分，谁的线路谁负责。当线路发生突发事件时，如地震、火灾和恐怖事件等，由指挥中心进行统一协调指挥。

(3) 调度指挥

建立综合调度中心，保障运营安全。综合调度中心将原有的行车调度和供电调度中心合并，并且增设了车辆调度、设施调度和信息调度，形成了一体化调度系统。所有调度都集中在一个大厅中通过相互间的密切配合，掌握正确信息。线路调度岗位按照线路分别设置，突发事件时，统一协调指挥。

信息调度负责收集本公司线路和其他公司线路的行车相关信息，向乘客和公司内部提供信息；行车调度(列车)负责及时、准确的行车调度，并且向列车和车站等提供相关信息，保证列车按照正常运行图运行，实现安全运输；行车控制(客运)负责收集有关乘客的信息，并且向车站提供信息；供电调度负责 24 h 监控变电站和电气设备机房的运行状况，并且为了保证供电的稳定，根据需要实施供电系统管理；车辆管理负责监控全部运行的列车，当车辆发生异常时采取措施，支援行车调度作业；设施和设备调度负责 24 h 监控有关工程和电力设施发生的故障或异常数据，对行车调度、供电调度和维修作业提供支援。

东京地铁拥有 4 个维修工厂和 12 个车辆检修所，承担车辆的大修、关键部件的检修、紧急检查和车辆改造业务。一般 2～3 条线共用 1 处车辆检修所，如中野修理车间由银座线和丸之内线二线共用，绫濑修理车间由千代田线、有乐町线和南北线三线共用。

2. 首　尔

(1) 概　况

首尔地铁又称韩国首都圈电铁，是世界上单日载客量最大的铁路系统之一，车站数量仅次于纽约地铁和东京地铁，截至 2015 年底，车站数量 376 个。其服务范围为韩国首尔特别市和周边的首都圈，日均载客量超过 800 万人次。首都圈电铁以首尔的 9 条地铁线路为主，并辅以韩国铁道公社的盆唐线及仁川地铁等线路，合共 19 条路线。现时整个铁路系统总长度为 596.9 km (首尔市内为 314 km)。2017 年 5 月 31 日，根据韩国政府决定，首尔地铁合并到韩国国企首尔交通公司。

首尔地铁有 8 条线，线路总长度 362 km，再加上郊区轻轨与市区连接的线路共 530 km，由 3 个公司负责运营。其中 287 km 由市政府管理并由两家国有公司负责运营。

(2) 投资建设

首尔地铁的投资以政府投资为主，1－8 号线的投资中，首尔地方政府占 80%，中央政府占 20%。正在建设中的 9 号线(38 km)由政府投资 50%(地方政府 30%，中央政府 20%)，民营企业投资 50%(现代、大宇、韩进及其他几家民营企业)修建。

(3) 运营管理

首尔地铁由以下 3 家公司组织运营：

① 首尔地铁公社：经营 1－4 号线，115 座车站，包括 2 号线全部、1 号线的地下部分、3 号线和 4 号线的大部分，运营里程 1 349 km，平均每天运送乘客 388 万人。

② 首尔铁道公社：运营 4 条线路(5、6、7、8 号线)里程 152 km。

③ 韩国铁道厅：运营 Bundang Line 线及 1、3、4 号线的一部分，运营里程 189.8 km。

正在建设中的 9 号线，将由一家新成立的公司负责运营管理。

(4) 协调管理

首尔市的城市轨道交通由市政府交通局负责协调，两家地铁公司成立一个共同促进委员会，负责协调各种问题，协调不了的问题再由交通局负责协调。属于公司内部的问题，由公司自己解决，交通局不干预。两家地铁运营商的调度指挥中心均设在各自的总部大楼，各条线路之间互相协调，在两家调度指挥中心之上没有上一级的调度室。

政府为了提高地铁运营管理效率，克服国有企业和公用事业存在的一些弊端，特意在 1－4 号线完成后，安排建立新的一家运营公司负责运营 5－8 号线，从而形成两家公司的竞争机制。在选择目前在建的 9 号线运营商时也是考虑到竞争的因素，利用民营企业与国有企业之间的竞争，最大限度发挥竞争对提高效率的效用。

(5) 政府的监管

一是高层管理人员的任命等人事权,二是对运营商预算的审批以及地铁运营安全、票价的控制。此外,中央政府、国会、市议会、市政府等各级各部门每年有多次的检查,以及24 h的市民投诉监督。发生突发事件等重大事件时,如重大火灾、恐怖事件等,由消防防灾厅的一个部门统一指挥。

中央政府每年对全国7家轨道交通运营商(包括首尔地铁公社、首尔铁道公社、仁川地铁公社、釜山地铁公社、大邱地铁社、韩国铁道厅等)的经营效率和经济效益进行对比评价,成绩突出的企业将获得政府奖励。同时,评价结果还影响政府对地铁运营商的政策。评比由中央政府组织,由专家、会计师、律师等专业人士组成的小组实施。

3. 伦　敦

伦敦由3部分组成,即中央伦敦、内伦敦其他地区及外伦敦组成,3个区域面积分别为27 km^2,294 km^2,1 256 km^2。整个大伦敦的轨道交通客运包括市郊铁路客运及地铁客运两方面。如果存在市郊支线,则支线与主线的中段共线运营。伦敦地铁网的12条线路中,中央线(Central Line,74 km)、区域线(District Line,64 km)、都市线(Metropolitan Line,66.7 km)、皮卡的利线(Piccadilly Line,71 km)延伸至郊外,这些线路一般都有郊区支线,因而存在共线运营的情况。伦敦地铁通过配线和其他技术措施,可实现地铁列车与城际列车的共线运营。

伦敦地铁由伦敦地下铁道公司(London Underground Railway Company)和DLR两家公司运营。伦敦地下铁道公司属于国有,共负责11条地铁线路,408 km;DLR为私营企业,主要负责轻轨的运营,共负责3条线路,26 km。

4. 巴　黎

(1) 地铁概况

巴黎轨道交通包括地铁、市域铁路和市郊铁路,其中地铁2 083 km,255座车站,其中2号线换乘站45个,3号线换乘站11个,4号线换乘站2个,5号线换乘站3个。市域铁路5条线,252座车站,其中33个在市中心。市域铁路线的主要功能就是将巴黎市中心与其近郊连接起来,因此区域线是城市轨道交通最原始的骨架,是城市综合交通的主要轴线。伴随着技术的不断更新,区域轨道交通线已经成为巴黎城市和城际之间的交通大动脉,由运输公司和国铁共同管理。

(2) 管　理

地铁和市域铁路由巴黎运输公司(RATP)经营。巴黎运输公司同时也经营从两个机场到巴黎各个地点的公交路线。

市域铁路网络其实与市郊铁路网络融为一体,因为发展基础为市郊铁路。市域铁路的修建,一方面充分利用已有的铁路设施,另一方面在市区修建新线(一般为地下线路)。在此过程中,巴黎运输公司所经营的地铁线路与法国国营铁路(SNCF)所经营的市郊线路实现共线运营就不得不提上议事日程。因为随着乘客对市域铁路线要求的提高,在巴黎运输公司与法国国营铁路所经营的市域地铁线路的不同区段上,运营车辆应保持一致,只有这样才能为乘客提供连贯和统一的网络服务。列车在巴黎运输公司区段和法国国营铁路区段将由不同的司机驾驶,因此,在某些站出现换司机的情况。

(3) 票价政策

巴黎的整个地铁系统与市域铁路、公交采用相同的售票系统,因而巴黎运输公司的票制覆盖了整个地铁系统。巴黎地铁的票价也是多样的,以适应各种不同的要求。

票款是巴黎地铁的主要收入。收入主要用于整个系统的维护,而新线路的修建还是要靠政府的支持。因为,地铁作为一种公共交通,为市民服务是主要目的,不存在盈利的问题。

5. 新加坡

(1) 地铁概况

新加坡地铁又叫大众捷运系统,始建于1988年。新加坡地铁目前有113个车站,8个转车站,148.9 km的标准轨距线路。

目前地铁线路总长约91 km,49座车站,东西及南北纵横两条主干线将机场、码头、商业中心和居民聚居的新城镇连接起来。加上长达20 km的东北线地铁和几条轻轨辅线,新加坡环城地铁交通网已初具规模。在新加坡任何地铁在高峰期都不用等候3 min以上。

(2) 运营管理

新加坡地铁有两家运营商,新加坡地铁(SMRT)和新加坡公共汽车运营公司,新加坡地铁为上市公司,目前运营4条地铁线路。新加坡公共汽车运营公司是一家私营企业,负责20 km的东北线的运营。

(3) 运营保障

拥有地铁并不等于就拥有了高效的交通服务。要想把地铁的效用真正发挥出来,需要整个城市的交通网连成体系,相互衔接。新加坡在发展地铁时,就提出建设“一站式”或“户到户”的交通枢纽网络。这样复杂的交通系统无疑需要非常周密的规划设计,要经得起实践运转的考验。在整个网络中,地铁是主要的运输工具,轻轨是地铁干线的延伸支线,公交车负责将乘客疏散到四面八方。此外还有校车、专用车等供专门群体的需要。出租车则保证个别的需要。政府实行公共交通优先、严格执行限制私人汽车保有量的倾斜政策。为此,新加坡政府做了大量工作,确保地铁有效运营。例如,政府负责调整现有公交车线路,以免与地铁线重叠,造成资源浪费。政府还有意限制地铁车票涨价,鼓励民众乘坐地铁。

为使地铁运作顺畅、具有成本效益的交通网络发挥作用,满足人们的需求和愿望,同时促进经济和环境的发展。新加坡地铁公司在各个车站准备了可免费取得路线图、时刻表、转车方法等资讯手册。车站的环境设计也相当精心,每个地铁站都与公交车线路连接,方便乘客转车。

(4) 政策与监管

新加坡地铁建设与运营,采取政府投资建设,不补贴运营的战略。地铁建设资金完全来自政府投资。对负责运营管理的公司,政府只负责为企业配备优秀的经营人才,营造必要的市场环境,建立相应的政策法规予以支持和约束,加强监督和安全管理。

新加坡陆路交通管理局为利用地铁创造更多的价值,制定了发展策略,目的是使有限的土地发挥最大的经济效益。做法是在地铁站的周围先圈一大片绿地作为预留地,绿地外围则发展高密度的住宅和购物中心以及公交换乘站等。若干年后地铁周边地区发展起来,预留地的价值就会相当可观,政府可以从中获得最大的收益。此外,开通了地铁,房产必然升值。政府在发展新的住宅小区时要统筹考虑交通线路的规划。根据新加坡建屋发展局提供的资料显示,在即将开通东北地铁线所在的榜鹅新镇,新建房屋(政府补贴的经济适用房)的认购率高达80%,同期其他地方的房屋销售率只有30%左右。

6. 北　京

(1) 概　况

北京地铁(Beijing Subway)是服务中国北京市的城市轨道交通系统,也是国际地铁联盟(CoMET)的17个成员之一,其第一条线路于1971年1月15日正式开通运营,使北京成为中国第一个开通地铁的城市。截至2019年12月,北京市轨道交通路网运营线路达23条、总里程699.3 km、车站405座(包括换乘站62座)。截至2019年12月,北京地铁在建线路15条。到2020年,北京地铁将形成由30条、总长1 177 km的轨道交通网络组成的线网。

2017年,北京地铁年乘客量达到45.3亿人次,日均客流为1 241.1万人次,单日客运量最高达1 327.46万人次。

(2) 运营管理

为适应线网规模不断扩大和网络化运输的需要,按照公司集团化和内部市场化的基本思路,北京地铁公司启动了内部管理体制和运行机制的改革调整。在公司内设立若干个从事车务和站务的客运分公司、设立从事供电、通信信号、线路、机电、建筑维修和车辆大修的专业维修分公司或子公司和若干个从事资源开发经营的子公司,各单位均为独立核算的经营实体或主体。运营服务商以契约的形式委托各维修服务商负责车辆、建筑以及各设备系统的维修保养并支付其相关费用,委托各增值服务商负责相关资源的开发经营并收取相应的资源费。

(3) 运营模式改进

为了加快北京地铁建设的市场化进程,打破垄断局面,建立新型的融资和运营模式,2005年7月,北京市基础设施投资有限公司与香港地铁公司、北京首都创业集团有限公司达成协议,合作成立公私合营公司,特许经营4号线列车及机电设备的投资建设和30年运营,地铁4号线成为国内首个以"PPP"融资模式运作的城市轨道交通建设项目。

创新投融资理论既为北京地铁4号线项目解决了融资难题,也为政府节省了项目后期巨额的运营补贴费用。同政府全额投资相比,北京地铁4号线为政府节省了55亿元的地铁B部分投资,同时北京京港地铁有限公司还承担了4号线建设投资风险和2亿元的开通费用。此外,30年经营权内不但32亿元的更新改造费由北京京港地铁有限公司承担,相反北京京港地铁有限公司还向政府每年上交4 250万元租金。综合算来,4号线项目总体可节约政府财政支出100多亿元。从理论研究到模型设计,再到项目融资成功,直至项目最后建成投入运营,"PPP"融资模式实现了从概念引进到完成实践的全过程。

(4) 运营特点

一是将以公共交通为导向的开发(TOD)模式融入北京城市轨道交通运营。近年来北京经济快速发展,城市人口迅速增加,中心城市高密度开发,导致交通流量的过分集中,而北京郊区发展相对于中心区的总体城市化水平还比较低,仍处于集中型城市化阶段,导致了区域发展差异不断扩大,同时北京市土地资源紧缺给交通建设带来了困难,机动化进程加快,交通耗能加剧,给北京交通发展带来了很大的挑战。北京市通过以公共交通为导向的开发(TOD)模式对旧城空间结构进行优化,地铁在设计时考虑到与其他交通方式的合理配合,形成复合交通走廊,并注重加强新城和中心城市的紧密连接。在地铁网络覆盖密度较小的地段,通过发展地面公交提高公交系统的可达性,通过建立完善天桥系统和地下通道加强公共汽车站、交通枢纽与周围经济开发区的衔接,在提高乘客换乘安全性的同时为周边吸引客流。在解决了"最后一公里"的路程的同时,也带动了周边经济的发展。

二是轨道交通运营资产管理的创新与实践。北京轨道交通在原有基础上实现了对既有线路的财政补贴机制的创新,包括在北京市轨道交通既有线路运营补贴领域引入了激励性合约,通过基础补贴的严格核定和调整,避免成本加成合约中对企业运营成本预算的软约束,使政府补贴支出在补贴期内控制在合理的水平以及将补贴的期限确定为3年,并按照"当年预拨基础补贴额,次年清算兑现机制"的方式,各年基础补贴额当年下达,政府分享或负担的部分在次年补贴清算完成后据实兑现。

三是编制了北京轨道交通运营成本定额。为委托经营费的谈判奠定了坚实的基础。北京京投投资有限公司对既有线路的运营成本进行解剖，提出了一套成本指标体系，经过复杂的数据分析，建立了北京市轨道交通运营成本定额，将经营损益交通运营资产分开核算。

7. 上　海

(1) 概　况

上海地铁(Shanghai Metro)是服务中国上海市及其周边大都市圈的城市轨道交通系统，是世界范围内线路总长度最长的城市轨道交通系统，是国际地铁联盟的成员之一，其第一条线路上海地铁 1 号线于 1993 年 5 月 28 日正式运营，使上海成为中国大陆第三个开通运营地铁的城市。

截至 2018 年 12 月，上海地铁运营线路共 16 条，共设车站 415 座(含磁悬浮线 2 座)，运营里程共 705 km(含磁悬浮线 29 km)。截至 2018 年 12 月，上海地铁在建线路共有 4 条，分别为 10 号线二期工程、14 号线、15 号线和 18 号线，在建里程共 163.6 km。根据规划，上海市城市轨道交通 2030 年线网总长度约 1 642 km，其中地铁线 1 055 km，市域铁路 587 km。

截至 2019 年 6 月，上海地铁最高日客运量为 2019 年 3 月 8 日的 1 329.4 万人次。2019 年，上海地铁日均客运量 1 065.03 万人次，总客运量达到 38.8 亿人次。

(2) 运营管理

上海地铁的运营由上海申通地铁集团有限公司负责。上海申通地铁集团有限公司是一家融轨道交通投资、建设和运营管理为一体的大型企业公司，是上海轨道交通投资建设和运营的责任主体。

以网络建设为平台，上海申通地铁集团有限公司同时在投资、建设、运营、资源开发和专业咨询等五大领域不断形成核心竞争力与规模经营优势，推动上海轨道交通的可持续发展，将上海变成具有“国内领先、国际一流”城市轨道交通综合集成能力的城市。

来源：百度文库

【案例思考】

1. 各个城市的轨道交通网络化运营模式的优缺点是怎样的？
2. 香港和东京作为少数的地铁盈利城市，在网络化运营方面有什么值得借鉴的地方？

任务 8.1　城市轨道交通网络运营概述

城市轨道交通作为大运量的城市公共交通工具为市民所接受，始于运营线路的投用。但是任何一条运营线路所途经的城市区域毕竟是有限的，乘客群也相对地集中在该运营线路的周边区域，因此城市轨道交通在运营的初期，客流量并不很大。只有在城市轨道交通运营网络形成后，运营覆盖的城市区域得以扩大，安全、迅速地运送乘客的目标才能得以实现。

由数条基本覆盖城市区域的独立运营线路和实现不同线路间换乘的换乘车站，就构成了城市轨道交通的运营网络，其基本功能仍是运送乘客。城市轨道交通的建设需要投入巨额资金，在线路建设和线路运营的转换上，基本都是采取线路建设、逐条投用的形式，所以城市轨道交通运营网络一般都是在运营线路逐渐增加的基础上形成的。运营网络形成后，在管理上又会带来哪些变化呢？

8.1.1　运营网络的形成

城市轨道交通第一条运营线路的投用就标志着该城市已选择将轨道交通作为主要的公共交通工具。但是只有一条运营线路是难以满足市民出行需求的，只有在城市轨道交通形成运营网络后，才能真正成为城市公共交通系统中的骨干，成为市民出行的首选交通工具。

(1) 城市轨道交通运营网络的形成条件

城市轨道交通运营网络如何才算成型？一般认为，城市轨道交通运营网络形成的条件是必须同时满足以下两个条件：

① 三条以上独立运行的轨道交通线路。

② 各独立运行线路至少有一个以上与其他运行线路相连通的换乘车站。

城市轨道交通运营网络基本上都遵循单线运营——多线运营——网络化运营的形成发展模式。

(2) 城市轨道交通运营网络的形成模式

运营网络的形成并不意味着城市交通出行难题立即得到解决。轨道交通毕竟只是城市多种公共交通工具之一，经常选择轨道交通出行的市民一般有两种：运营线路周边的市民；需要到运营线路周边办事的市民。

当只有一条运营线路投运时，仅仅只是方便了该线路周边的居民。当第二条运营线路投运，并且可以与第一条运营线路换乘时，客流就有了新的变化。原来选择两条运营线路轨道交通出行的乘客基本不会变化的同时，另外新增了一批原先完全不会选择轨道交通、现在由于通过换乘可以抵达的换乘客流。在轨道交通第一条运营线路投运后，每增加一条运营线路就不再是两条线路客流的简单叠加，还新增了一批换乘乘客。网络包含的线路越多，市民可以选择的换乘线路也越多，换乘客流也就越大。

以上海地铁为例，2000 年时上海地铁仅有 1 号线与 2 号线两条运营线路投运，有 1 座换乘车站，总的日均客流量大约是 25 万人次，其中换乘客流量不足 1 万人次，占总客流量的比例不足 2%。到 2011 年时，已有 11 条运营线路投入运营，共 33 座换乘车站，有多种不同径的换乘方式，日均客流量已达 650 万人次，换乘客流量也超过 70 万人次，占总客流量的比例已超过 10%。到 2018 年 12 月止，已有 16 条运营线路投入运营，共 415 座换乘车站(含磁悬浮线 2 座)，日均客流量已达 1 015 万人次，换乘客流量已超过 340 万人次，占总客流量比例已超过 34%。

换乘客流的存在是城市轨道交通单线运营与网络化运营的最大区别，在客流组织方面，运营网络中的换乘客流组织也与单线运营的客流组织不同。

8.1.2 运营网络的效率

网络化运营的城市轨道交通系统为市民的出行提供了多种选择路径，轨道交通所具有的安全、快捷、准点和公益性票价等特点，也吸引了大批乘客选择轨道交通作为首选的出行交通工具，客流量的迅猛增加是城市轨道交通网络化运营的最大特点。但轨道交通毕竟只是城市公共交通的工具之一，不能完全替代城市中的其他交通工具。

(1) 运行线路和车站位置

轨道交通运行路线和车站的位置是固定的，具有不可变性。而城市的公交车辆虽然也有固定的行驶路线，但是公交车辆本身是具备变更运行线路能力的，在特殊情况下可以随时对运行线路进行调整。至于城市的出租车就更具有灵活的行驶路线，是其他城市公共交通工具所不可比的。在线路走向和车站设置的灵活性方面，城市轨道交通不及其他公共交通工具。

(2) 乘坐的方便性

城市轨道交通车站位置的不可变性必然造成乘客服从车站的乘车模式。即所谓“车站大门朝外开，需要乘车请进来”的“等待式”乘车形式。

城市公交车的站点位置是固定的，一般情况下也具有“等待式”乘车的特点，但是在特殊情况下，如深夜的末班车遇到需要乘车的乘客，即使不在车站站点，驾驶员也会停车让乘客上车；至于城市出租车就更具灵活性，属于招手就停车的“趋就性”服务。在方便性方面，城市轨道交通也不及其他公共交通工具。

(3) 路途用时

城市轨道交通独立封闭的运营体系确保列车运行不受外界干扰，具备了安全、快捷、准点的运营特点。其他的城市公共交通工具或多或少会受到地面交通的影响，即使是“城市快速”交通车也难以完全避免城市地面交通拥堵的影响，在安全、快捷、准点方面与轨道交通存在一定差距。在路途耗时方面，城市轨道交通优于其他公共交通工具。

8.1.3 运营网络的要求

城市轨道交通具有安全、快捷、准点和价格相对低廉的特点，但出入车站的方便程度和在高峰时段的乘坐舒适性相对差一些。城市公交车在乘坐的方便性上优于轨道交通，但低于出租车。在特定的时段，城市公交车乘坐的舒适度可能高于轨道交通，但低于出租车。在票价方面轨道交通相对低廉，公交车次之。城市出租车在乘坐方便性、舒适度、出行路径选择的自由度等方面均要优于其他城市公共交通工具，但在票价上也是最贵的。

上述这些区别使不同的城市公共交通工具拥有不同的乘客群，也使各类城市交通工具有了互相的不可替代性，各自服务于不同出行需求的市民。

城市居民每天乘坐各类交通工具出行的总量称为城市客流总量，是各类城市公共交通工具运载乘客数的总和。由于轨道交通、公交车和出租车是城市主要的三大类公共交通工具，它们各自的客运量在城市客流总量中所占的比例，就是它们各自在解决城市居民出行问题中所发挥的作用。其中，城市轨道交通运营网络承担至少 1/3 以上的城市出行客流总量。因此城市轨道交通运营网络在缓解城市交通拥堵方面起着重要的作用。

建立在多条独立运营线路基础上的城市轨道交通运营网络，拥有巨大的客流量，确保网络内各运营线路的正常运行和有效组织网络内乘客的安全有序流动，是对城市轨道交通运营网络管理的最大要求。

任务 8.2 城市轨道交通网络运营组织

城市轨道交通运营网络具有的两大特点是有多条独立运营的线路和巨大的客流量。这对网络运营的管理提出了要求。

8.2.1 网络运营组织管理机构成立的必要性

(1) 单线运营阶段

在城市轨道交通建设初期，运营线路并不多，各条运营线路通过各自的管理，企业的管理目标就能实现。例如，各运营线路的运营控制中心负责线路的行车组织管理，客运组织则由线路的运营管理部负责，就能完成线路客运任务。

在城市轨道交通的单线运营和多线运营阶段，运营网络尚未形成或处在形成初期，客流量和换乘客流都不太大，即使发生一些非正常运营事件，通过运营管理部的统一协调，基本都能得到解决，非正常运营事件造成的后果对乘客和社会的影响也还不十分明显。

(2) 运营网络形成阶段

随着城市轨道交通运营网络的日益完善，网络的客流量越来越大，轨道交通在市民的日常生活中的作用也越来越重要，乘客通过换乘可以在轨道交通运营网络各线路间流动，此时再有非正常运营事件发生，其影响就会相当大。在网络化运营中，由于换乘客流的存在，就会造成即使本线路的运营是正常的，但是因为其他线路的故障导致本线路的乘客不能实现换乘，从而影响本线路的客运组织和增加服务的工作量。

例如，换乘客流的滞留就需要强化车站的客流组织措施，网络内所有车站都需要将故障信息告知乘客，也增加了各车站的服务工作量。如果需要采取退票、封站等措施，则各车站的客运服务工作量还将大幅度地增加。网络化运营使运营故障的影响产生放大效应指的就是这种情况。

由于各条运营线路运营控制中心的行车组织管理不能超越本线路的范围，故其他运营线路的突发运营故障对本线路运营状况的影响是难以预先判断和预先准备的。有时甚至因为难以及时获取其他运营线路的故障信息，而连带的造成本线路运营的不正常。为此在城市轨道交通运营网络形成后，为保证网络运营的质量，就需要设立一个负责整个运营网络组织的专业行政管理机构——网络运营管理部门。

8.2.2 网络运营管理的内容

城市轨道交通的网络运营管理包含着两项主要内容：行车组织和客运组织。

1. 网络运营管理的客运组织

城市轨道交通的客流组织的目标就是组织乘客按照预先设定的路径有序流动。车站、线路和网络的客流组织各有侧重。网络运营管理的客运组织主要集中在以下两方面。

（1）通过网络运营组织减少对某个网络线路运营的影响

① 避免客流量的变化对其他公共交通工具的影响

轨道交通作为市民出行的重要交通工具，运营网络又承担着城市公共交通出行总量的1/3以上，其社会作用和影响力是十分巨大的。尤其是轨道交通的大运量特点，是其他城市公共交通工具所不具备的。因此出现非正常运营事件时，必然会产生影响范围较大的问题和后果。

以2010年2月22日的上海地铁2号线为例，当日2号线因为东延伸线路的“开通接驳”需要，将原2号线的张江车站终点站提前一站设于龙阳路站。龙阳路站至张江新站改由公交车免费接驳。由于公交车与地铁两种交通工具在载客量方面的差异，造成大批地铁乘客在龙阳路车站外滞留等候公交接驳车辆，给乘客出行带来不便的同时，也在社会上引起了较大的反响。

如果通过恰当的网络运营管理，便能正确预估当天在龙阳路站的客流量情况，然后根据预估的客流量来恰当安排前来接驳的公交车辆的数量和频率，就能避免此次事件的不良影响。

② 避免因列车误点带来全线路运行混乱

运行列车在车站的停留时间都要受列车运行图的制约，车站客流量越大，乘客上下车厢所需时间也越多，越有可能造成运行列车的误点。

城市轨道交通的运营特点决定了在线路上运行的列车是不能超车的。换言之，前方列车的误点必然会影响后续列车，最终造成整条线路上所有运行列车的集体误点，导致线路网络运行秩序的混乱。

如果通过恰当的网络运营管理，便能在短时间内迅速调整各线路运营车辆的运行时间，从而尽可能减少因个别列车误点所带来的全线路运行秩序的混乱。

（2）通过网络运营对动态客流进行运营组织

轨道交通运营因客流量超出运能而需要网络运营管理来进行客流组织和采取措施的情况

并不少见。例如,北京地铁由于网络线路的客流量的迅速增长,部分线路的运能跟不上乘客的出行需求,就只能采取高峰时段公布限流车站和限流时段,来进行局部限制客流,以保证整个网络线路的正常运营。

城市轨道交通在特定时间段客流量超出运能时,为了确保轨道交通运营网络的正常运营,只能采取限流措施。被限流的部分乘客只能选择其他形式的公共交通工具,这样不但给其他形式的公共交通工具造成压力,而且也造成了一定的社会影响。

从客流组织的角度来看,城市轨道交通的乘客主要集中在车站,各运营线路的客运管理部门很少直接面对乘客,网络管理层就更少会直接接触乘客,只要轨道交通网络系统各线路的列车运行是正常的,乘客借助轨道交通出行的目的就能实现。至于乘客对客运服务的不满意,可以通过车站、区域、线路等客流组织部门逐级解决,需要网络管理层解决的乘客服务方面的问题就属于少数疑难问题或网络层次问题,基本都属于咨询性或建议性的问题,企业可以设立服务热线或投诉热线,隶属于网络运营管理部门集中处理和接待乘客服务的业务。

网络运营管理部门的客运组织管理工作对网络行车组织的依赖度很高,只要整个运营系统的行车秩序是正常的,就不会产生太大的客流组织问题,余下的一些客运服务方面的管理,由服务热线进行处理即可。

2. 网络运营管理的行车组织

无论是为了减少网络客流组织的工作量,还是为了发挥网络运行效能,都需要加强对网络的行车组织管理,这也是网络运营管理层的中心任务。

(1) 网络运营控制中心的概念

城市轨道交通每一条运营线路都设有一个独立负责线路上列车运行的管理机构——线路运营控制中心,既然运营线路的控制中心负责各运营线路的运营管理,如果将运营网络中所有运营线路的控制中心集中在一起,就形成了集中的运营控制中心。网络运营管理部门正是通过网络运营控制中心(COCC)实现对网络内部行车和客运组织的业务管理。

网络运营控制中心是在城市轨道交通运营网络行车和客流量剧增的形势下,为加强运营网络的管理效率和提高轨道交通社会影响、加强与城市公共交通系统的沟通所必须设立的业务管理层。

城市轨道交通的网络运营控制中心建设往往滞后于线路运营控制中心的建设,这一点已被我国城市轨道交通建设的实践所证明。轨道交通网络发挥大客流运送乘客作用的前提是列车正常运行,列车正常运行又必须有精准的行车组织管理,而承担城市轨道交通运营网络行车组织的管理机构——网络运营控制中心,往往又建设与使用滞后,影响了网络效能的发挥。

(2) 网络运营控制中心的职能

城市轨道交通网络运营控制中心具有对内实施管理和对外联络协调的职能。

作为企业内部组织架构中的一级行政管理层,网络运营控制中心代表企业最高领导层实施对网络内行车组织的业务管理。

对外,网络运营控制中心代表城市轨道交通运营管理企业与外界开展有关客运管理业务的协调和联系工作。

城市轨道交通的运营网络已经成为城市轨道交通的重要管理工具,其运营质量涉及整个城市的交通。尤其在突发运营故障时,就更需要加强与企业外部的协调、取得外部的援助,此时就彰显了网络运营控制中心的重要作用。

任务8.3 城市轨道交通网络运营管理

城市轨道交通运营网络在突发运营故障时，除了要协调好企业内部的各项工作和业务外，同时需要加强与企业外部的协调、取得外部的援助，内外部共同努力才能顺利解决因突发故障所产生的问题和影响。

8.3.1 网络运营的内部管理

城市轨道交通运营管理企业作为管理组织，以实现安全、快捷运送乘客作为最高的企业目标。为了实现这个目标，企业的内部管理是极为重要的。城市轨道交通运营管理企业是直接面对广大乘客的公共服务体系，企业内唯一允许广大乘客集散的场所就是车站，企业制定的各项管理措施必然需要通过车站站长才能实施，这就形成了最基本的两级管理层次的组织构架。如果客流管理业务量过大便需要增设管理层采取三级管理层次的组织结构，网络内的行车组织和其他各项工作就由网络运营控制中心统一监管。

1. 管理层次和业务关系

轨道交通以线路为基本运行单元，线路较多时互相交叉就形成了运营网络。线路的多少和网络的大小决定着城市轨道交通运营企业的管理层次和业务关系。

(1) 管理层次

管理层次，就是在职权等级链上所设置的管理职位的级数。当组织的规模扩大导致管理工作量超出了一个人所能承担的范围时，管理者就必须委托他人来分担自己的一部分管理工作，增加管理层次，可见管理层次的设定主要取决于管理的工作量。

城市轨道交通运营管理企业的运管部直接负责管理运营线路上的十几座甚至几十座车站的客流组织工作，其管理的工作量显然较大，除非扩大管理部门的人员编制，否则其管理工作量将远远超出其所能承担的范围，于是需要采用区域化网络化的三级客流组织管理模式。

总之，运营网络客流组织的管理层次的设置是由客流组织的管理要求、管理难度以及客流量决定的。

(2) 业务关系

运营线路的区域化是指按照车站所处位置，将整条运营线路划分为包含若干车站的数个管理区域，各管理区域中的车站在客流组织的业务上服从区域管理者的统一领导。区域站长是区域的最高管理者。

① 两级管理模式的客流组织

运营线路的客运管理部门直接代表企业的最高管理者行使管理职权，负责整条运营线路的客流组织工作。在客流量不大的情况下，客运管理部门对客流组织的业务管理和指导可以直接下达到车站。

运营线路一般串联起十几座甚至几十座车站，尤其当不同的运营线路通过换乘车站联系起来时，这时各条线路交叉就形成了运营网络，客流组织的业务量就会大大增加，各车站在客流组织所需的运营资源配置的不足就会影响客流组织的成效。

管理层次少、管理成本相对较低是两级管理模式的长处，但在客流量增加时，管理幅度过大，造成管理效率下降是该模式的不足之处。

② 三级管理模式的客流组织

采用三级管理模式的企业，客运管理部门通过区域管理层实施运营线路的客流组织管理，即运管部只负责对区域站长的管理,区域站长负责区域内各车站的客流组织管理,从而使安全、快捷运送乘客的企业目标得以实现。

区域站长在客流组织业务上受客运管理部门领导,大大降低了客运管理部门的管理幅度,使客运管理部门更有效地摆脱琐碎的日常管理事务,能够在运营线路客流组织的整体大局上增大管理力度,提高运营线路客流组织的整体管理效果。

区域站长负责管辖区域内所有车站的客流组织工作,可以通过对各个车站站长的业务指导,使管辖区域内各车站的客流组织所需的运营资源实现区域内的合理调配,既解决了车站运营资源紧缺的燃眉之急,也提高了区域内运营资源的利用率。区域站长对各车站客运站长在业务上的指导,也有助于推广先进的客流组织经验和提高各车站的规范服务水平。

区域站长负责区域内的对外协调和联系任务,可以有效减少车站站长的工作内容,降低车站管理的幅度,有利于车站站长将管理重点落实到本车站客流组织方面,从而提高车站的服务质量。

运营线路三级管理模式在大客流和突发运营故障时,更能显示管理效果。

2. 界定管理幅度

当组织规模一定时,管理层次和管理幅度之间存在着一种反向的关系。管理幅度越大,管理层次就越少;反之,管理幅度越小,则管理层次就越多。

(1) 管理幅度与管理效率

管理幅度又称控制幅度或管理宽度,是指一名主管人所能够直接领导、指挥和监督的下级人员或下级部门的数量及范围。城市轨道交通车站的管理幅度就是指站长能够直接有效地管辖、指挥和监督的下属数量,所以管理幅度就是指在一个组织结构中,管理人员所能直接管理或控制的部属(即员工)的数目。管理者个人的精力是有限的,直接管理或控制的下属数量也是有限的,当超过这个限度时,管理的效率就会随之下降。因此,主管人员要想有效地领导下属,就必须认真考虑究竟能直接管辖多少下属,即管理幅度问题。

如果由城市轨道交通运营管理企业直接管理线路所属各座车站,意味着企业的客运管理部门将直接管理线路上十几座甚至几十座车站,这无论在管理幅度上还是在管理难度方面显然都存在着不合理性。

(2) 管理层的控制幅度

法国管理学家格兰丘纳斯(V. A. Graicunas)指出,当增加一个下属时,直接单独联系的数量按算术级数增加,而相应的联系总数,由于加上直接团体联系和交叉联系,是按指数比例增加的,因此,格兰丘纳斯认为,为了实现有效的管理,管理者对下属的控制幅度应限制在至多5人,最好4人以内的范围。

城市轨道交通运营线路往往由十几座甚至几十座车站组成,究竟将其划分成几个管理区域较为合适,并无定论,可以从影响运营管理幅度的因素进行综合考虑。由客运管理部门直接管理十几座车站的客流组织工作显然不符合上述管理学家建议的控制幅度。在运营线路投运初期,客流量不大,客运管理部门直接管理车站客流组织的任务还能勉强完成,但是在客流量增大或运营线路上发生意外故障时,仅靠客运管理部门的直接管理就难以胜任,就需要增加管理层次,降低客运管理部门的管理幅度,由此就推出了增设区域管理层的三级管理模式。

客运管理部门直接管理各区域站长,有效降低了运管部的管理幅度。区域站长负责对车站客流组织的管理,也能有效应对大客流发生时的客流组织任务。

(3) 管理幅度的影响因素

组织结构中各管理层的管理幅度虽然是有限的,但是各管理层的有效管理幅度并不存在一个普遍适用的、固定的具体人数。各级管理层配置人数的多寡取决于若干基本变量,也就是影响管理幅度的因素。影响管理幅度的因素主要有:计划制定的完善程度、工作任务的复杂程度、企业员工的经验和知识水平、完成工作任务需要的协调程度、企业信息沟通渠道的状况等。

因此,由两级管理模式向三级管理模式转变时,在区域的划分时,应当考虑可能影响管理幅度的因素。

(4) 运营网络客流组织的影响因素

上述这些影响管理幅度的因素同样也会影响城市轨道交通运营网络客流组织的效率。企业应当充分考虑这些影响因素,合理规定各级管理层的管理幅度。以客运管理部门、区域、车站的三级管理模式为例要充分考虑以下这些因素:

① 计划制定的完善程度

城市轨道交通运营线路由客运管理部门负责制定的列车运行图是区域管理层和车站的工作依据,区域管理层和车站据此制定各自的客流组织计划。列车在按图运行的过程中,需要得到各车站的配合。区域管理层应确保运行列车在途经本区域时,不因区域内客流组织的因素而影响列车的正常运行,而各座车站只要负责途经本车站的列车。

客运管理部门制定的运行图是否合理,各车站的停站时间是否能满足乘客乘降的需求,往往直接影响运行列车的准点率,进而影响安全运送乘客的企业目标实现。运营计划有时会因专业保障设备的影响进行变更或调整。随时可能发生的运营计划变化也必然会影响各级运营组织的管理幅度,客运管理部门和区域管理层在制定计划时应当考虑车站的实际情况,计划应具有可操作性。

② 工作任务的复杂程度

如果管理人员经常面临的任务较复杂,解决起来较困难,并对企业活动具有较大影响,则其直接管辖的人数不宜过多;反之,就可增大管理幅度。

各车站接待的乘客人数并不相同,高峰客流发生的时间也不完全一致,影响城市轨道交通正常运营的因素又较多,这些都会影响运营组织的管理幅度。

以乘客投诉的处理为例,伴随着客流量的增加,乘客投诉的数量也会相应增加。在两级管理模式的情况下,当投诉的数量超出车站的接待能力时,就只能交由客运管理部门处理,整条运营线路几十座车站要求客运管理部门处理的投诉量也是一个不小的数量,这在无形之中增加了客运管理部门的工作量和工作幅度。采用三级管理模式,区域管理层承担了相当一部分客运管理部门和车站的管理业务,有效降低了其他管理层次的管理幅度。

③ 员工的经验和知识水平

如果管理人员的自身素质较好,管理经验丰富,在不降低效率的前提下,就可适当增加其工作量,加大管理幅度。同样,如果下属人员训练有素,工作自觉性高,也可采用较大的管理幅度,让他们在更大程度上实行自主管理,发挥创造性。

轨道交通车站具有多工种、多专业的特点,管理者在专业知识方面和管理经验方面难免会存在不足,必然会影响运营组织的管理幅度。

车站客流量增加、车站服务工作量也增加,因此,工作之余用于学习业务知识时间的减少也可能会影响员工能力的提升。区域管理层可以从区域内的车站管理中,总结先进的管理经验,然后在其他车站推广就可以有效提高员工的知识和业务水平。

④ 完成工作任务需要的协调程度

工作任务要求各部门或一个部门内部需要协调的程度高,则应减小管理幅度,以较为高耸的组织结构为宜。

城市轨道交通的多专业、多工种特点更要求有一个区域性的管理机构对车站的客流组织进行统筹协调。采用区域化管理模式后，区域内各车站的对外协调工作，可以委托区域管理层办理，既提高了协调工作的效率，也减小了车站站长的管理幅度，有利于车站服务质量的提高。

⑤ 企业信息沟通渠道的状况

沟通渠道畅通，通信手段先进，信息传递及时，可适当加大管理幅度。

城市轨道交通车站都配有较先进的通信联络和信息传递手段，在信息传递方面基本不存在困难，因此可以适当加大管理幅度。

城市轨道交通客流组织的质量受外界影响的因素较多，车站各岗位对专业技术的要求不尽相同，完成客流组织又有较高的协调要求，因此这些都要由畅通的信息交换渠道来保障。城市轨道交通运营管理企业具有信息传递设备先进的特点，信息传递的迅速有利于区域化管理模式的推行。即客运管理部门只对几位区域站长实施管理，而不直接管理运营线路上的各车站，各车站则由区域站长进行管理。

运营网络的客流组织管理由于涉及面广、管理内容烦琐，采用企业客运管理部门、区域、车站的三级管理模式，更符合城市轨道交通客流组织的实际要求。尤其在城市轨道交通运营网络趋于不断发展的形势下，这种客流组织的三级管理模式应该更能满足城市轨道交通运营网络的发展要求。

3. 网络运营控制中心组织模式

城市轨道交通在发展和建设过程中，一般都是先建设运营线路的运营控制中心，当城市轨道交通的运营网络初步形成后，由于巨大的网络客流量和对网络行车组织管理的需要，就有了建设网络运营控制中心的需求。

网络运营控制中心的两大管理特点和各线路都已建有运营控制中心的客观现状，就促使了网络运营控制中心在组织管理上的两种模式的形成。

(1) 新建网络运营控制中心的集中监控模式

① 优点

设立专供网络运营控制中心使用的建筑，该建筑除能容纳网络内所有线路的运营控制中心之外，还要为规划中尚未投运的线路预留场地。

由于网络内各线路的运营控制中心都聚集在一起，便于网络运营控制中心对网络行车的状况集中监督，因此对线路的具体行车组织工作，则仍由各线路控制中心负责。

集中监控网络运营组织的管理模式具有管理效率高、信息传递迅速、信息失真小、准确度高、便于及时进行内外部的协调、客流组织能迅速地采取应对措施等优点。

集中监控网络运营组织的管理模式在突发运营故障，影响网络客流组织的情况下更能显示出集中监控的长处。

② 缺点

新建网络运营控制中心的集中管理模式也造成新建所需的投入成本较高、各运营线路原运营控制中心功能被废弃等缺点。虽然可以采用将各线原运营控制中心作为备份，在线路运营控制中心突发故障时及时替用的利用方案，但是平时的维修保养及备份启用的概率极低的实际情况，也使备份方案显得有些得不偿失。

(2) 分散控制集中监督模式

考虑到网络内各线路已建有运营控制中心的现状，且网络运营控制中心只需要对网络行车组织起监督作用，并不需要具体实施控制的管理要求，网络运营控制中心的建设还可以采用另一种管理模式——分散控制集中监督模式。

该模式充分利用了管理要求信息化传递的特点，将传送到各线路运营控制中心的全部信息分出一路，同步传送到新建的网络运营控制中心所在地，就能满足网络运营控制中心对各运营线路行车组织状况的监督要求。

由于沿用了控制中心对运营线路行车组织的控制，不但可以保留和利用现有的线路运营控制中心，又满足了网络运营控制中心的管理要求，还可以大大降低网络运营控制中心的建设成本。

网络内各运营线路的控制中心是与该运营线路同步建设的，各线路的运营控制中心并不在一起，网络内各线路运营控制中心处于相对分散的位置，由于保留了线路运营控制中心对线路行车组织的控制功能，所以这种管理模式就被称为沿用各线路运营控制中心的分散控制、集中监督的网络运营控制中心。

网络运营控制中心与各线路之间的信息传递采用通信联络的方法，为防止信息传递不及时或信息传递失真的情况发生，必须提高工作人员的个人素质和加强调度人员的工作责任感，强化对各级行车组织和客流组织人员的制度管理措施。

分散控制、集中监督的网络运营控制中心模式具有投资小、占地少、见效快、符合国情等特点，对其他正在筹建网络运营控制中心的城市具有较大的参考价值。

8.3.2 网络运营的外部管理

作为城市公共交通的重要形式，轨道交通在解决城市居民出行难的问题方面起着十分重要的作用。具体表现在城市轨道交通运营网络客流量的庞大。庞大的客流数量说明有大量的市民依赖城市轨道交通出行。然而，这种依赖又产生了问题，就是一旦发生意外事件造成城市轨道交通运营网络的非正常运营的时候，势必会给整个城市的交通带来巨大的影响。

为了将轨道交通运营网络在发生非正常运营事件时的社会影响降到最小，城市轨道交通运营管理企业都会制定相应的应急预案。但是应急预案并不能防止事故的发生。应急预案的作用仅仅是在事故处理的过程中能做到应对自如、有条不紊以及降低事故的影响。而与外界加强联系，依靠外界各种系统的运行，才可以预防许多事故的发生。

同时，城市轨道交通的社会性也决定了运营网络必然要与外界保持十分紧密的联系，通过这些联系，能够让乘客服从管理，也能为乘客提供更好的服务。城市轨道交通的对外协调和联系工作就是由网络运营部门承担，其中涉及网络行车组织业务的可以由网络运营控制中心承担。

1. 正常运营时的对外联络

城市轨道交通运营网络包含了多条运营线路，各运营线路每日的客流量都是不相同的，由此就产生了大量的运营数据，例如，各运营线路日客流量、各换乘车站的客流量、各运营线路的高峰时间及高峰客流、各保障专业的设备故障率、各条运营线路的票款收入等。这些数据对于外部的很多组织都是十分有意义的，如城市规划、城市交通管理、轨道交通设计等单位。因此，在正常运营时，城市轨道交通内外部的组织都需要进行信息交换来进行本组织的管理。

城市轨道交通运营管理部门承担的对外业务包括：接待乘客问询和投诉、处理其他单位的业务咨询以及贯彻上级行政主管部门的管理要求。

（1）接待乘客咨询、投诉和建议

在我国，城市轨道交通还是一个比较新的行业，市民在享受轨道交通所带来的出行便捷的同时，还会产生许多疑问和要求。目前的城市轨道交通运营系统对乘客的咨询、投诉分成四个接待层次：车站、区域管理层、运营线路客运管理部门、网络运营管理部门。经过车站、区域、线路的三级筛选，乘客咨询、投诉的数量已经不大，完全可以交由服务热线来处理。如果这些需要处理的业务，涉及网络运营的范围，尤其当乘客的问询并不具体针对某条运营线路时，由服务热线负责处理也较为合适。

例如，某条尚在建设中的轨道交通线路何时能开通运营？城市的某个地区何时能开通地铁？某条建设中的地铁的走向、车站数、车站位置等。由于这些与市民乘坐轨道交通出行有关的问题并不涉及目前运营网络中的任何一条运营线路，服务热线可以通过行业内部途径了解后予以解答。

（2）处理其他单位的业务咨询

其他单位咨询业务是指轨道交通运营管理企业外部各级企事业单位的咨询、请求或业务联系。

例如，某座车站周边的工程施工可能影响车站的某出入口，请求轨道交通运营管理企业配合调整客流出行路径；某设计单位请求提供运营数据；某商业单位在某日举办大型促销活动，需要取得轨道交通运营管理企业支持，做好客流引导等。

一般而言，其他单位与城市轨道交通运营管理企业的业务联系包括双方协商、请求配合、请求支援等，带有协调性质，不具有强制性。

（3）贯彻上级行政主管部门的要求

城市轨道交通运营网络形成后，其城市公共交通的骨干作用就开始显现，轨道交通运营业务也必然会纳入政府行政部门的管理范围，一般由该城市的交通局在业务上实施监管。城市交通局对轨道交通的运营管理实行的也只是监督，政府下达的是宏观指令，具体的实施则由轨道交通运营管理企业自行制定和执行。

代表企业接受上级行政主管部门对轨道交通运营要求的一般也是网络运营管理部门。即使由于管理渠道的不同，上级指令经由其部门下达到企业，凡有关轨道交通运营的业务，最终还是由网络运营管理部门负责。

例如，在2010年上海世博会期间，根据上海市政府的要求，将尚未全线贯通运营的地铁13号线中穿越世博会场馆的三站两区间临时启用，网络运营管理部门就根据要求，编制了13号线的临时运行图，完成了市政府的要求。

城市轨道交通上级行政主管部门的要求一般都具有强制性、时效性，涉及单位、部门较多，也是检验网络运营管理部门实际能力的试金石。

2. 非正常运营时的对外联络和协调

城市轨道交通发生非正常运营时，一般都具有较大的社会影响，需要与各相关单位协调，获得他们的协助。

（1）非正常运营引发的车站客流秩序混乱

运营设备故障、突发的大客流、乘客自伤自残等是常见的引发城市轨道交通不能正常运营的因素。城市轨道一旦发生非正常运营后，首先涉及的是广大乘客。网络化运营所带来的巨大客流在此时更增加了客流组织的难度，需要得到各方的协助。

✍ 阅读资料

几起非正常运营案例

案例一：由车站服务设备故障造成的非正常运营事件

2011年7月5日9时36分，北京地铁4号线动物园站A出口上行自动扶梯发生故障，致

29名乘客受伤,1人死亡。受伤乘客立即被送往医院救治,其中2人伤势较重、其余乘客均无生命危险。这就是由车站服务设备发生故障引起的非正常运营事件。

案例二:由运营保障专业的设备故障造成的非正常运营事件

广州地铁在2012年2月15日至2月18日,连续发生运营保障设备故障,车站采取如下几项应急客流组织措施。

① 2012年2月15日20时25分,广州地铁8号线凤凰新村站道岔故障,列车延误时间1个多小时,启动清客退票的应急措施。

② 2012年2月16日14时,广州地铁8号线凤凰新村站因道岔故障无法正常运行被迫清客,停运35 min,启动清客退票的应急措施。

③ 2012年2月18日14时,广州地铁8号线凤凰新村站再次因道岔故障无法正常运行,停车15 min后清客。

案例三:由乘客自残造成的非正常运营事件

2006年10月18日14时40分左右,北京地铁2号线驶入崇文门地铁站,一名男子突然大吼一声纵身跃入轨道。男子当场被列车撞死,地铁2号线内环停运近50 min。崇文门站只有西南出口允许乘客进入,其余3个出口均被封锁,站内东侧平台拉上警戒线,列车停在出事现场,只有一节车厢进入站内,多名民警在现场勘查。

(2) 网络运营控制中心常用的对外联络协同业务

由于轨道交通运营网络的客流量巨大,一旦发生非正常运营,首先打乱了轨道交通的正常客流秩序。轨道交通车站又是公共场所,拥堵的客流非常容易引发乘客人身伤害事件,后果也会非常严重。这时就需要获得相关部门的协助。网络运营控制中心常用的对外联络部门有上级政府行政管理部门、公安部门、医疗救护部门等,遇有火警还要及时联系消防部门。

① 上级政府行政管理部门

城市公共交通是城市交通的重要组成部分。城市公共交通对城市政治、经济、文化教育、科学技术等方面的发展影响极大,也是城市建设的一个重要方面。城市轨道交通运营网络的客流量越大,就越能说明其在城市公共交通中的骨干作用,这就必然要纳入政府的管理范围。城市轨道交通在行政上接受市政府交通局的管理。

为了掌握城市轨道交通的运营情况,就需要网络运营控制中心随时向交通局报送信息、数据和报表。在正常情况下,这些材料将按计划和需要来进行报送。当网络运营发生非正常运营状况时,网络运营控制中心除了必须及时将相关信息报告给交通局,以便政府采取相应的对策外,还需要获得来自政府的帮助,以减小非正常运营对社会的影响。

城市轨道交通运营网络与城市交通管理部门有着十分密切的业务联系,既要随时将网络运营的状况上报备案,又要在需要时取得政府的帮助。

② 公安部门

城市轨道交通运营管理企业与城市公安部门的关系也十分密切。公安部门与轨道交通运营管理单位的业务联系可以分为交通管理与治安管理两类。

城市轨道交通系统虽然具有独立的封闭运行环境,但是出入轨道交通车站的客流会对地面交通产生影响,能否确保轨道交通车站出入口乘客流动的顺畅,将直接关系车站的客流组织。因此,当发生大客流或车站客流组织采取限流措施时,就会有大批乘客聚集在车站出入口,这时就需要公安交通部门来协助维持秩序,进行交通管理。

城市轨道交通作为公共交通工具,车站就必然对全社会开放,因而车站也就成为公共场所。一旦在车站发生聚众闹事、盗窃、斗殴等涉及治安管理的问题,为了防止事态过大,从而影响网络运营的正常秩序，网络运营控制中心必然需要联络公安部门来协助治理，进行治安管理。

③ 医疗救护部门

城市轨道交通乘客具有广泛的社会性，庞大的乘客群中不乏老、弱、病、残、孕等乘客，这类乘客随时都可能会身体不适。车站服务员并不具备专业救护知识，因此必须取得医疗救护部门的帮助。

尤其在车站突发群体性乘客伤亡事件时，就更需要与医疗救护部门联系，尽快救治车站受伤乘客。

④ 消防部门

虽然城市轨道交通车站都安装有火灾报警系统（FAS）和智能楼宇管理系统（BAS），但是轨道交通车站发生火灾对人员和财产的损害是十分巨大的。城市轨道交通系统内任何地方发生火灾，城市轨道交通各级人员都应当在获知信息后，第一时间与消防部门联系，最大程度地减少火灾损失。

⑤ 其他需要协调的单位

以上仅是网络运营控制中心应该熟知和常用的对外联系协调单位，由于城市轨道交通运营涉及面广，需要协调的单位多，还会有一些其他单位需要网络运营控制中心出面联系，例如新闻单位、媒体记者等。

课后练习题

一、单项选择题

1. 一般认为，城市轨道交通运营网络至少有（　　）条独立运行的轨道交通线路。
   A. 1　　B. 2　　C. 3　　D. 4
2. 在车站设置的灵活性上，最不具备优势的是（　　）。
   A. 公交车　　B. 出租车　　C. 地铁
3. 在准点方面，最具备优势的是（　　）。
   A. 公交车　　B. 出租车　　C. 地铁
4. 管理幅度就是指在一个组织结构中，管理人员所能直接管理或控制的（　　）数目。
   A. 工作　　B. 项目　　C. 机器　　D. 部属（即员工）
5. 当组织规模一定时，管理层次和管理幅度之间存在着一种（　　）的关系。
   A. 正向　　B. 反向　　C. 相对　　D. 相等

二、简答题

1. 运营网络的管理幅度是怎样确定的？
2. 非正常运营时的对外联络包含哪些内容？

三、综合实训

1. 查看资料，了解和学习线路较多的城市轨道交通运营网络的行车组织。
2. 假设在一个三条线路换乘的站点发生车站设备故障，请模拟此种情境下的客流组织。

项目 9　城市轨道交通安全管理

☞ 学习目标

了解安全管理理论，掌握安全相关的基本概念；了解危险源的类别，具备危险源的认知能力；掌握城市轨道交通的主要危险有害因素的分析方法，了解轨道交通运营管理中的风险因素，了解风险评价的方法，具备风险评价的能力，了解城市轨道交通运营安全的技术管理内容。

☞ 重点和难点

安全管理理论；危险源辨识；城市轨道交通的主要危险有害因素的分析；城市轨道交通运营安全的技术管理。

☞ 导入案例

【案例 9.1】

韩国大邱地铁纵火案

2003 年 2 月 18 日上午 9 时 55 分左右，韩国东部著名的纺织服装城市大邱市，第 1079 号地铁列车上乘坐的大部分是老人和孩子。他们或翻看手中的书报，或闭目养神，车厢里显得非常安静。

然而，列车刚在市中心的中央路车站停住，第 3 节车厢里一名 56 岁的男子就从黑色的手提包里取出一个装满易燃物的绿色塑料罐，并拿出打火机试图点燃。车内的几名乘客立即上前阻止，但这名男子却摆脱阻拦，把塑料罐内的易燃物洒到座椅上，并点燃塑料罐抛到座椅上。顿时，整节车厢燃起了大火，并冒出浓烟。3 号车厢起火后，火势转眼之间就燃烧到整列 6 节车厢。

更不幸的是，对面的列车也驶进了车站，火势又迅速蔓延到那列列车的 6 节车厢。两列列车起火燃烧了起来，车站的电力系统立刻自动断电，站内一片漆黑，600 多名乘客立即陷入极度恐慌。四周火势凶猛，浓烟弥漫，万分震惊的乘客争相逃离这一人间地狱。然而，由于电源突然中断，许多地铁车厢门根本打不开，加上地铁车窗的玻璃十分坚固，所以不少乘客被活活困在没有自动灭火装置的车厢里，最终被烧死或因浓烟窒息而死。

几分钟之内，浓浓的黑烟从地铁的各个通风口滚滚而出直冲蓝天，不知就里的行人和司机被满街的浓烟惊得目瞪口呆，加上交警立即封锁了主要交通干道为火速赶来的消防车和救护车辟出专用车道，以至于整个大邱市的交通陷入了一片混乱之中。

事故发生后，大邱市派出 3 000 多人和 66 辆消防车、数辆救护车进行扑救，但由于地铁车站现场浓烟笼罩和高温，抢救工作遇到了极大困难。经过 3 个多小时的战斗，人们才控制住了地铁隧道内的火势，抢救出来 140 多名乘客，并紧急送到附近各大医院。

当地电视台播放的画面显示，滚滚黑烟不断从起火的中央路地铁站冒出，烟雾飘散到大街上，并迅速在市中心弥漫开来。佩戴呼吸器、身穿橙色消防服的消防人员用担架往外运送伤员，浓重的黑烟使他们步履蹒跚。

抢救中消防队员们抬出来 31 具尸体，但在灭火后救援人员又在车厢里发现了近百具尸体，有的遇害者烧得只剩下骨架了，现场惨不忍睹。

这次火灾是历史上最大的恶性地铁纵火案。韩国总统金大中19日宣布大邱市地铁火灾地区为“特别灾区”。韩国建设交通部和大邱市分别成立了“事故对策本部”，并决定，除抚恤金和保险补偿金外，将向每位死者的家属提供3 300美元的丧葬费和其他费用，受伤者在治疗期间每天可得到250美元的补助。根据韩国法律，若被确定为“特别灾区”，还将享受财政和税收方面的优惠，同时得到政府的重新安置财政拨款。

大邱的这场纵火案不仅震惊韩国上下，也引起了世界各国的警惕，因为大火烧出了地铁安全的问题。作为城市交通骨干的地铁是衡量城市先进与发达的重要指标，使用起来十分方便。不过，一旦发生事故的话，安全是个大问题。

随着中国城市化进程的飞速发展和机动车数量的迅猛增长，乘坐地铁像巴黎人一样出行，已成为各大城市市民的新梦想。韩国大邱地铁纵火案，给地铁热持续“发烧”的中国同样带来了震撼，所有有地铁的城市都开始了对地铁安全的反思。各地铁公司在纷纷出面安定人心的同时，明显加强了地铁消防安全管理工作。

来源：百度文库

【案例思考】

1. 这场纵火案造成如此严重后果的原因有哪些？
2. 这场纵火案带给我们哪些反思？

任务9.1　城市轨道交通安全管理概述

城市轨道交通因其具有安全、快速、舒适、环保、运量大的特点，因而被现代化大城市广泛采用。城市轨道交通的迅速发展，对改善群众出行条件、解决城市交通拥堵、节约土地资源、促进节能减排、推进产业升级换代、引导城市布局调整和推动城市经济发展起到了积极的促进作用。城市轨道交通本身的特点，决定了城市轨道交通运营必须把安全放在首要位置。

9.1.1　现代安全生产管理理论

1. 安全管理生产发展史

安全管理的发展随着安全科学技术的发展而发展，随着人类安全观念的转变而转变。

早期的安全管理主要是事后管理，人们仅围绕事故本身做文章，常常利用传统的行政手段、经济手段以及常规的监督检查，在事故发生后才开始进行相应的工作。系统安全工程原理和方法的出现，使安全生产管理的内容、方法和原理都有了很大的拓展。

现代生产安全管理的理论、方法、模式是20世纪50年代被引进我国的。在20世纪60—70年代，我国开始研究事故致因理论、事故预防理论和现代安全生产管理思想。20世纪80—90年代，开始研究企业安全生产风险评价、危险源辨识和监控，一些企业管理者开始尝试安全生产风险管理。20世纪末，我国几乎与世界工业化国家同步研究并推行了职业健康安全管理体系。进入21世纪以来，我国有些学者提出了系统化的企业安全生产风险管理理论，认为企业安全生产管理是风险管理，管理的内容包括风险源辨识、风险评价、危险预警与监测管理、事故预防与风险控制管理以及应急管理等。该理论将现代风险管理完全融入安全生产管理之中。

2. 事故致因理论

(1) 海因里希因果连锁理论

① 概　念

1931 年，美国的海因里希(Herbert William Heinrich)在《工业事故预防》(Industrial Accident Prevention)一书中，阐述了工业安全理论，该书的主要内容之一就是论述了事故发生的因果连锁理论，后人称其为海因里希因果连锁理论。

海因里希因果连锁理论又称“海因里希安全法则”或“海因里希事故法则”，是美国著名安全工程师海因里希提出的 1∶29∶300 法则。当时，海因里希统计了 55 万件机械事故，其中死亡、重伤事故 1 666 件，轻伤 48 334 件，其余则为无伤害事故。从而得出一个结论，即在机械事故中，死亡、重伤、轻伤和无伤害事故的比例为 1∶29∶300，国际上把这一法则叫事故法则。“海因里希法则”是通过分析工伤事故的发生概率，为保险公司的经营提出的法则，这一法则也完全可以用于企业的安全管理上，即在一件重大的事故背后必有 29 件轻度的事故，还有 300 件潜在的隐患。对于不同的生产过程，不同类型的事故，上述比例关系不一定完全相同，但这个规律说明了在进行同一项活动中，无数次意外事件，必然导致重大伤亡事故的发生。而要防止重大事故的发生必须减少和消除无伤害事故，要重视事故的苗头和未遂事故。如果对潜在性事故毫无察觉，或是麻木不仁，终将酿成大祸或无法挽回的损失。

海因里希把工业伤害事故的发生发展过程描述为具有一定因果关系事件的连锁，即人员伤亡的发生是事故的结果，事故的发生原因是人的不安全行为或物的不安全状态，人的不安全行为或物的不安全状态是由于人的缺点造成的，人的缺点是由于不良环境诱发或者是由先天的遗传因素造成的。

② 因　素

海因里希将事故因果连锁过程概括为以下 5 个因素：遗传及社会环境、人的缺点、人的不安全行为或物的不安全状态、事故、伤害。海因里希用多米诺骨牌来形象地描述这种事故因果连锁关系。在多米诺骨牌系列中，一颗骨牌被碰倒了，则将发生连锁反应，其余的几颗骨牌相继被碰倒。如果移去中间的一颗骨牌，则连锁被破坏，事故过程被中止。他认为，企业安全工作的中心就是防止人的不安全行为，消除机械的或物的不安全状态，中断事故连锁的进程而避免事故的发生。

事故因果连锁中一个最重要的因素是管理。大多数企业，由于各种原因，完全依靠工程技术上的改进来预防事故是不现实的，需要完善的安全管理工作，才能防止事故的发生。如果管理上出现欠缺，就会使得导致事故基本原因的出现。

③ 结　论

许多企业在对安全事故的认识和态度上普遍存在一个“误区”：只重视对事故本身进行总结，甚至会按照总结得出的结论“有针对性”地开展安全大检查，却往往忽视了对事故征兆和事故苗头进行排查；而那些未被发现的征兆与苗头，就成为下一次事故的隐患。长此以往，安全事故的发生就呈现出“连锁反应”。一些企业发生安全事故，甚至重大特大安全事故接连发生，问题就出在对事故征兆和事故苗头的忽视上。

海因里希法则阐明了事故发生频率与伤害严重程度之间的普遍规律，即一般情况下，事故发生后造成严重伤害的可能性很小，大量发生的是轻微伤害或无伤害，这也是人们为什么忽略安全问题的主要原因之一。

(2) 能量意外释放安全理论

① 概　念

1961年,吉布森(Gibson)提出事故是一种不正常的或不希望的能量释放,各种形式的能量是构成伤害的直接原因。因此,应该通过控制能量或控制能量达及人体媒介的能量载体来预防伤害事故。1966年,哈登(Haddon)完善了能量意外释放理论,提出"人受伤害的原因只能是某种能量的转移",并提出了能量逆流于人体造成伤害的分类方法,将伤害分为两类:第一类伤害是由于施加了超过局部或全身性损伤阈值的能量引起的;第二类伤害是由于影响了局部或全身性能量交换引起的,主要指中毒窒息和冻伤。

② 原　因

能量在生产过程中是不可缺少的,人类利用能量做功以实现生产目的。人类为了利用能量做功,必须控制能量。在正常生产过程中,能量受到种种约束和限制,按照人们的意志流动、转换和做功。如果由于某种原因,能量失去了控制,超越了人们设置的约束或限制而意外地逸出或释放,必然造成事故。如果失去控制的、意外释放的能量达及人体,并且能量的作用超过了人们的承受能力,人体必将受到伤害。根据能量意外释放理论,伤害事故原因是:第一,接触了超过机体组织(或结构)抵抗力的某种形式的过量的能量;第二,有机体与周围环境的正常能量交换受到了干扰(如窒息、淹溺等)。因而,各种形式的能量是构成伤害的直接原因,同时,也常常通过控制能量,或控制达及人体媒介的能量载体来预防伤害事故。

③ 结　论

哈登认为,在一定条件下,某种形式的能量能否造成人员伤亡事故的伤害,取决于能量的大小、接触能量时间的长短和频率以及力的集中程度。根据能量意外释放理论,可以利用各种屏蔽来防止意外的能量转移,从而防止事故的发生。

(3) 系统安全理论

系统安全是指在系统生命周期内应用系统安全工程和系统安全管理方法,辨识系统中的危险源,并采取有效的控制措施使其危险性最小,从而使系统在规定的性能、时间和成本范围内达到最佳的安全程度。

系统安全理论认为,研究事故原因需运用系统论、控制论和信息论的方法,探索人-机-环境之间的相互作用、反馈和调整,辨识事故将要发生时系统的状态特性,特别是与人的感觉、记忆、理解和行为响应等有关的过程特性,从而分清事故的主次原因,使事故预防更为有效。

该理论包含许多区别于传统安全理论的创新:

① 在事故致因理论方面,改变了人们只注重操作人员的不安全行为,而忽略硬件故障在事故致因理论中所起作用的传统观念,开始考虑如何通过改善物的系统可靠性来提高复杂系统的安全性,从而避免事故。

② 没有任何一种事物是绝对安全的,任何事物中都潜伏着危险因素。

③ 不可能根除一切危险源,但可以减少现有危险源的危险性。

④ 由于人的认识能力有限,有时不能完全认识危险源及其风险。即使认识了现有的危险源,随着生产技术的发展,新技术、新工艺、新材料和新能源的出现,又会产生新的危险源。

9.1.2　城市轨道交通运营安全管理的内容

安全管理的范畴包括安全生产和劳动保护两大方面。

安全管理的主要内容是为贯彻执行国家安全生产的方针、政策、法律和法规,确保生产过程中的安全而采取的一系列组织措施。例如建立健全的安全组织机构,制定和完善安全管理制度，编制和实施安全技术措施计划，进行安全宣传教育，组织安全检查，开展安全竞赛以及总结评比，奖励、处分等。

安全管理的基本任务是发现、分析和消除生产过程中的各种危险，防止发生事故和职业病，避免各种损失，保障员工的安全健康，从而推动企业生产的顺利发展，为提高经济效益和社会效益服务。

安全管理的目标是减少和控制危害，减少和控制事故，尽量避免生产过程由于事故所造成的人身伤害、财产损失、环境污染以及其他损失。

1. 安全相关的基本概念和相互关系

(1) 安　全

安全是指生产和管理活动中，能将人或物的损失控制在可接受水平的状态。换言之，不管事故是否发生，只要人或物的损失是在人们可以接受的范围之内，就称之为安全的，反之为不安全。按人们对安全的认知历程，安全分为绝对安全和相对安全。

① 绝对安全

绝对安全是人们较早时期对安全的认知，目前仍然有一部分现场生产管理人员和科技工作者有此认识。绝对安全观认为，安全指没有危险、不受威胁、不出事故，即消除能导致人员伤害、发生疾病、死亡，或造成设备财产破坏、损失以及危害环境的条件。无危则安，无损则全。例如，在《简明牛津词典》中，安全被定义为“不存在危险和风险”。有的学者认为，安全是“免于引起人员伤亡或财产损失的条件”“安全意味着系统不会引起事故的能力”“安全即是无事故，没有遭受或引起创伤、损失或损伤”。这种安全观认为，发生死亡、工伤等的概率为零，但是这在现实生产系统中并不存在，是安全的一种极端理想的状态。由于绝对安全观过分强调安全的绝对性，使其应用范围受到了很大的限制，特别是在分析社会-技术系统的安全问题时，更是如此。

② 相对安全

与绝对安全观相对应的就是人们现在普遍接受的相对安全观。相对安全观认为，安全是相对的，绝对安全是不存在的。例如，美国哈佛大学的劳伦斯教授将安全定义为“安全就是被判断为不超过允许极限的危险性，也就是指没有受到损害的危险或损害概率低的通用术语”；塔斯马尼亚大学的罗林教授指出，“所谓安全，是指判明的危险性不超过允许限度，比较的无受损害之忧和损害概率低的通用术语”。

由相对安全的定义可知，安全是在具有一定危险性条件下的状态，安全并非绝对无事故。事故与安全是对立的，但事故并不是不安全的全部内容，而只是在安全与不安全这一对矛盾斗争过程中某些瞬间突变结果的外在表现。具体含义包含以下几点：

a. 这里的安全依附于生产活动领域，伴随着生产活动而存在，不涉及社会其他领域，如军事和疾病。

b. 安全不是瞬间的结果，而是对系统在某一时期、某一阶段过程状态的描述。

c. 安全是相对的，绝对安全是不存在的。

d. 安全是在具有一定危险性条件下的状态，安全并非绝对无事故。其矛盾双方为安全与危险，而非安全与事故。因此，衡量一个生产系统是否安全，不应仅仅依靠事故判断。

e. 衡量系统是否安全的标准在不同的时代、不同的生产领域是不同的。

附：安全观发展进程表(见表9.1)

表 9.1　安全观发展进程

阶　段	时　代	安全感	行为特征
1	17 世纪前	宿命观	被动承受型
2	17 世纪末至 20 世纪初	经验观	总结经验、事后型
3	20 世纪初至 50 年代末	系统观	人、机、环境对策型
4	20 世纪 50 年代末至今	本质观	强化超前和预防型

(2) 危　险

作为安全的对立面,可以将危险定义为在生产与生活活动过程中,人或物遭受损失的可能性超出了可接受范围的一种状态。危险与安全一样,也是与生产过程共存的过程,是一种连续性的过程状态。危险包含了尚未为人所认识的,以及虽为人们所认识但尚未为人所控制的各种隐患。同时,危险还包含了安全与不安全矛盾斗争过程中某些瞬间突变结果的外在表现。

(3) 风　险

就安全而言,风险是描述系统危险性的客观量,这主要有两种考虑:一是把风险看成是一个系统内有害事件或非正常事件出现可能性的量度;二是把风险定义为发生一次事故的后果大小与该事故出现概率的乘积。一般意义上的风险具有概率和后果的两重性,即可用损失程度 c 和发生概率 p 的函数来表示风险 R。

$$R = f(p, c) \tag{9-1}$$

上述风险定义中,无论损失或者后果,均是针对事故来定义的,包括已发生的事故和将会发生的事故。风险既然是对系统危险性的度量,则仅仅以事故来衡量系统的风险是很不充分的,除非能够辨识出所有可能的事故形式。从整个系统的角度出发,风险是系统危险影响因素的函数,即风险可以表达为如下的形式:

$$R = f(R_1, R_2, R_3, R_4, R_5) \tag{9-2}$$

式中:R_1 代表人的因素;R_2 代表设备因素;R_3 代表环境因素;R_4 代表管理因素;R_5 代表其他因素。

(4) 事　故

事故是指在生产活动中,由于人们受到主观条件(科学知识,技术力量以及认知)的局限,当前还不能防止或能防止而未有效控制所突然发生的违背人们意愿的事件。事故的发生,可能迫使系统暂时或较长时间的中断运行,也可能造成人员伤亡、财产损失或者环境破坏。其内涵具体包括以下几点:

① 事故是违背人意愿的一种现象。

② 事故是隐患突变,失去控制的外在表现。

③ 事故是不确定的事件,既受必然性支配,又受偶然性影响。

从本质上讲,事故属于在一定条件下可能发生,也可能不发生的随机事件。就一特定事故而言,其发生的时间、地点、状况等都无法预测。事故是由于存在不安全因素,随着时间的推移,出现某些意外情况而发生的,这些意外情况往往是难以预知的。因此,掌握事故的原因,可降低事故的概率;掌握事故的原因是防止事故发生的必要条件。但是,即使完全掌握了事故原因,也不能保证绝对不发生事故。

④ 事故可以预防、减少,但是不能消灭。

事故往往是突然发生的。然而导致事故发生的因素,即"隐患或潜在危险"早就存在,只是未被发现或未受重视而已。随着时间的推移,一旦条件成熟,就会显现并酿成事故。

⑤ 事故只要发生，就会给人、财、物造成损失。

(5) 隐　患

隐患是指在生产活动中，由于人们受到科学知识和技术力量的限制，或者由于认识上的局限，而客观存在的可能对系统造成损失的人的不安全行为、物的不安全状态或管理上的缺陷。

例如，身边常见的安全隐患有如下几个方面：

① 最大的心理隐患：如惰性心理、侥幸心理、麻痹心理、逞能心理。

② 最直接的人为隐患：如违章、违纪、违标。

③ 最根本的管理隐患：如官僚主义、形式主义、好人主义。

综合事故性质分类和行业分类，考虑事故起因，可将事故隐患归纳为21类，即火灾、爆炸、中毒和窒息、水灾、坍塌、滑坡、泄露、腐蚀、触电、坠落、机械伤害、煤与瓦斯突出、公路设施伤害、公路车辆伤害、铁路设施伤害、水上运输伤害、港口码头伤害、空中运输伤害、航空港伤害和其他类隐患。

隐患是事故发生的必要条件。隐患一旦被识别，就应该予以消除。对于客观条件所限而不能立即消除的隐患，要采取措施降低其危险性或延缓危险性增长的速度，减少其被触发的概率。

2. 相互关系

(1) 安全与危险

安全与危险是一对矛盾，具有矛盾的所有特性。一方面，双方互相排斥、互相否定；另一方面，安全与危险两者互相依存，共同处于一个统一体中，存在着向对方转化的趋势。安全与危险这对矛盾的运动、变化和发展推动着安全科学的发展和人类安全意识的提高。描述安全与危险的指标分别是安全性与危险性（即风险），安全性越高则危险性越低，安全性越低则危险性越高。二者的关系如图9.1所示。

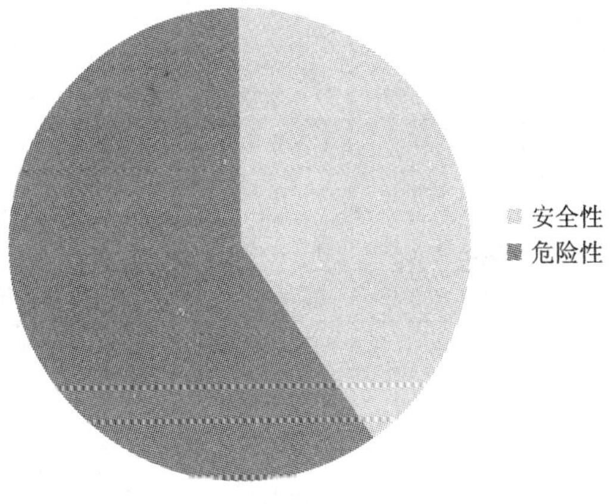

图9.1　危险性与安全性的关系

由图9.1可知，二者存在如下关系：

安全性＝1－危险性

(2) 安全与事故

安全与事故是对立的，但事故并不是不安全的全部内容，而只是在安全与不安全矛盾斗争过程中某些瞬间突变结果的外在表现。系统处于安全状态不一定不发生事故，系统处于不安全状态，也未必完全由事故引起。

(3) 危险与事故

危险不仅包含了作为潜在事故条件的各种隐患，同时还包含了安全与不安全的矛盾激化后表现出来的事故结果。事故发生，系统不一定处于危险状态，事故不发生，也不能认为系统不处于危险状态，事故不能作为判别危险与安全的唯一标准。

(4) 事故与隐患

事故总是发生在操作的现场，总是伴随隐患的发展而发生在生产过程之中，事故是隐患发展的结果，而隐患则是事故发生的必要条件。

附：近年城市交通轨道交通运营安全事故一览表（见表9.2）。

表 9.2　近年城市轨道交通运营安全事故一览表

事故类型	时　间	地　点	原因及后果
恐怖活动	1993 年	英国伦敦	伦敦桥站爆炸,29 人死亡
	1994 年	阿塞拜疆巴库	炸弹爆炸,27 人死亡,91 人受伤
	1995 年	日本东京	沙林毒气,12 人死亡,5 000 余人受伤
	1995 年	法国巴黎	炸弹爆炸,8 人死亡,117 人受伤
	1996 年	俄罗斯莫斯科	炸弹爆炸,4 人死亡,7 人受伤
	1998 年	俄罗斯莫斯科	炸弹爆炸,3 人受伤
	2000 年 11 月	德国杜塞尔多夫	车站炸弹袭击,9 人受伤
	2001 年 8 月	英国伦敦	地铁意外爆炸,6 人受伤
	2001 年 9 月	加拿大蒙特利尔	毒气袭击,40 余人受伤
	2004 年	西班牙马德里	炸药爆炸,191 人死亡,百余人受伤
	2004 年 2 月	俄罗斯莫斯科	自杀式爆炸袭击,40 人死亡,134 人受伤
	2004 年 8 月	俄罗斯莫斯科	爆炸袭击,8 人死亡,10 人受伤
	2005 年 7 月	英国伦敦	连环爆炸袭击,56 人死亡,700 余人受伤
	2009 年	俄罗斯莫斯科	自杀式爆炸袭击,27 人死亡,百余人受伤
	2010 年 3 月	俄罗斯莫斯科	自杀式爆炸袭击,38 人死亡,69 人受伤
	2011 年	白俄罗斯	炸弹爆炸,15 人死亡,200 余人受伤
自然灾害	2001 年 9 月	中国台湾	台风,台北捷运高架线路长时间停运
	2003 年 5 月	日本仙台	地震,仙台地铁全线停运
	2007 年 7 月	中国重庆	雷击,供电设备损坏,部分区间断电,部分线路停运达 7 h
	2008 年 4 月	中国上海	10 级大风,上海轨道交通 3 号线限速运营 0.5 h
火灾事故	1991 年 4 月	瑞士苏黎世	地铁机车电线短路,58 人受伤
	1994 年 6 月	中国台北	变电室火灾,3 名消防员受伤
	1995 年 10 月	阿塞拜疆巴库	机车电路故障,300 多人死亡,200 多人受伤
	2001 年 7 月	英国伦敦	列车撞击月台起火,32 人受伤
	2003 年 2 月	韩国大邱	人为纵火,198 人死亡,147 人受伤
	2004 年 1 月	中国香港	人为纵火,14 人受伤
	2006 年 7 月	美国芝加哥	脱轨起火,152 人受伤
	2012 年	韩国釜山	供电线起火,40 人受伤
	2014 年	韩国釜山	列车空调设备起火,5 人受伤
	2015 年	美国华盛顿	地铁车厢起火,1 人死亡,多人受伤
水灾事故	2001 年 9 月	中国台北	台风带来暴雨和洪水,18 座车站淹水,地铁瘫痪
	2003 年 7 月	中国上海	施工隧道渗水,造成一栋民房坍塌,附近防汛墙开裂
	2005 年 4 月	中国上海	管道破裂渗水,导致车站一个出入口封闭超过 2 h,部分商铺受影响
	2007 年 8 月	美国纽约	暴雨导致地铁运输系统瘫痪
	2008 年 3 月	中国上海	泡沫塑料堵塞下水道,通道地面严重积水,4 部电梯停运,影响正常运行超过 2 h
	2008 年 7 月	中国北京	雨水倒灌入车站,停运 3 h
	2016 年	中国南宁	暴雨致百花岭站积水,停运 3 h

续表 9.2

事故类型	时　间	地　点	原因及后果
列车事故	2000 年 3 月	日本东京	列车脱轨,3 人死亡,40 多人受伤
	2000 年 6 月	美国纽约	列车脱轨,89 人受伤
	2003 年 1 月	英国伦敦	列车脱轨,32 人受伤
	2003 年 10 月	英国伦敦	列车脱轨,7 人受伤
	2004 年 11 月	美国华盛顿	列车相撞,20 人受伤
	2005 年 1 月	泰国曼谷	列车追尾,140 多人受伤
	2005 年 4 月	日本兵库尼崎	列车脱轨,107 人死亡,400 多人受伤
	2006 年 7 月	西班牙巴伦西亚	列车脱轨颠覆,41 人死亡,47 人受伤
	2006 年 10 月	意大利罗马	与站停列车追尾,1 人死亡,236 人受伤
	2007 年 7 月	委内瑞拉	列车追尾,1 人死亡,多人受伤
	2009 年 6 月	美国华盛顿	列车相撞,9 人死亡,76 人受伤
	2009 年 9 月	日本东京	列车相撞,29 万乘客受影响,停运约 6 h
	2009 年 10 月	法国巴黎	列车脱轨,36 人受伤
	2009 年 12 月	中国上海	列车相撞,50 万乘客受影响,停运约 4 h
	2011 年	中国上海	信号故障,列车追尾,271 人受伤
	2012 年	中国深圳	设备故障,列车紧急制动,导致列车多次重新启动
	2014 年	美国芝加哥	列车脱轨,32 人受伤
	2014 年	俄罗斯莫斯科	列车脱轨,23 人死亡,200 余人受伤
停电故障	2003 年 8 月	英国伦敦	停电后,2/3 列车停运,25 万人被困在地铁中,许多地铁站被迫暂时关闭
	2004 年	中国广州	触电网故障停电,运营中断 2 h
	2007 年 10 月	日本东京	东京地铁大江户线突然停电,进而造成全线停止运行,1 300 人被困在列车中
	2010 年	中国南京	触电网故障停电,运营中断 46 min

✍ **实训任务 9.1**

请在乘坐城市轨道交通工具时,观察车站点及列车上的所有安全标志,拍照并制作 PPT 向大家介绍。

任务 9.2　危险源认知

随着城市化进程的逐步加速,“十三五”期间城市轨道交通建设迎来黄金发展期。做好城市轨道交通运营服务工作,确保运营安全是城市轨道交通运营的职责。建立城市轨道交通运营危险源查找、识别、分析、评价、管控体系,消除影响地铁运营安全的各个危险源可能带来的不安全件,能够为城市轨道交通运营安全提供有力保障。

9.2.1　危险源概述

1. 危险源的概念

危险源(Hazard),英文释义为“a source of danger”,中文翻译为“危险的根源”。危险源是指可能造成人员伤害、职业病、财产损失、作业环境破坏或这些情况组合的根源或状态，是危险因素和有害因素的总称。作为危险源，它具有以下 3 个基本要素：

① 潜在危险性

危险源的潜在危险性是指一旦触发事故，可能带来的危害程度或损失大小，或者说危险源可能释放的能量强度或危险物质量的大小。

② 存在条件

危险源的存在条件是指危险源所处的物理、化学状态和约束条件状态。

③ 触发因素

触发因素虽然不属于危险源的固有属性，但它是危险源转化为事故的外因，而且每一类型的危险源都有相应的敏感触发因素。

2. 危险源的类别

根据危险源在事故发生过程中的作用，安全科学理论把危险源划分为两大类。

(1) 第一类危险源

根据能量意外释放理论，能量或危险物质的意外释放是伤亡事故发生的物理本质。能量就是做功的能力，包括动能和势能，是生产力的主要因素，是生产与工作必不可少的。能量包括电能、机械能、声能、辐射能，如锅炉燃烧生成蒸汽可以发电。有害物质包括有毒物质、腐蚀物质、工业粉尘、窒息气体等。当有害物质直接与人体接触，会损害人体生理机能，导致疾病，甚至死亡。有害物质可作为辅助材料存在，也可能是作业过程中生成的，如电焊烟尘等。

为了防止第一类危险源导致事故的发生，必须采取措施约束、限制能量或危险物质，控制危险源。例如，某工程项目隧道施工涉及爆破工艺，该项目设置炸药库，炸药库中储存的炸药和雷管则是第一类危险源。

(2) 第二类危险源

正常情况下，生产活动过程中能量或危险物质受到约束或限制，不会发生意外释放，即不会发生事故。但是，一旦这些约束或限制受到破坏或失效，则发生事故。导致能量或危险物质约束或限制措施破坏或失效的各种因素称作第二类危险源。第二类危险源主要是指造成能量和危险物质失控的各种因素，包括设备故障、人员操作失误、管理缺陷和环境缺陷，如图 9.2 所示。

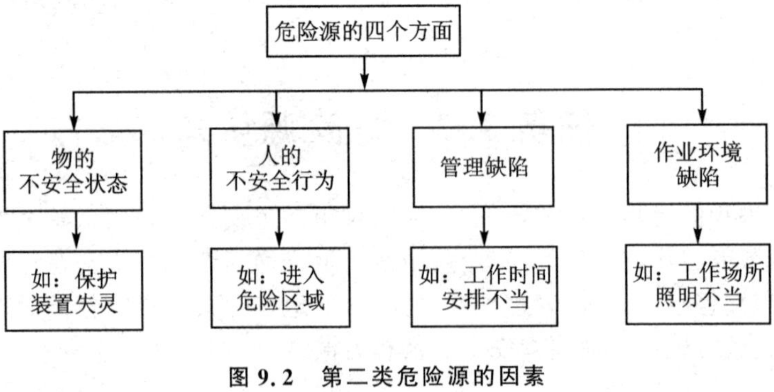

图 9.2　第二类危险源的因素

① 物的不安全状态

物的不安全状态是指生产系统、安全装置辅助设施及其元器件由于性能低下或失灵不能实现预定功能，如电气绝缘损坏造成漏电伤害；起重机限位装置失效造成重物坠落等。

② 人的不安全行为

人的不安全行为包括不按规定方法操作，不采取安全措施，对运转中的设备

装备等进行清洁、加油、修理等，使安全装置失效，制造危险状态，不安全放置，进入危险区域等。

③ 管理缺陷

管理缺陷包括管理者的知识或经验不足、管理者的情绪、管理方法不当、管理制度的不完善、管理硬件的不完好等导致的一系列问题。

④ 作业环境缺陷

如工作场所照明不当、通风透气性差、温度不适宜等。

9.2.2 危险源辨识

危险源在没有触发之前是潜在的，常常不被人们所认识和重视，因此需要通过一定的方法进行辨识。

危险源辨识的目的就是通过对系统的分析，界定出系统中的哪些部分、区域是危险源，查明其危险的性质、危害程度、存在状况、危险源能量与物质转化为事故的转化过程规律、转化的条件、触发因素等，以便有效地控制能量和物质的转化，使危险源不能转化为事故。利用科学方法对生产过程中具有能量与物质的性质、类型、构成要素、触发因素或条件，以及后果进行分析与研究，做出科学判断，为控制事故发生提供必要的、可靠的依据。

1. 危险源辨识原则

(1) 科学性

应科学、客观的分辨、识别、分析确定系统内存在的风险，必须有科学的安全理论指导，说明和分析事故的危害方式、途径和范围，使之能真正揭示系统安全状态、危险源存在的部位和方式、事故发生的途径及其变化规律。

(2) 系统性

危险源存在于生产活动的各个方面，因此要对系统进行全面、详细的剖析，分清主要危险源，研究各个危险源之间的相互关系，说明哪些是导致事故的直接原因，哪些是触发原因。

(3) 全面性

辨识危险源时不要发生遗漏，以免留下安全管理漏洞。

(4) 预测性

辨识危险源，还要分析其触发关系，不但要辨识第一类危险源，也要分析第二类危险源，并模拟分析预测导致恶性事故的危险源。

2. 危险源辨识方法

危险源辨识的方法有很多，基本方法有：询问与交换、现场观察、查阅有关记录、获取外部信息、工作任务分析、安全检查表、作业条件的危险性分析、事件树、故障树等分析方法。这几种方法都有各自的适用范围或局限性，因此辨识危险源过程中，使用一种方法往往不能全面地识别存在的危险源，可以综合地运用2种或2种以上方法。

通常可以参照以下2种规定来进行危险源的识别。

(1) 按照《生产过程危险和有害因素分类与代码》GB/T 13861—2009进行辨识。规定里主要从物、人、环境和管理4个因素对危险源进行辨识

① 物的因素

物的因素主要包括物理性危险及其危害因素、化学性危险及其危害因素、生物性危险及其危害因素。

② 人的因素

人的因素包括负荷超载、健康状况异常、从事禁忌作业、心理异常、辨识功能缺陷、指挥错误、操作错误、监护失误等。

③ 环境因素

环境因素包括室内室外作业场所环境不良、地下作业环境不良等。

④ 管理因素

管理因素包括职业安全卫生组织机构不健全、责任制未落实、管理规章制度不完善、操作规程不规范、事故应急预案及响应缺陷等。

(2) 按照《企业职工伤亡事故分类标准》(GB 6441—1986)进行辨识

按《企业职工伤亡事故分类标准》可将危险源分为以下几种:

① 物体打击;

② 车辆伤害;

③ 机械伤害;

④ 起重伤害;

⑤ 触电;

⑥ 淹溺;

⑦ 灼烫;

⑧ 火灾;

⑨ 高处坠落;

⑩ 坍塌;

⑪ 放炮(爆破);

⑫ 化学性爆炸(瓦斯爆炸、火药爆炸);

⑬ 物理性爆炸(锅炉爆炸、容器爆炸);

⑭ 其他爆炸;

⑮ 中毒和窒息;

⑯ 其他伤害。

3. 危险源辨识要求

危险源的辨识应考虑到“三、三、七”的要求,具体来说就是三种状态、三种时态和七种类型。

(1) 三种状态

① 正常状态:作业活动或设备等按其工作任务连续长时间进行工作的状态。

② 异常状态:作业活动或设备等周期性或临时性进行工作的状态,如设备的开启、停止、检修等状态。

③ 紧急状态:发生火灾、水灾、交通事故状态。

(2) 三种时态

① 过去:作业活动或设备等过去的安全控制状态及发生过的人体伤害事故。

② 现在:作业活动或设备等现在的安全控制状态。

③ 将来：作业活动发生变化，系统或设备等在发生改进、报废后将会产生的危险因素。

（3）七种典型危害

① 化学性危险危害因素：各种有毒有害化学品的挥发、泄漏所造成的人员伤害、火灾等。

② 物理性危险危害因素：造成人体辐射损伤、冻伤、烧伤中毒等。

③ 行为性危险危害因素：造成人体砸伤、压伤、倒塌压埋伤、割伤、刺伤、擦伤、扭伤、冲击伤、切断伤等。

④ 电器危险危害因素：设备设施安全装置缺乏或损坏造成的火灾、人员触电、设备损坏等。

⑤ 人体工程（心理、生理性）危险危害因素：不适宜的作业方式、作息时间、作业环境等引起的人体过度疲劳危害。

⑥ 生物性危险危害因素：病毒、有害细菌、真菌等造成的发病感染。

⑦ 其他危险危害因素。

4. 危险源辨识步骤

（1）识别准备

① 确定分工；

② 收集识别范围内的资料；

③ 列出识别范围内的活动或流程涉及的所有方面。

（2）分类识别危险源

从厂址、厂区平面布局，建（构）筑物，生产工艺过程，生产设备、装置，作业环境以及管理措施6方面进行分类识别。

（3）划分识别单元

识别单元是分类识别危险源的细化，可按照工艺、设备、物料、过程来细化；同类的过程或设备可划分为一类识别对象；识别对象不宜过粗或过细。

（4）危险源的识别

先找出可能的事故伤害方式，再找出其原因。

（5）填写危险源登记表

最后填写危险源登记表。

5. 危险源辨识范围

危险源辨识应做到全面、系统、多角度、不漏项，重点放在能量主体、危险物资及其控制和影响因素上。城市轨道交通危险源的识别涉及员工的安全、行车安全、设备安全、消防安全、乘客及相关方安全、财产损失和列车延误等范畴。危险源的识别范围包括城市轨道交通覆盖内工作区域及其他相关范围内的生产经营活动、人员、设施等。根据城市轨道交通管理及其他活动情况，可以分为以下类型：

（1）按地点划分

按地点可分为轨道交通沿线各车站、车辆段、控制中心（OCC）大楼、办公楼等。

（2）按活动划分

按活动可划分为常规活动、非常规活动、潜在的紧急情况。各活动所包含的主要内容，如表9.3所列。

表 9.3 各活动的主要内容

活动类别	主要内容
常规活动	运营服务活动：依据《运营时刻表》组织列车运营、客运服务过程
	设备设施的设计、安装、调试、验收、接管、使用过程
	公共活动：相关部门均有的活动，包含办公、电梯、叉车、消防设施、空调、交压机、抽风机等的使用，化学物品搬运储存、废弃等
	间接活动：为营运服务活动提供支持的活动，主要包括物资仓库管理、检验、物料采购以及物料的使用管理、食堂管理等
非常规活动	设备设施维护保养，消防及行车疏散演练，因公外出，合同方在总部的活动（如工程施工、维修、清洁等）
潜在的紧急情况	如火灾、爆炸、化学物品泄漏、中毒、台风、雷击、碰撞等事故事件（潜在的紧急情况的危险辨识需要考虑紧急情况发生时和发生后进行抢险救援过程中存在的危险）

9.2.3 城市轨道交通危险源分析

1. 划分危险源辨识对象

在各个部门列出辨识范围内的活动或流程所涉及的所有方面后，选用适当的设备分析法、工艺流程分析法或其他划分方法，根据事故类型划分危害事件，并根据以下内容划分危险源辨识对象。

① 对车辆设备大修的活动，可按照其工艺流程分析法划分辨识对象。

② 对设备维修及保养的活动，可按照以设备分析法为依据划分的设备作为危险源辨识对象，并结合活动实施过程划分。

③ 使用设备时可根据具体操作过程划分。

④ 根据采购、存放、检测设备的过程划分。

⑤ 根据行车组织、客运组织过程划分。

⑥ 针对每一危险源辨识对象，参考危险源事故类型表，识别可能存在的事故/事件，并登记。

2. 城市轨道交通主要危险有害因素分析

(1) 行车危险有害因素分析

① 由于列车晚点会造成列车动力不足或集中到达，使车站客流组织难度加大，客运力量薄弱的车站，易发生客流拥挤甚至旅客受伤的情况。

② 由于晚点列车需要临时调整其停车时间或发车时间，给中央行车调度的指挥带来难度，易发生行车问题。

③ 列车运行时，由于界限，可能发生列车剐蹭、碰撞等事故发生。

④ 由于突发事件的行车组织不当时，会造成突发事件下客流无法及时疏散至安全区域，引发事故的发生。

(2) 线路及隧道危险有害因素分析

① 由于超出界限，造成隧道内设备设施与列车的碰撞。

② 突发事件下，人员在区间疏散过程中易发生跌落、机械伤害、踩踏等。

③ 由于地质条件，线路周围新建扩建工程等原因造成的隧道坍塌破坏。

④ 隧道内的结构渗水、暴雨天气下聚集的雨水及市政府水管破损的漏水进入隧道等情况对地铁工程的安全运营构成威胁。

⑤ 沿线存在危险的设备设施(如加油站、加气站等)对安全运营构成威胁。

⑥ 由于隧道结构强度达不到设计及现行标准规范要求,可能造成隧道坍塌的危险因素,对运营安全造成影响。

⑦ 若外来闲杂人员进入车辆段基地、隧道区间,将对人员及地铁安全造成影响。

(3) 轨道危险有害因素分析

① 轨道结构直接承载着列车的运行,对行车安全起着至关重要的作用,因此设计中应加强轨道设备的选型,以确保轨道结构具有足够强度和稳定性。

② 整体道床的施工质量将直接影响轨道的平顺性和稳定性,从而影响列车运行安全。

③ 轨道设备(如钢轨、扣件、道岔、支承块)的质量对行车安全也将产生重要影响。

④ 运营期间可能出现钢轨断裂、轨道不平顺、扣件松动以及整体道床开裂等问题危及行车安全。

(4) 车站危险有害因素分析

① 车站的乘客集散部位如果装修材料选用不当可能会引发火灾事故。

② 存在因暴雨、洪水及排水设施缺陷等原因引起的设施设备被淹、地面湿滑等危险因素。

③ 存在自动扶梯或电梯运转不正常等危险因素。

(5) 车辆危险有害因素分析

① 列车脱轨所引起的人员、财物损伤等危险因素。

② 列车碰撞所引起的人员、财物损伤等危险因素。

(6) 设施设备危险有害因素分析

① 供电系统可能存在的各种危险有害因素。

② 通风、排烟系统可能存在的各种危险有害因素。

③ 通信、信号系统可能存在的各种危险有害因素。

④ 自动售检票系统可能存在的各种危险有害因素。

⑤ 屏蔽门系统可能存在的各种危险有害因素。

附:城市轨道交通主要危险事件及因素表(见表9.4)。

表9.4　城市轨道交通主要危险事件及因素表

危险事件	可能发生的位置	可能原因	后　果
火灾、爆炸	列车上	车辆电路短路等列车故障; 车厢内可燃物着火; 未熄灭的烟头; 人为纵火	设备损失; 人员伤亡; 运营中断
	车辆段	维修设备时违章作业; 电气火灾	设备损失; 人员伤亡
	车　站	车站内的电气设备故障; 乘客携带危险品、吸烟和吸烟后烟蒂随处乱扔等处置不当; 人为纵火; 站厅和通道内违规设置的商业网点发生火灾引起连锁火灾等	设备损失; 人员伤亡; 运营中断
	隧　道	隧道电缆着火; 隧道内电气设备故障起火; 隧道内可燃物着火	

续表 9.4

<table>
<tr><th>危险事件</th><th>可能发生的位置</th><th>可能原因</th><th>后　果</th></tr>
<tr><td>列车脱轨危险</td><td>列车运行中
或试车作业时</td><td>车辆故障；列车超速；钢轨断裂；道岔伤损；异物侵限；驾驶员误操作</td><td>设备损失；
人员伤亡；
运营中断</td></tr>
<tr><td>列车撞车危险</td><td>列车运行中
或试车作业时</td><td>车辆故障；列车超速；驾驶员误操作；错班进路</td><td>设备损失；
人员伤亡；
运营中断</td></tr>
<tr><td rowspan="2">拥挤踩踏危险</td><td>列车上</td><td>紧急情况下疏散不利</td><td rowspan="2">人员伤亡；
运营中断</td></tr>
<tr><td>车站站台上</td><td>人员密集或突发事故时疏散通道有障碍物；
紧急情况下疏散不利</td></tr>
<tr><td rowspan="2">中毒窒息危险</td><td>车　站</td><td rowspan="2">火灾情况下，燃烧后产生有毒有害物质；
人为投毒或恐怖袭击</td><td rowspan="2">人员伤亡；
运营中断</td></tr>
<tr><td>列车上</td></tr>
<tr><td rowspan="7">其他危险</td><td>列车上</td><td>车厢内灯管爆裂；
内侧玻璃意外脱落；
乘客手扶车门、上下车时机不当夹人</td><td>可能掉线或运营中断</td></tr>
<tr><td>站　台</td><td>扶梯夹人</td><td>人员伤亡</td></tr>
<tr><td>第三轨</td><td>一路进线失压，母联未自投、开关跳闸；
整流器故障；
变压器故障；
走行轨异物短路；
走行轨同时接地短路；
水淹第三轨</td><td rowspan="2">运营中断，可能导致人员伤亡</td></tr>
<tr><td>外　部</td><td>外部大范围停电</td></tr>
<tr><td>车　站</td><td>动力照明停电</td><td rowspan="3">可能中断运营</td></tr>
<tr><td>车站、车辆、
第三轨等处</td><td>车辆、变电所、配电室、电缆、第三轨及风机、水泵等设备由于设备缺陷、设计不周、防护不当等</td></tr>
<tr><td>车　站</td><td>暴雨/车站入口无防水设施</td></tr>
</table>

9.2.4 城市轨道交通危险源控制

1. 危险源管理通则

对危险源的控制通常是建立在危险源风险评价基础上的，依据对危险源的评价结果通常可以将危险源划分为以下 5 个等级：

① 第 1 级：极其危险。

② 第 2 级：高度危险。

③ 第 3 级：中度危险。

④ 第 4 级：一般危险。

⑤ 第 5 级：可容忍危险。

对于上述不同的危险等级需要采取以下不同的控制措施：

① 对第 1 级和第 2 级的风险，一定要制定职业健康安全目标和职业健康安全管理政策。

② 对第 3 级风险，视情况制定职业健康安全目标和职业健康安全方案。

③ 对第 1、第 2、第 3、第 4 级的风险，要制定运行控制程序，按程序进行管理。

④ 对第5级的风险可维持现有的风险控制措施。

⑤ 其他认为需要控制的风险则根据实际情况的需要制定管理方案。

⑥ 对于潜在的紧急风险情况，应制定应急准备和响应控制程序，按程序进行管理控制。

2. 城市轨道交通危险源控制细则

(1) 一般规定

运营单位应根据当地实际情况和轨道交通的设施状况、人员特点等制定相应的火源控制管理规定；城市轨道交通严格限制可燃物品的使用，并制定可燃物品安全使用的管理规定。

(2) 可燃物管理控制

① 车站内应严格控制可燃材料、车站建筑装修材料、列车车厢内装饰材料的选用，确保其符合相关的设计规范。

② 车站站厅乘客疏散区、站台及疏散通道内不得设置营业场所。

③ 车站站厅内严格按相关消防安全技术规范限制商业经营场所占用面积的比率和数量，并加强消防安全管理。

④ 车站站厅、站台、列车车厢和管理用房内的垃圾应及时处理，可燃垃圾堆积时间不应超过一昼夜。

(3) 吸烟管理

① 车站站厅、站台、列车车厢、管理用房和隧道内严禁吸烟。

② 在车站站厅、站台、车厢、管理用房内应张贴写有“严禁吸烟”的标志。

(4) 明火(动火)管理

车站站厅、站台、列车车厢、管理用房和隧道内严禁使用明火，必须使用明火作业时，应在动火前按程序申报并采取必要的消防监护措施。

(5) 电气火源控制

① 机电设备设施中的变压器、过油电气设备应定期巡检和维护。

② 各级配电设备应安装完善的过负荷、漏电、欠压、过压等保护电路和报警装置，各类电气设备应加装防止打火、短路的装置。

③ 定期对运行车辆上的电气设备、电气线路进行检查维修，及时清除列车运行线路上的导电体，防止受流器、电缆电线短路放弧引起列车火灾。

(6) 燃气控制

车站站厅、站台、列车车厢、管理用房和隧道内严禁使用可燃燃气，工程作业中必须使用燃气设备时，应按程序申报并采取必要的消防监护措施。

(7) 采暖控制

车站站厅、站台、列车车厢和管理用房内不得采用明火、电炉和电热采暖器采暖，采暖散热器表面平均温度不应超过80 ℃。

(8) 用油系统控制

① 城市轨道交通中的用油系统应按操作规程操作，并应定期巡检和维护。

② 废油应密闭在专用的防火容器内并及时清运出去，溅洒在地板上的油应及时清理干净，防止废油流入下水道。

(9) 易燃易爆化学危险品控制

① 车站入口处应张贴有劝阻乘客携带易燃易爆化学危险品进入车站内或乘坐列车的警告标志。工作人员对发现有携带易燃易爆化学危险品的乘客，应责令其出站。

② 工作人员因工作需要携带时，应按程序申报并采取必要的消防监护措施。易燃易爆化

学危险品的携带、使用和剩余用量应采取严格的登记制度。

③ 工作人员因工作需要携带的易燃易爆化学危险品应与乘客分开进出车站和乘坐专用列车。

④ 对于车站内无主或无人认领的包裹、行李应立即转移至远离乘客的安全区域。

✍ 实训任务 9.2

请在乘坐城市轨道交通时，观察城市轨道交通安全检查通常用到的 4 种设备并拍摄图片，然后制作 PPT 向大家介绍这几种设备。

任务 9.3　城市轨道交通安全风险管理

风险管理是指管理人员通过风险识别、风险评价、风险对策及多种管理方法、技术和手段对组织活动涉及的风险实行有效的控制。采取主动、创造条件、尽量把风险减小到最低水平，以最少的成本保证安全、实现组织的总目标。做好风险管理工作，可避免许多不必要的损失和问题，从而降低成本，增加组织利润。城市轨道交通具有特殊性和复杂性，建设规模大、发展快，因此城市轨道交通安全的风险管理工作就显得必要且紧迫。

9.3.1　轨道交通运营管理中的 4 大风险因素

城市轨道交通运营系统与现实中很多的社会系统一样，也是一个涉及人员、设备、环境、管理四大因素的大系统，如图 9.3 所示。

1. 人员因素

交通系统中，人的失误概率占 90%；机电设备事故中，人的失误率占 70%；城市生命线系统中，人的失误率占 80%。可见，人是诱发事故的主要因素。根据北京地铁提供的资料中，在地铁系统中发生的事故 70%以上也是人的失误所致。

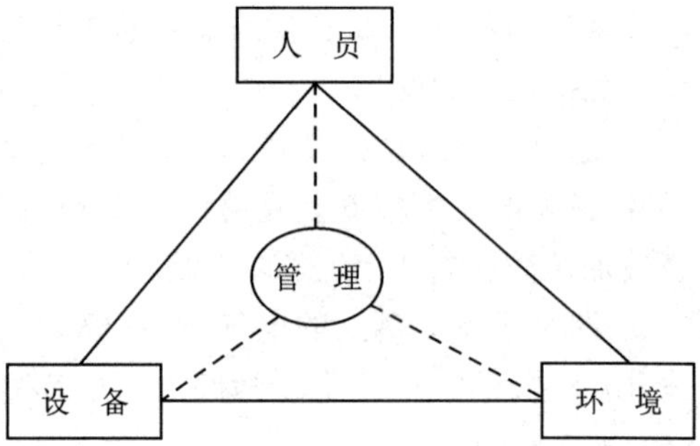

图 9.3　城市轨道交通“人员-设备-环境-管理”系统

城市轨道交通系统中，人员因素主要包括乘客、城市轨道交通工作人员、其他相关人员，城市轨道交通从业人员可分为从业人员和非从业人员两种，如图 9.4 所示。

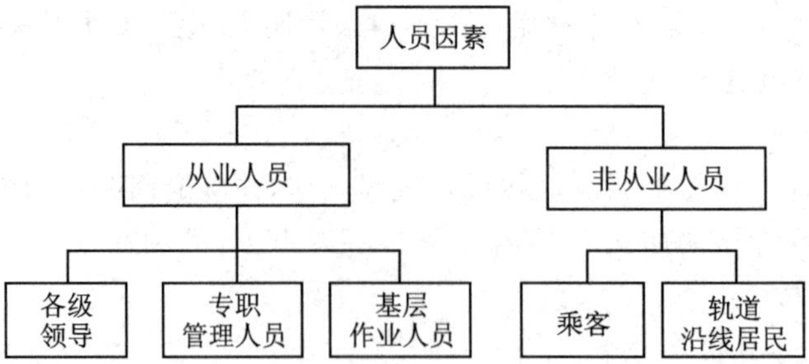

图 9.4　城市轨道交通人员因素

（1）从业人员

从业人员包括系统内的各级领导、专职管理人员以及基层作业人员，这些人的思想素质、业务素质、心理素质、身体素质都会对城市轨道交通系统的安全产生影响。业务不熟练、工作不到位、思想麻痹大意，都会给城市轨道交通带来意想不到的灾难。

（2）非从业人员

非从业人员主要包括乘客、轨道沿线居民等，他们对于安全的态度和拥有的安全常识，对于城市轨道交通的安全也非常重要。他们的不安全行为可以导致不安全事件的发生，如携带易燃易爆危险物品乘车、跳下站台捡拾物品、嬉戏打闹、不小心坠落站台、在站台边晕倒、因为拥挤被挤下站台等，都会造成城市轨道交通的安全隐患。

2. 设备因素

城市轨道交通运营设备，是除人之外影响运营安全的另一个重要因素。质量良好的设备既是运营的物质基础，又是运营安全的重要保证。与运营安全有关的设备，包括以下两类：

（1）运营基础设备

运营基础设备可分为固定设备和移动设备两类。

① 固定设备主要包括线路（路基路面、桥隧建筑物、轨道）、车站、信号设备（交通信号、联锁设备、闭塞设备）等。

② 移动设备主要包括电动车辆、通信设备等。

（2）运营安全技术设备

运营安全技术设备包括安全监控设备、安全检测设备、自然灾害预报与防治设备、事故救援设备。

① 安全监控设备主要用于对运营系统员工操作正确性进行监督，防止在实际运营作业过程由于人的精力和体力出现不适而造成行车事故。

② 安全检测设备主要用于对各种运营基础设备的技术状态进行检测。

③ 自然灾害预报与防治设备主要用于对自然灾害进行预报和防治，如塌方报警装置、地震报警系统、火灾报警系统等。

④ 事故救援设备主要用于对事故进行救援，如消防、抢修、排障等设备。

此外，城市轨道交通系统为乘客提供出行服务时，与乘客常常接触的是车站内的各种设施（如上下扶梯、自动售检票系统、休息座椅等）和车内的各种设施（如座位、各种信息设施、拉手等），这些设施的配置情况和服务水平也会影响到运营安全。

3. 环境因素

城市轨道交通系统的环境因素包括内部环境和外部环境两部分。

（1）内部环境

对于城市轨道交通而言，运营系统是一个非常复杂的宏观大系统，它是由系统硬件设备（包括运营基础设备和运营安全技术设备）、系统工作人员（运营系统内的各级管理人员和作业人员）、组织机构（管理机构、运营机构、维修机构等）及社会经济因素（政治、经济、文化、法律等）的相互作用而构成的社会-技术系统。内部环境不仅包括作业环境，还包括企业内部的社会环境。

（2）外部环境

影响城市轨道交通运营安全的外部环境，包括自然环境和社会环境。

① 自然环境

自然环境是指自然界提供的，人类一时间难以改变的生产环境。自然环境对城市轨道交通运营安全的影响很大，运营线路暴露在大自然中，经常遭受洪水、雷电、台风、地震等自然灾害的威胁。在各种自然灾害中，最常见的是暴雨、洪水，严重影响运营安全，危害极大。此外，气候因素（风、雨、雷、电、雾、雪、冰等）、季节因素、时间因素（白天、黑夜）以及运营线路的地形地貌等，也是不容忽视的事故因素。

✍ 小贴士

对于城市轨道交通系统而言，常见的自然环境灾害因素包括台风、雷雨、大风、雷电、暴雨、高温、大雾、灰霾、冰雹、道路结冰、寒冷、地震等。

② 社会环境

社会环境包括社会的政治环境、经济环境、技术环境、管理环境、法律环境，以及社会风气、家庭环境等，它们对运营安全均有不同程度的影响。影响最为直接的社会环境因素就是运营线路沿线治安和站场秩序情况。

✍ 小贴士

对于城市轨道交通系统而言，常见的社会环境灾害因素包括毒气袭击、人为爆炸、人为纵火、劫持人质（列车）、聚众闹事、空袭事件等。

4. 管理因素

城市轨道交通运营安全管理，是指管理者按照安全运营的客观规律，对运营系统的人员、设备、环境等资源进行计划、组织、指挥、协调和控制，以达到减少或避免交通运营事故的目的。该定义包含以下5个方面的含义：第一，运营安全管理的目的是减少或避免交通运营事故及其损失；第二，运营安全管理的主体是城市轨道交通系统的各级管理人员；第三，运营安全管理的对象是人员（主要指基层作业人员）、设备（主要指运输基础设备和运输安全技术设备等）、环境（内部环境、外部环境）等资源；第四，运营安全管理的方法是计划、组织、指挥、协调和控制；第五，运营安全管理的本质是充分发挥人的积极性和创造性，调动一切积极因素促使各种矛盾向有利于运营安全方面转化。

影响运营安全的管理因素主要有以下5类：

① 安全组织：包括安全计划、时间因素、方针目标、行政管理等。

② 安全法制：包括运营法规、规章制度、行业标准等。

③ 安全信息：包括指令信息、动态信息、反馈信息等。

④ 安全技术：包括管理办法、技术装备等。

⑤ 安全教育：包括职工培训、对外宣传等。

✍ 阅读资料

北京市轨道交通禁止携带物品目录

2015年5月14日，在充分调研的基础上，在征求市交通委、运输局、北京地铁运营有限公司、北京京港地铁有限公司等单位，以及运营安全、公共安全、反恐防恐、消防等领域专家学者意见的基础上，北京市公安局公交总队召开新闻发布会公布《北京市轨道交通禁止携带物品目录》，禁带物品如下：

一、枪支、子弹类（含主要零部件）

（一）军用枪：手枪、步枪、冲锋枪、机枪、防暴枪等以及各类配用子弹。

（二）民用枪：气枪、猎枪、运动枪、麻醉注射枪等以及各类配用子弹。

（三）其他枪支：道具枪、发令枪、钢珠枪等。

（四）上述物品的样品、仿制品。

二、爆炸物品类

（一）弹药：炸弹、照明弹、燃烧弹、烟幕弹、信号弹、催泪弹、毒气弹、手雷、地雷、手榴弹等。

（二）爆破器材：炸药、雷管、导火索、导爆索、导爆管、震源弹等。

（三）烟火制品：礼花弹、烟花、鞭炮、摔炮、拉炮、砸炮等各类烟花爆竹以及发令纸、黑火药、烟火药、引火线等。

（四）上述物品的仿制品。

三、管制器具及具有一定杀伤力的其他器具类

（一）管制刀具：匕首，三棱刮刀，带有自锁装置的弹簧刀（跳刀），刀尖角度小于60°、刀身长度超过150 mm的各类单刃、双刃和多刃刀具，刀尖角度大于60°、刀身长度超过220 mm的各类单刃、双刃和多刃刀具，以及符合上述条件的陶瓷类刀具。

（二）催泪器、催泪枪、电击器、电击枪、防卫器、弓、弩等具有一定杀伤力的器具。

（三）射钉弹、发令弹等含火药的制品。

（四）菜刀、砍刀、美工刀等刀具，锤、斧、锥、铲、锹、镐等工具，矛、剑、戟等，以及其他可造成人身被刺伤、割伤、划伤、砍伤等的锐器、钝器。

（五）警棍、手铐等军械、警械类器具。

四、易燃易爆品类

（一）压缩气体和液化气体：氢气、甲烷、乙烷、丁烷、天然气、乙烯、丙烯、乙炔（溶于介质的）、一氧化碳、液化石油气、氟利昂、氧气（供病人吸氧的袋装医用氧气除外）、水煤气等及其专用容器。

（二）易燃液体：汽油、煤油、柴油、苯、乙醇（酒精）、丙酮、乙醚、油漆、稀料、松香油及含易燃溶剂的制品等及其专用容器。

（三）易燃固体：红磷、闪光粉、固体酒精、赛璐珞、发泡剂H等。

（四）自燃物品：黄磷、白磷、硝化纤维（含胶片）、油纸及其制品等。

（五）遇湿易燃物品：金属钾、钠、锂、碳化钙（电石）、镁铝粉等。

（六）氧化剂和有机过氧化物：高锰酸钾、氯酸钾、过氧化钠、过氧化钾、过氧化铅、过氧乙酸（过醋酸）、过氧化氢（双氧水）等。

（七）2 000 ml（含）以上白酒，5个（含）以上打火机，10盒或200根（含）以上火柴，以及其他包装上带有易燃、易爆等危险化学品标志或提示信息的日常用品类（如花露水、洗甲水、发胶、摩丝等）。

五、毒害品类：氰化物、砒霜、剧毒农药等剧毒化学品以及硒粉、苯酚等。

六、腐蚀性物品类：硫酸、盐酸、硝酸、氢氧化钠、氢氧化钾、蓄电池（含氢氧化钾固体、注有酸液或碱液的）、汞（水银）等。

七、放射性物品类：放射性同位素等。

八、传染病病原体：乙肝病毒、炭疽杆菌、结核杆菌、艾滋病病毒等。

九、其他危害公共安全、列车运行安全的物品，如可能干扰列车信号的强磁化物、有强烈刺激性气味的物品、不能判明性质可能具有危险性的物品等。

十、国家法律、行政法规、规章规定的其他禁止持有、携带、运输的物品。

9.3.2 风险评价

风险评价是体系的一个关键环节，也是应该先进行的一个环节，目的是对现阶段的危险源所带来的风险进行评价分级，根据评价分级结果有针对性地进行风险控制，从而取得良好的职业健康安全绩效，达到持续改进的目的。

常用的风险评价方法有是非判断法、作业条件危险性评价方法（LEC 打分法）、矩阵法、预先危害分析法（PHA）、故障类型及影响分析法（FMEA）、风险概率评价法（PRA）、危险可操作性研究法（HAZOP）、事故树分析法（ETA）、头脑风暴法等。企业应结合实际情况探索最适合的风险评价。下面着重介绍最常用的是非判断法和作业条件危险性评价法（LEC 打分法），来计算每一种危险源所带来的风险。

（1）是非判断法

是非判断法是直接按国内外同行业事故资料及有关工作人员的经验判定是否为重要危险因素。符合下列情况之一的直接定为重大风险：

① 不符合职业健康安全法规与标准的。

② 直接观察到潜在的重大风险（泄漏、火灾、爆炸、台风等）。

③ 曾发生过事故，尚无合理有效控制措施的。

④ 相关方有合理地反复抱怨或迫切要求的。

（2）作业条件危险性评价法（LEC 打分法）

当无法直接判定或不能直接确定是否为重要危险因素时，采用作业条件危险性评价法评价是否为重要危险因素。

这是一种评价在具有潜在危险性环境中作业时的危险性半定量评价方法。它用与系统风险率有关的 3 种因素指标值之积来评价系统人员伤亡风险大小，这 3 种因素是：发生事故的可能性、人体暴露于危险环境的频次、发生事故的后果。乘积值越大，说明该系统危险性越大，需要增加安全措施，或改变发生事故的可能性，或减少人体暴露于危险环境中的频繁程度，或减轻事故损失，直至调整到允许范围内。

✍ 阅读资料

常用的安全分析方法——事件树分析法

一、什么是事件树分析法

事件树分析（Event Tree Analysis，ETA）起源于决策树分析（Decision Tree Analysis，DTA），它是一种按事故发展的时间顺序由初始事件开始推论可能的后果，从而进行危险源辨识的方法。

一起事故的发生是许多原因事件相继发生的结果，其中，一些事件的发生是以另一些事件首先发生为条件的，而一事件的出现，又会引起另一些事件的出现。在事件发生的顺序上，存在着因果的逻辑关系。事件树分析法是一种时序逻辑的事故分析方法，它以一初始事件为起点，按照事故的发展顺序，分成阶段，逐步进行分析，每一事件可能的后续事件只能取完全对立的两种状态（成功或失败，正常或故障，安全或危险等）之一的原则，逐步向结果方面发展，直到达到系统故障或事故为止。所分析的情况用树枝状图表示，故叫事件树。它既可以定性地了解整个事件的动态变化过程，又可以定量计算出各阶段的概率，最终了解事故发展过程中各种状态的发生概率。

二、事件树分析法的功能

(1) 事件树分析可以事前预测事故及不安全因素，估计事故的可能后果，寻求最经济的预防手段和方法。

(2) 事后用事件树分析分析事故原因，十分方便明确。

(3) 事件树分析的分析资料既可作为直观的安全教育资料，也有助于推测类似事故的预防对策。

(4) 当积累了大量事故资料时，可采用计算机模拟，使事件树分析对事故的预测更为有效。

(5) 在安全管理上用事件树分析重大问题并进行决策，具有其他方法所不具备的优势。

三、事件树分析法的编制程序

1. 确定初始事件

事件树分析是一种系统地研究作为危险源的初始事件如何与后续事件形成时序逻辑关系而最终导致事故的方法。正确选择初始事件十分重要。初始事件是事故在未发生时，其发展过程中的危害事件或危险事件，如机器故障、设备损坏、能量外逸或失控、人的误动作等。可以用两种方法确定初始事件：

(1) 根据系统设计、系统危险性评价、系统运行经验或事故经验等确定。

(2) 根据系统重大故障或事故树分析，从其中间事件或初始事件中选择。

2. 判定安全功能

系统中包含许多安全功能，在初始事件发生时消除或减轻其影响以维持系统的安全运行。常见的安全功能列举如下：

(1) 对初始事件自动采取控制措施的系统，如自动停车系统等。

(2) 提醒操作者初始事件发生了的报警系统。

(3) 根据报警或工作程序要求操作者采取的措施。

(4) 缓冲装置，如减振、压力泄放系统或排放系统等。

(5) 局限或屏蔽措施等。

3. 绘制事件树

从初始事件开始，按事件发展过程自左向右绘制事件树，用树枝代表事件发展途径。首先考察初始事件一旦发生时最先起作用的安全功能，把可以发挥功能的状态画在上面的分枝，不能发挥功能的状态画在下面的分枝。然后依次考察各种安全功能的两种可能状态，把发挥功能的状态(又称成功状态)画在上面的分枝，把不能发挥功能的状态(又称失败状态)画在下面的分枝，直到到达系统故障或事故为止。

4. 简化事件树

在绘制事件树的过程中，可能会遇到一些与初始事件或与事故无关的安全功能，或者其功能关系相互矛盾、不协调的情况，需要用工程知识和系统设计的知识予以辨别，然后从树枝中去掉，即构成简化的事件树。

在绘制事件树时，要在每个树枝上写出事件状态，树枝横线上面写明事件过程内容特征，横线下面注明成功或失败的状况说明。

四、事件树的定性分析

事件树定性分析在绘制事件树的过程中就已进行，绘制事件树必须根据事件的客观条件和事件的特征作出符合科学性的逻辑推理，用与事件有关的技术知识确认事件可能状态，所以在绘制事件树的过程中就已对每一发展过程和事件发展的途径做了可能性的分析。

事件树画好之后的工作，就是找出发生事故的途径和类型以及预防事故的对策。

1. 找出事故连锁

事件树的各分枝代表初始事件一旦发生其可能的发展途径。其中，最终导致事故的途径即为事故连锁。一般地，导致系统事故的途径有很多，即有许多事故连锁。事故连锁中包含的初始事件和安全功能故障的后续事件之间具有“逻辑与”的关系，显然，事故连锁越多，系统越危险；事故连锁中事件树越少，系统越危险。

2. 找出预防事故的途径

事件树中最终达到安全的途径指导我们如何采取措施预防事故。在达到安全的途径中，发挥安全功能的事件构成事件树的成功连锁。如果能保证这些安全功能发挥作用，则可以防止事故。一般地，事件树中包含的成功连锁可能有多个，即可以通过若干途径来防止事故发生。显然，成功连锁越多，系统越安全，成功连锁中事件树越少，系统越安全。

由于事件树反映了事件之间的时间顺序，所以应该尽可能地从最先发挥功能的安全功能着手。

五、事件树的定量分析

事件树定量分析是指根据每一事件的发生概率，计算各种途径的事故发生概率，比较各个途径概率值的大小，作出事故发生可能性序列，确定最易发生事故的途径。一般地，当各事件之间相互统计独立时，其定量分析比较简单。当事件之间相互统计不独立时(如共同原因故障，顺序运行等)，则定量分析变得非常复杂。这里仅讨论前一种情况。

1. 各发展途径的概率

各发展途径的概率等于自初始事件开始的各事件发生概率的乘积。

2. 事故发生概率

事件树定量分析中，事故发生概率等于导致事故的各发展途径的概率和。

定量分析要有事件概率数据作为计算的依据，而且事件过程的状态又是多种多样的，一般都因缺少概率数据而不能实现定量分析。

3. 事故预防

事件树分析把事故的发生发展过程表述得清楚而有条理，对设计事故预防方案，制定事故预防措施提供了有力的依据。

从事件树上可以看出，最后的事故是一系列危害和危险的发展结果，如果中断这种发展过程就可以避免事故发生。因此，在事故发展过程的各阶段，应采取各种可能措施，控制事件的可能性状态，减少危害状态出现概率，增大安全状态出现概率，把事件发展过程引向安全的发展途径。

采取在事件不同发展阶段阻截事件向危险状态转化的措施，最好在事件发展前期过程实现，从而产生阻截多种事故发生的效果。但有时因为技术经济等原因无法控制，这时就要在事件发展后期过程采取控制措施。显然，要在各条事件发展途径上都采取措施才行。

六、事件树的应用实例

以下为火车上易燃品引起火灾事故的事件树分析过程。

在铁路旅客运输中为确保旅客运输安全，是严禁旅客携带易燃品上车的。但有的旅客违反规定携带易燃品，进站时未查出，将其带上火车，这就可能引起火灾事故，造成人员伤亡和财物损失；但处理得当，也可以避免火灾事故的发生。具体分析如图 9.5 所示。

机动车辆行驶在无人看守的平交道口，发动机突然熄火，车辆正停留在轨道上。这一事件可能导致的事故用事件树分析如图 9.6 所示。

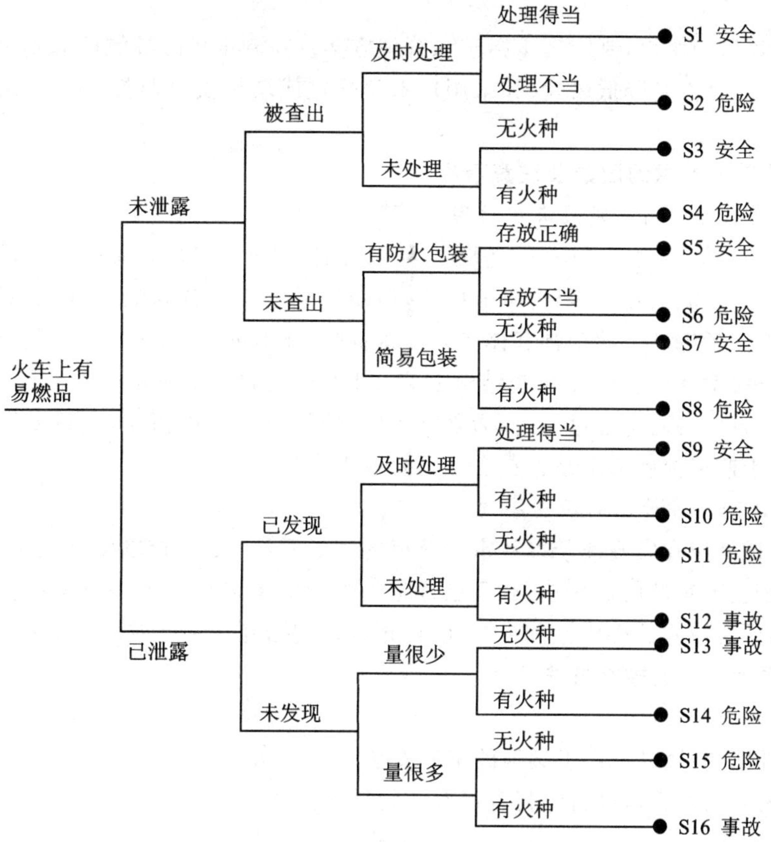

图 9.5　火车上有易燃品引起火灾事故的事件树分析

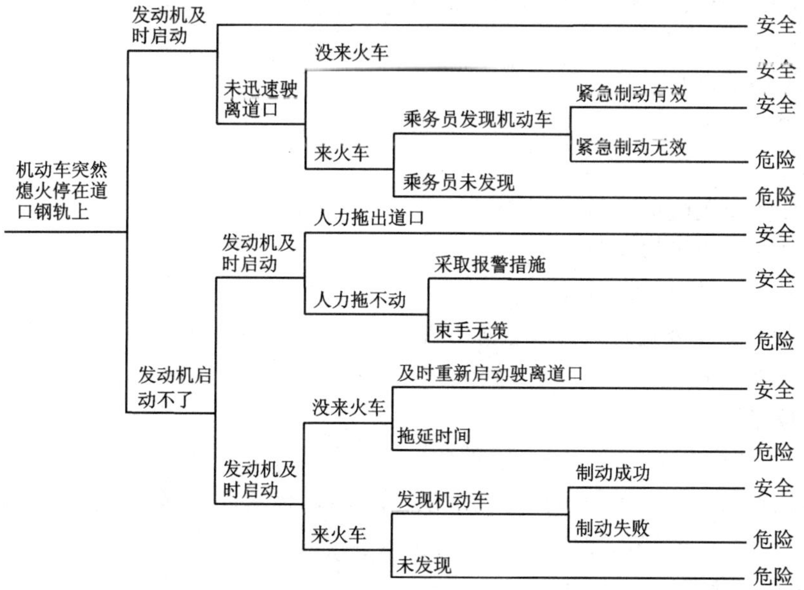

图 9.6　火车上有易燃品可能导致的事故事件树分析

9.3.3 风险控制

根据风险评价的结果，制定安全措施和管理方案。在制定风险控制的原则时，应优先选择消除风险的措施，其次是降低风险(如采用技术和管理或增设安全监控、报警、连锁、防护或隔离措施)。

1. 风险控制应考虑的因素及注意事项

(1) 选择风险控制措施时应考虑的因素

选择风险控制措施时应考虑以下因素：如果可能，完全消除危险源或危险，如用安全品替代危险品；如果不可能消除，应努力降低风险，如使用低电压代替高电压；可能的情况下，使工作适合于员工，如考虑员工的精神和体能等因素；利用技术进步，改善控制措施；保护每个工作人员的措施；将技术管理和程序控制结合起来；引入计划的诸如机构安全防护装置的维护需求；在其他控制方案均已考虑过后，作为最终手段，使用个人防护用品；应急方案的需求；预防性测定指标对于监视控制措施是否符合计划要求十分必要。

(2) 制定风险防控计划的注意事项

风险防控计划应在实施前予以评审。评审内容如下：计划的控制措施是否使风险降低到可行水平；是否会产生新的危险源；是否已选定了投资效果最佳的解决方案；受影响的人员如何评价计划的预防措施的必要性和可行性；计划的控制措施是否会被用于实际工作中。

2. 对于重大风险的控制方法

(1) 消除风险

① 确保机械、电气、厂房、工具等的本质安全。

② 采用无毒无害原辅材料代替有毒有害的材料。

(2) 降低风险

① 安装安全防护装置。

② 以低毒物质代替高毒物质。

③ 除尘、通风换气、降噪、防辐射技术措施。

(3) 规避风险

① 检测报警装置及仪器。

② 安装警示标志。

(4) 减弱风险

① 正确使用个人防护用品。

② 严格遵守安全操作规程。

③ 对人员进行安全培训教育。

其中，前 3 种方法要通过目标与管理方案来实现，第 4 种方法主要通过加强管理(运行控制和应急程序)来实现。

3. 风险控制措施

(1) 风险等级划分

根据风险评价的结果，可将风险分为 5 级：第 1 级，极其危险；第 2 级，高度危险；第 3 级，中度危险；第 4 级，一般危险；第 5 级，可容忍危险。

(2) 风险控制措施

针对以上 5 个风险等级，相对应的风险控制措施见表 9.5。

表9.5 风险控制措施

风险等级		控制措施
代号	名称	
5	可忽视风险	不需采取措施且不必保留文件记录
4	可容许风险	可保持现有措施,不需要另外的控制措施,但应考虑投资效果更佳的解决方案,可不增加额外成本的改进措施,需要检测来确保控制措施得以维持
3	中度风险	应努力采取措施降级风险,但应仔细测定并限定预防成本,应在规定时间内实施风险减少措施,如条件不具备,可考虑长远措施和当前简易控制措施。在中度风险与严重伤害后果相关的场合,必须进一步评价,更准确地确定伤害的可能性,确定是否需要改进控制措施,是否需要制定目标和管理方案
2	重大风险	直至风险降低后才能开始工作。为降低风险,有时必须配给大量的资源,当风险涉及正在进行中的工作时,就应采取应急措施,应制定目标和管理方案
1	不可容许风险	只有当风险已消除时,才能开始或继续工作。若即使无限的资源投入也不能降低风险,就必须禁止工作

任务9.4 城市轨道交通运营安全技术管理

大运量的城市轨道交通工具,目前在世界主要发达国家及地区已经得到了广泛应用。在我国,除了北上广深一线城市外,南京、武汉、成都、重庆、长春、杭州、西安、无锡、苏州等城市的城市轨道交通,也正在大量地运营和建设中,对城市的公共交通起到了重要的作用。由于城市轨道交通运营的特殊环境,大部分线路处在地下空间,环境封闭、人员密集,导致通风和疏散都受到极大的限制。一旦发生意外事故,人员伤亡和财物损失往往非常惨重。城市轨道交通安全工作的特殊性和脆弱性,使得城市轨道交通运营安全技术管理工作需要得到重视。

9.4.1 行车安全

行车安全一般指在城市轨道交通运营过程中行车员工、乘客、设备和环境未发生任何损失或发生的损失在人们可接受的范围之内。行车安全工作包括:列车运行安全、车站作业安全、调查作业安全、行车调度安全。

1. 列车运行安全

城市轨道交通行车组织工作实行"行车调度员-司机"二级管理模式,车站综控员辅助行车工作。为了确保行车安全,行车调度、列车操控、车站管理等必须协调共同开展工作。

(1) 列车司机的安全准则

① 只有合格的司机,才能驾驶列车。

② 为安全起见,务必遵守现行的安全准则,包括特别指示、禁例、警告、规则和信号。

③ 驾驶前熟悉所有操作元件的功能。

④ 当车库供电时,禁止站在车顶。

⑤ 确保进行车间电源/气连接操作时没有供电和气。

⑥ 在列车启动前必须断开与车间的电/气连接。

⑦ 车间电源插座无电时才能进行拔插。

⑧ 禁止司机打开高压箱或接触高压部件。

⑨ 启动3节编组时，确保在半自动车钩处的贯通道完全分离。

⑩ 在开车之前，司机必须检查列车是否处于安全状态。

⑪ 安全门通道在任何时候都保持畅通。

⑫ 连挂和解钩时，严禁有人站在两车中间。

⑬ 必须了解消防设备的位置和使用方法，知道在紧急状态下的逃生方法。

⑭ 正线运营前，检查安全设备，如检查灭火器和紧急门闩是否处于良好状态。

⑮ 司机在离开驾驶室前必须停车。

⑯ 确保没有危及自身和他人生命安全的操作。

⑰ 保证工作地点的整洁卫生。

⑱ 一旦发现任何可能导致翻车和脱轨的危险因素(脱轨器、喷油)，必须立即排除。

(2) 列车正线运营安全规章

① 轨道区域的作业仅在需要的情况下才能进行。

② 个人在正线轨道上作业时，必须随时保持警惕，避免危险的发生。

③ 禁止在正线轨道上站立或行走，这是非常危险的。因为有些轨道是可以移动的，如折返线道岔区。

④ 禁止站在列车前面、后面或下面，防止意外发生。

⑤ 在列车上只能站在允许站立的地方，不得随意站在其他地方。

⑥ 避免被临近轨道上行驶的车辆撞翻。

⑦ 当需要在轨道上作业时，应面对来车方向行走。

⑧ 不要影响信号显示，特别是信号灯的显示。

⑨ 司机必须对警告信号迅速做出反应。

2. 车站作业安全

城市轨道交通车站是乘客上下车的主要场所。车站内部乘客聚集度高，若管理不当，容易造成乘客拥堵、踩踏等事故，对行车造成很大的影响。城市轨道交通车站作业是指在行车调度员的统一调配下，协助司机及其他人员开展的行车工作。在行车方面，车站的主要工作有列车运行控制、车站施工组织管理、客流控制等。

(1) 列车运行安全管理

城市轨道交通行车组织工作是依据“行车调度员-列车司机”二级管理模式，车站辅助行车工作。根据行车组织的3种控制方式的不同，车站行车安全工作也会发生相应的改变。

(2) 施工作业安全管理

城市轨道交通车站不仅是乘客的聚集区，同样也是行车设备安置的聚集区。在车站内，安放着供电、信号、通信、监控、线路等行车设备。设备的维护、维修需要有专门人员进站施工。车站有必要开展与其相对应的施工作业安全管理工作，对所有驻站、派驻人员开展安全管理工作，包括施工计划制定、进站核查、进站人员安全教育、作业评估、效果检验、登记备案等。

(3) 客流控制安全管理

大客流的出现会对轨道交通行车组织工作造成一定的影响。当出现或预感可能出现大客流时，车站需采取相应的安全管理工作，通过客流管理、车站清人、阻止乘客进站等方式，将大客流对行车安全的影响降至最低。

3. 行车调度安全

城市轨道交通系统是一个大联动系统，具有高度集中、各个工作环节紧密联系和协同动作的特点。其中，行车组织工作实行的是二级管理模式。在整个行车组织工作中，整体调度工作由行车调度控制指挥中心(OCC)实施,实行高度集中统一指挥,以便于各个环节紧密配合、协调工作。行车调度安全是整个行车安全的核心。

为了实现安全指挥,行车调度必须达到以下基本要求:

① 严格执行各岗位职责,严禁串岗。城市轨道交通行车调度工作设有调度总指挥员、高级调度管理员、行车调度员、电力调度员等岗位。各岗位之间须严格执行各自岗位的职责,严禁串岗执行他人或他岗的职责,防止出现多级领导下达命令的状况,保证调度指挥的安全性和权威性。

② 遵守“安全第一、预防为主、以人为本”的原则。

③ 加强人员技术业务水平。调度人员要重视技术业务的训练和提高,加强业务学习,掌握扎实的调度工作技术,熟知运营全过程和行车有关各部门的分工及协作,掌握处理各种行车意外情况和行车事故的方法,在实践中不断锻炼,增长自身的能力和才干。

④ 科学发布调度命令。调度命令是调度员在行车工作中对有关行车人员发出的指示或命令,其正确、有效与否直接影响行车安全。发布调度命令的要求如下:

a. 调度命令只能由值班行车调度员发布。

b. 调度命令内容应简明扼要,术语标准,不得任意简化。

c. 调度命令须直接发布给命令执行人。若无法直接发布时,应以书面命令形式转交。

d. 发布调度命令时,须指定受令人员中一人复诵,并认真核对受令人员的复诵内容,发现错误及时更正。

e. 行车调度员发布调度命令,须使用调度电话。若调度电话发生故障,须使用带有录音功能的电话。

9.4.2 电气安全

随着人类对电力能源的重视与不断应用,电力设施设备已与现代人类的工作与生活密不可分,电力甚至成为现代各行各业发展的基础和前提。但不可否认的是,由于种种原因,电力能源在带给人们工作与生活便利的同时,由电气设备产生的问题也给人类带来诸多问题,甚至引发灾难。在城市轨道交通运营工作中,电气安全工作同样是消除安全隐患、防止伤亡事故、保障工作顺利完成的重要保障。

1. 电气事故的类型

根据能量形式和来源,电气事故可分为静电事故、触电事故、雷电灾害、射频辐射危害、电路故障5类。

(1) 静电事故

静电是指生产工艺过程中和工作人员操作过程中,由于某些材料的相对运动、接触与分离等原因而积累起来的相对静止的正电荷和负电荷。这些电荷周围的场中储存的能量不大,不会直接使人致命。但是,静电电压可能高达数万乃至数十万伏,可能在现场发生放电,产生静电火花。在火灾和爆炸现场,静电火花是一个十分危险的因素。

(2) 触电事故

触电事故是由电流的能量造成的。触电是电流对人体的伤害。电流对人体的伤害可以分为电击和电伤。绝大部分触电伤亡事故都含有电击的成分。与电弧烧伤相比,电击致命的电流小得多,但电流作用时间较长,而且在人体表面一般不留下明显的痕迹。

(3) 雷电灾害

雷电是大气电,是由大自然的力量分离和积累的电荷,也是在局部范围内暂时失去平衡的正电荷和负电荷。雷电放电具有电流大、电压高等特点，其能量释放出来可能产生极大的破坏力。雷击除可能毁坏设施和设备外，还可能直接伤及人，可能引起火灾和爆炸。

(4) 射频辐射危害

射频辐射伤害即电磁场伤害。人体在高频电磁场作用下吸收辐射能量，使人的中枢神经系统、心血管系统等部件受到不同程度的伤害。射频辐射危害还表现为感应放电。

(5) 电路故障

电路故障是由电能传送、分配、转换失去控制造成的。断线、短路、接地漏电、误合闸、误掉闸、电气设备或电气元件损坏等都属于电路故障。电气线路或电气故障可能影响到人身安全。

2. 电气安全常识

① 不得私拉、乱拉电线，不得私自用电炉。

② 不得超负荷用电，不得随意加大熔断路的熔体规格或以铜丝或铁丝代替原有的铅锡合金熔丝。

③ 装拆电线和电气设备应由电工进行，避免发生短路和触电事故。

④ 不能在电线上晾晒衣物，以防电线绝缘破损，漏电伤人。

⑤ 不得在架空线路和室外变配电装置附近放风筝，以免造成短路或接地故障。

⑥ 不得用鸟枪或弹弓打停在电线上的鸟，以免击毁线路绝缘子。

⑦ 不得攀登电线杆和变配电装置的构架。

⑧ 移动电器的插座一般应采用带保护接地(PE)的插座。

⑨ 所有可触及的设备外露可导电部分必须接地，或接中性线(PEN线)或保护线(PE线)。

⑩ 当电线断落在地上时，不可走近，不能用手去捡。对落地的高压线，禁止人员进入距离落地点8～10 m的范围；如此时已有人在8～10 m的范围，不要跨步奔走，应单足或并足跳离危险区，以防跨步电压触电。

⑪ 在打扫卫生、擦拭设备时，严禁用水冲洗，或用湿抹布擦拭电气设备，以防发生短路和触电事故。

⑫ 如遇有人触电，应按规定方法进行急救。

✍ 阅读资料

预防雷击歌

霹雳电闪雷雨天，安全第一莫等闲，
献首歌谣大家唱，劝君牢记在心间。
身在屋内关门窗，电器设备断电源，
最好不要打电话，切莫出屋檐下站。
空旷地方身全缩，尽量减少暴露面，
双脚并拢快蹲下，躲到树下最危险。
人群多时要疏散，跑步摩擦引雷电，
金属物体不触摸，电线杆下不安全。
正在船上要上岸，闪电遇水水带电，
躲进汽车关好门，换件干衣身上穿。
球形闪电虽少见，不要只顾看稀罕，
它的能量十分大，慢慢躲闪莫擦边。

9.4.3 消防安全

2003年2月18日，韩国第三大城市大邱市城市轨道交通发生火灾，这次火灾共导致198人死亡，147人受伤。大邱市城市轨道交通火灾引起了世界各国的高度重视，同时城市轨道交通的防火、消防工作被列为城市轨道交通安全工作的头等大事。

1. 城市轨道交通火灾特点

城市轨道交通大部分运行于由车站和隧道内构成的相对封闭的空间内，人员密度大、流量多。在这种特殊的环境中，一旦发生火灾事故，其状况要比地面火灾更加难以控制，后果也会更加严重。

(1) 疏散困难

城市轨道交通发生火灾时，易产生浓烟和热气浪，同时产生大量有毒气体，这给人员疏散造成很大困难。

(2) 排烟排热差

被土石包裹的地下隧道，热交换十分困难。发生火灾时不能像地面建筑那样有80%的烟可以通过破碎的窗户扩散到大气中，而是聚集在建筑物内，无法扩散，易使温度骤升，较早的出现"爆燃"；烟气形成的高温气流会对人体产生巨大的影响。这些流动性很强的烟和有毒气体，若不加以控制或及时排除，则会在地下通道内四处流窜，短时间内充满整个地下空间，给现场遇险人员带来极大的生命威胁。一旦发生火灾事故，其危害将是极其严重的。

(3) 救援难度大

城市轨道交通火灾比地面建筑的火灾扑救要困难得多，其难度相当于扑救高层建筑最顶层的火灾。这是因为当地面建筑发生火灾时，可以直接在建筑外从产生的火光、烟雾判断火场位置和火势大小。而城市轨道交通发生火灾时究竟在哪个部位，因无法直观火场，需要详细查询和研究地下工程图，分析可能发生火灾的部位和可能出现的情况，才能做出灭火方案。同时，由于城市轨道交通的出入口有限，而且出入口又经常是火灾的冒烟口，消防人员不易接近着火点，扑救工作难以展开。再加上地下工程对通信设施的干扰较大，扑救人员与地面指挥人员通信联络困难，亦为消防扑救工作增加了障碍。

2. 城市轨道交通消防安全的危害因素

(1) 电气线路、电气设备故障引发火灾

城市轨道交通车站(含城市轨道交通列车)内电气线路、电气设备高度密集，这些电气线路和设备在运行中发生短路、过负荷、过热等故障是引发城市轨道交通火灾事故的重要原因。

(2) 人为因素引发火灾

工作人员违章操作、用火不慎，乘客携带易燃易爆危险品乘车、在城市轨道车站内吸烟、人为纵火等也可能引发城市轨道交通火灾事故。

(3) 环境因素引发火灾

主要包括城市轨道交通内部潮湿、高温、粉尘大、鼠害等因素。城市轨道交通内部通风不畅、隧道散热不良等原因导致温度过高；隧道内漏水情况比较普遍，地下湿气不易排出，导致地下空间湿度大；老鼠等小动物啃咬电缆电线。上述环境因素可能使电气设备、线路绝缘性能下降，造成电气设备短路引起火灾。

(4) 与城市轨道交通车站合建的外来建筑物带来的危害因素

特别是处于中心闹市区的城市轨道交通车站，常常与地面商业建筑合建。由于商场、车库、写字楼等商业场所具有较高的火灾风险，因此一旦发生火灾、爆炸及其他灾害，不仅可能对城市轨道交通的正常运营带来影响，严重时甚至可能造成城市轨道交通财产和人身方面的重大损失。对于存在此类商业经营场所的城市轨道交通车站，除城市轨道交通本身风险以外的各种风险（包括火灾和爆炸）不容忽视。

3. 城市轨道交通火灾引发原因

（1）管理方面的原因

管理上的疏漏是造成火灾的主要原因，主要表现为城市轨道交通公司没有制定严格的管理制度，导致众多安全隐患。

（2）列车材料的因素

由于城市轨道交通车厢易燃，且车厢与车厢之间是相通的，很多新型列车座位所使用的装饰材料都是易燃的薄绒布。这种材料一旦着火便难以控制，容易酿成大火。一些老式车厢内的装饰材料采用可燃性化学合成材料，在燃烧时会迅速产生大量有毒气体，使人窒息死亡。因此，城市轨道交通火灾的发生与城市轨道交通列车的材料有着非常密切的关系。

（3）人的因素

人包括城市轨道交通乘客、操作人员、管理人员及其他在场人员。人的因素是造成事故的主要因素，主要有以下几种情况。

① 隧道内维修施工过程中进行焊接、切割工作；或者机械。

② 乘客吸烟时的火星或随便乱扔的烟头以及携带的易燃易爆物品都可能引发火灾。虽然城市轨道交通运营安全乘车规定禁止旅客携带易燃易爆危险品，但还是会有此类事故发生。

③ 人为故障纵火或恐怖袭击等其他原因。

✍ 实训任务 9.3

收集城市轨道交通安全标识并进行分类

（1）实训目标：训练学生在收集过程中完成对安全色与安全标识的认知；训练学生运用多种渠道多种方式进行信息收集的能力。

（2）实训要点：任务布置后分小组进行，各小组开展活动前做好准备工作，然后将收集的信息进行分类整理、制作 PPT、课堂分享展示。

（3）评价

	内　容	分　值	自评分	小组评分	实得分
考核标准	分工合理，全员参与	25			
	内容详实，条理清楚	25			
	工作页的完成情况	25			
	陈述或效果展示	25			
合　计		100			

课后练习题

一、单项选择题

1. 能量意外释放安全理论认为，在一定条件下，某种形式的能量能否产生造成人员伤亡事故的伤害，取决于（　　）、接触能量时间的长短和频率以及力的集中程度。

A. 时间的长短　　B. 能量的大小
C. 物质的物理属性　　D. 物质的化学属性

2. 安全是(　　)的。

A. 瞬间　　B. 绝对　　C. 相对　　D. 无事故

3. 事故不能(　　)。

A. 预防　　B. 减少　　C. 消灭　　D. 造成损失

4. 以下,(　　)不属于人的不安全行为。

A. 不按规定方法操作　　B. 不采取安全措施
C. 进入危险区域　　D. 管理方法不当

5. 危险源分为(　　)级。

A. 4　　B. 5　　C. 6　　D. 7

6. 城市轨道交通的火灾特点不包括(　　)。

A. 疏散困难　　B. 排烟排热差
C. 救援难度大　　D. 材料具有易燃易爆属性

二、简答题

1. 事故致因理论包含了哪些内容?

2. 危险源辨识的“三、三、七”要求是什么?

三、综合实训

1. 查看两本以上相关教材目录,了解城市轨道交通运营安全管理的相关内容并提炼关键词。(建议用书:《城市轨道交通运营安全》,中国劳动保障出版社,2012年6月出版;《城市轨道交通运营安全》,人民交通出版社,2010年6月出版)

2. 有条件的同学去到一个地铁站识别一下现场的危险源并拍图片向大家讲解。

项目 10　城市轨道交通人力资源管理

☞ 学习目标

了解城市轨道交通人力资源管理的概念；熟悉城市轨道交通人力资源管理的主要内容；掌握城市轨道交通人力资源管理职位分析的概念与方法；掌握城市轨道交通人力资源管理体系建设的路径。

☞ 重点和难点

城市轨道交通人力资源管理的内容；轨道交通人力资源管理职位分析；城市轨道交通人力资源管理体系建设。

☞ 导入案例

【案例 10.1】

管理故事：用人之道

去过寺庙的人都知道，一进庙门，首先是弥勒佛，笑脸迎客，而在他的北面，则是黑口黑脸的韦陀。但相传在很久以前，他们并不在同一个庙里，而是分别掌管不同的庙。

弥勒佛热情快乐，来供奉的人非常多，但他什么都不在乎，丢三落四，没有好好管理账务，所以依然入不敷出。而韦陀虽然管账是一把好手，但成天阴着个脸，太过严肃，搞得人越来越少，最后香火断绝。

佛祖在查香火的时候发现了这个问题，就将他们俩放在同一座庙里，由弥勒佛负责公关，笑迎八方客，于是香火大旺；而韦陀铁面无私，锱铢必较，则让他负责财务，严格把关。在两人分工合作之后，庙里一派欣欣向荣的景象。

案例思考与管理心得：

其实在用人大师的眼里，没有废人，正如武功高手，不需要名贵宝剑，摘花飞叶即可伤人，关键看如何招人、用人、留人、激励人。

来源：《名人佳记(财富人物)》

任务 10.1　城市轨道交通人力资源管理概述

城市轨道交通绿色出行方式，已经为世界范围内的公共交通发展问题提供了全新的解决方案，在世界上比较大的城市中，城市轨道交通已经基本形成规模，我国在最近这些年，也将城市交通发展重心开始往城市轨道交通方面转移，在北京、上海、广州、成都等城市已经开通了多条地铁和城市轻轨地铁。现如今，我国更是将城市轨道的交通发展情况摆放在城市化发展的重要地位。截至 2018 年，《中国数据投资》表明全国已经建设完成了 149 条线路，总长度达到了 5 009 km，全国日均客运量 5 752.6 万乘次。如今随着城市轨道交通的规模不断壮大，势必需要更多的城市轨道交通运营管理方面的人才。

城市轨道交通系统是一台大型联动机器，如何管理好这部大机器，人力资源管理是大联动机器上的皮带和链条，它将机器的齿轮串在一起产生动力，不能太松，也不能太紧。螺丝松了，就要及时紧固，保持机器稳定；机器不润滑了，就要及时上油，保持机器活力。“管”是定向静态的，“理”是实时动态的。人员在城市轨道交通系统这个联动机器里起到关键性、主导性作用；人力资源是整个体系中不确定因素最多、面临情况最复杂的一部分，人力资源更是企业发展的最重要资源，人力资源管理是贯穿所有管理的重要内容。

10.1.1 城市轨道交通人力资源管理面临的主要问题

城市轨道交通在发展过程中大致经历生成期、成长期和成熟期3个阶段。在每个发展阶段，尤其是每一阶段向下一阶段的过渡，城市轨道交通企业都会发生重要转型，其中人力资源的需求变化尤为突出。轨道交通人才建设中的人才需求在第1～2阶段稳步增长，第3阶段开始逐步下降，运营人才则始终随着线路增长呈同比增长态势，最后形成高峰并保持稳定。根据调研发现，在国内的城市轨道交通运营中的人力资源管理和匹配中，每千米需要配备50～100人不等，对于高素质工作人员的需求是比较多的。到2020年，仅仅在我国华南地区的城市轨道交通运营之中，就需要优秀的人才4.6万人左右。然而，从目前的发展情况看来，我国培养和储备城市轨道交通管理人才的水平和城市轨道交通的发展现状严重失调，这就造成了我国城市轨道交通运营工作出现人才不足的现象。当前我国城市轨道交通人力资源管理过程中存在的主要问题包含以下几方面：

（1）人才管理体系不健全

城市轨道交通岗位社会通用性不强，人才需求市场化仍未有效形成，城市轨道交通企业区域性较强，员工区域内流动较小，往往随着新建城市项目运营单向成批流动，部分城市轨道交通企业缺乏员工职业规划引导、晋升机制不成熟、激励机制不明显等造成人才流失频繁。

（2）员工薪酬体系不健全

员工收入增长缓慢、公益性是城市轨道交通企业的重要属性，票价未市场化的客观现实，难以让企业收入来源完全市场化，这就决定了其很难完全凭自身能力满足员工收入合理增长的需求。城市轨道交通生产人员技能单一，寄更大希望于企业自身发展和劳资谈判解决问题。伦敦地铁工人屡次罢工凸显了公用事业市场化所存在的两难困境：一方面，政府大力提倡公用事业市场化，以吸纳资金和改善公共服务水平；另一方面，私企逐利的本性导致公共服务的无效性。薪酬结构不合理，部分企业收入分配体系过分强调学历、职称、等级等重要性，弱化了工作量、工作岗位、工作绩效等权重，未能实现同工同酬、易岗易薪等，不能通过合理的薪酬手段拉开不同岗位、不同贡献的收入差距。

（3）人才储备与供给不足

现阶段城市轨道交通人才需求旺盛，5年需要新增运营人才18万人，而目前能力仅能满足一半左右，供给日趋紧张，主要是优质人才供给不足。从业人才能力欠缺，城市轨道交通不仅规模发展迅速，而且乘客需求、技术更新、功能拓展日新月异，对运营人才的能力提出了全新的要求，提供更多更优的管理、技术和生产人员，成为城市轨道交通发展的一大迫切需求。

10.1.2 城市轨道交通人力资源管理的内容与方法

通过人力资源的优化与管理，改善城市轨道交通企业管理水平，降低城市轨道交通企业成本，提高城市轨道交通企业收益，进而实现城市轨道交通企业的可持续发展具有重大意义。从城市轨道交通企业人力资源管理的视角，分析城市轨道交通企业人力资源在按照国内、外实践而得出定编人数的基础上，如何从人力资源规划定编定岗、员工招聘、员工培训、员工激励和员工考核等方面优化城市轨道交通企业人力资源管理，提高城市轨道交通企业管理水平，这对城市轨道交通企业来讲非常重要。

城市轨道交通企业人力资源管理是个庞大的体系，主要包含以下管理内容：

(1) 职务分析与设计

职务分析是指对员工的工作岗位进行科学规范分析，以确定该岗位的工作目的、工作内容、职责权限、工作关系以及任职资格等主要内容，出具职务说明书，作为其他人力资源管理活动和决策的基础性依据。职务分析通过对工作输入、工作转换过程、工作输出、工作的关联特征、工作资源、工作环境背景等分析，形成工作分析的结果——职务规范(也称工作说明书)。职务规范包括工作识别信息、工作概要、工作职责和责任，以及任职资格的标准信息，为其他人力资源管理职能的使用提供方便。具体而言，主要是对企业各个工作职位的性质、结构、责任、流程，以及胜任该职位工作人员的素质、知识、技能等，在调查分析获取相关信息的基础上，编写出职务说明书和岗位规范等人事管理文件。

(2) 人力资源规划

人力资源规划指企业从战略规划和发展目标出发，根据其内、外部环境的变化，预测企业未来发展对人力资源的需求，以及为满足这种需要所提供人力资源的活动过程。通俗地讲，人力资源规划是为了说明人力资源部门未来要做的工作内容和工作步骤。人力资源管理者要树立以人为本的管理思想，做好人力资源管理，创造宽松的人力资源管理环境，才能人人关注企业发展，形成奋发向上的企业文化。具体而言，人力资源规划应从以下四个方面做好人力资源的开发和管理工作：一是围绕企业发展战略做好人力资源规划；二是强化人才的培养力度；三是改革完 善绩效考核和分配制度；四是营造有利于人才成长的学习型企业氛围，把企业人力资源战略转化为中长期目标、计划和政策措施，包括对人力资源现状分析、未来人员供需预测与平衡，确保企业在需要时能获得所需要的人力资源。

(3) 员工招聘与选拔

员工招聘与选拔是指根据人力资源规划和工作分析的要求，为企业招聘、选拔所需要的人力资源并录用安排到一定岗位上，具体而言，主要是根据企业目标确定的所需员工条件，通过人力资源发展规划，通过招聘、考试、测评、选拔，获取企业所需人员。招聘是企业整个人力资源管理活动的基础，有效的招聘工作能为以后的培训、考评、工资福利、劳动关系等管理活动打好基础。对于城市轨道交通运营企业来讲，人才素质和职业道德的要求是多方面的。在城市轨道交通运营企业中，运营管理专业人才应具备的排在前 3 位的专业基本技能是以下 3 项：一是客运管理能力，包括客流组织、客运设备操作与维护、乘客服务和车站环境管理；二是票务管理能力，包括设备操作与维护、故障应急处置、票卡、票款管理等；三是非正常情况应急处置能力。无论是城市轨道交通企业，还是城市客运企业，都是涉及千百万人出行安全的交通企业，对员工的基本素质和职业道德有着更高的要求。员工除了具有专业知识和专业基本技能之外，还需要具有综合能力，如安全观念、学习能力、实践能力、与人沟通的能力。同时企业要求人才能够学习他人长处，团结合作，共同发展。

(4) 绩效考评

绩效考评是指对员工履行自己职责、完成任务情况的考察，对员工在一定时间内对企业的贡献和工作中取得的绩效进行考核和评价，及时作出反馈，以便提高和改善员工的工作绩效，并为员工培训、晋升、计酬等人事决策提供依据。考核目的主要是对工作人员在工作过程中表现出的品行、工作态度、工作能力、工作业绩进行评价并判断工作人员与其所从事的职位要求是否相称。员工考核的主要内容为德、能、勤、绩。绩效考核是现代组织不可或缺的管理工具。

有效的绩效考核，不仅能确定每位员工对组织的贡献或不足，更可在整体上对人力资源的管理提供决定性的评估资料，为员工薪酬管理、培训以及将来的任用提供依据，能帮助和促进员工自我发展，促进组织的团队建设，从而可以改善组织的反馈机能，激励士气，提高员工的工作绩效。

（5）薪酬管理

薪酬管理包括对基本薪酬、绩效薪酬、奖金、津贴以及福利等薪酬结构的设计与管理，以激励员工更加努力地为企业工作。

（6）员工激励

城市轨道交通企业是由一大群人组成并运营的，因此激励的对象主要是人，一个组织的所有工作人员，每个人都是有差异的，要进行有效的激励，就要研究被激励者的心理，清楚他们最需要什么，这样的激励才具有针对性。如果主体对客体的激励方式只是货币，则边际效用递减，随着时间的推移和激励次数的增多，要达到相同的激励效果，花费的成本就会变得越来越多。因此，在实施激励的过程中，应当对激励客体实施恰当的激励组合，特别是要注意通过激励组合的变动，推动激励客体的激励效用曲线由低向高移动。

激励的方式是多维的复合体，需要根据不同的人群特点选择最适当的激励方式组合。这些激励方式包括物质激励、晋升激励、荣誉激励、信任激励、目标激励、责任激励、成就激励、情感激励等。采用激励理论和方法，对员工的各种需要予以不同程度的满足或限制，引起员工心理状况的变化，以激发员工向企业所期望的目标而努力。

（7）培训与开发

随着知识经济的到来，在企业的经营活动中，人力资源已成为企业最重要、最富活力与创造力的资本，培训是个人职业生涯与企业发展的联系纽带，其在企业战略管理中的功能与作用也越来越受到人们的关注。城市轨道交通企业的有识之士，也充分认识到人的素质与能力对企业运营质量和发展前途有极为重要的影响，并感知到现实与未来对高素质、高技能员工的呼唤。员工培训既是企业发展的需要，也是企业员工自身发展的需要。通过培训提高员工个人、群体和整个企业的知识、能力、工作态度和工作绩效，进一步开发员工的智力潜能，以增强人力资源的贡献率。“坚持教育创新，深化教育改革，全面推进素质教育，造就高素质劳动者、专门人才和一大批拔尖创新人才”，这是在当今城市轨道交通大发展的形势下，对轨道交通运营企业提出的现实要求。

（8）职业生涯规划

鼓励和关心员工的个人发展，帮助员工制定个人发展规划，以进一步激发员工的积极性、创造性。

（9）人工成本管理

与财务部门合作，建立人力资源会计体系，开展人力资源投资成本与产出效益的核算工作，为人力资源管理与决策提供依据。

（10）劳动关系管理

通过企业文化、信息沟通、人际关系和谐、矛盾冲突的化解等有效整合，使企业内部的个体、群众的目标、行为、态度趋向企业的要求和理念，使分散的组织机构中不同层次、不同部门、不同岗位、不同地区的成员建立和加强对组织目的的认识和相应的责任感，从而使之达到高度的合作与协调。协调和改善企业与员工之间的劳动关系，进行企业文化建设，可营造和谐的劳动关系和良好的工作氛围，保障企业经营活动的正常开展，进而发挥集体优势，提高企业的生产力和效益。

任务 10.2 城市轨道交通运营职务分析

10.2.1 职务分析的含义

职务分析又称工作分析、职位分析、岗位分析。职务分析是人力资源管理的基础，是所有人力资源管理的依据和参考，离开了职务分析，一切的管理工作都是感性的行为，毫无科学性可言。职务分析是指对员工的工作岗位进行科学规范分析，以确定该岗位的工作目的、工作内容、职责权限、工作关系以及任职资格等主要内容，出具职务说明书，可作为其他人力资源管理活动和决策的基础性依据。

职务分析通过对工作输入、工作转换过程、工作输出、工作的关联特征、工作资源、工作环境背景等的分析，形成工作分析的结果——职务规范（也称工作说明书）。职务规范包括工作识别信息、工作概要、工作职责和责任，以及任职资格的标准信息，为其他人力资源管理职能的使用提供方便。职务分析主要从以下的 6W 和 1H 来进行：

① 6W－1：职务的责任者是谁（WHO）；

② 6W－2：职务的服务对象是谁（WHOM）；

③ 6W－3：为什么要做该项职务（WHY）；

④ 6W－4：职务的主要工作内容（WHAT）；

⑤ 6W－5：职务的工作地点（WHERE）；

⑥ 6W－6：职务的工作时间（WHEN）；

⑦ 1H－1：完成职务所使用的方法和程序（HOW）。

职务分析的内容主要包括：一是工作描述，具体说明职位的工作内容、特点及工作环境等，主要包括职位的名称、工作的职责、工作的要求、工作的场所、工作的时间要求及工作条件等；二是工作说明书，根据工作描述的内容，指出从事该工作的人员必须具备的各项要求，其中主要包括一般性要求，主要指从事该工作所需要的年龄、性别、学历、工作经历等，生理要求主要指该工作对工作人员的身体状况和身体素质方面的要求，心理性要求主要指工作中所应具备的知识、技艺、能力等个人特征，包括观察力、判断力、记忆力、语言表达能力和决策能力等。

10.2.2 轨道交通企业职位构成及分类

随着我国轨道交通行业管理水平不断地发展提升，轨道交通企业部分的组织机构和岗位运作模式趋于固定和专业化，在企业发展过程中通过不断适应和调整各项工作任务的需要，逐渐形成了企业岗位职责定位，从基本的层面对各层级业务知识技能要求在管理过程中不断予以明确，以此来提高企业运作效率，不断提高管理水平。与此同时，国务院大部制改革以后，交通运输主管部门也在不断推进各项规范和标准的出台实施，如 2015 年 9 月出台的 JT/T 1002.1—2015《城市轨道交通行车值班员技能和素质要求 第 1 部分：地铁、轻轨和单轨》、JT/T 1003.1—2015《城市轨道交通列车驾驶员技能和素质要求 第 1 部分：地铁、轻轨和单轨》、JT/T 1004.1—2015《城市轨道交通行车调度员技能和素质要求 第 1 部分：地铁、轻轨和单轨》就对地铁企业 3 个核心岗位员工的基础知识、专业知识、基本技能和专业技能进行了具体规范，从行业层面提出了对岗位人员的业务知识构成要求。在轨道交通运营安全生产管理工作中，定岗定编的组织机构人员与非定岗定编组织机构人员并存，如安委会、应急领导小组、专兼职网络安全员等均为非定岗定编的组织机构。如何使各岗位人员能够在整个运营组织机构中找到准确定位，一方面企业要加强对岗位人员的培训辅导，另一方面员工自身也需要调整知识构成以适应工作需要，需要按照程序化的分析思路进行具体的岗位分析。

✍ 阅读资料

【案例链接】

哈尔滨地铁运营公司职位管理

哈尔滨地铁运营公司将员工划分为以下4个类别。

(1) 工人层级，即最基层执行人员，如列车司机、站务员、值班员、调度员、维修工等。

(2) 班组长层级，即最小基层单元管理者，如司机长、值班站长、工班长、值班主任等。

(3) 管理人员层级，即主要管理组织人员，如工程师、分部长、中心主任、部长等。

(4) 领导层级，即企业管理决策人员，如经理、书记、副书记、副经理、总工程师等。

针对工作的要求，对各级员工提出4方面的管理要求，包括员工关键工作任务、员工能力提升方法、员工态度改善、企业文化建设。

哈尔滨地铁运营公司将员工划分为4个类别，针对具体层级人员的知识构成，结合地铁运营企业岗位职责定位，不断拓展对岗位的认识和理解。例如：① 工人的知识构成重点是突出"持证上岗"的要求，通过培训加强知识储备，不断革新培训的方式、内容和手段，在员工掌握基本能力的前提下，进一步促进他们加强对深层次业务的掌握和理解，了解各项程序措施的基本原理和安全风险所在，让员工具备基本的风险辨识能力和风险防控能力；② 班组长必须重点掌握作业流程，在理解规章制度规范的同时，做好作业流程的准确掌握和理解，并具备对作业流程中空白方面的指导和实践，具体指导工人层面在作业中的规范和要求，扮演好管理者、组织者 、作业者和导师的角色；③ 管理人员层面的知识构成除了作业流程的具体操作以外，还包含对法律法规、管理规章、操作规范等知识的掌握与应用，他们既是制定企业规则的直接参与决策者，又是各类规章制度合理性和执行监督检查的责任人；④ 在企业领导的知识构成中，相关的法律法规、标准规范、政府要求等外部的要求占主要部分，管理规章所占比例也达到30 % ，这就要求领导岗位的人员要在"贯彻落实"这个方面下功夫，既要领会外部层面的要求，也要将外部的规定精准理解细化到具体的企业规章制度中并加以落实，执行过头、执行偏离、钻制度漏洞、执行不到位都是不可取的，必须注意规避企业的运营风险。

哈尔滨地铁运营公司需要通过业务工作定位、岗位需求设计来明确员工岗位关键任务，进行具体的岗位能力提升设计和规划，才能更好地做好整个企业的人员能力提升培养工作。

10.2.3　城市轨道交通企业主要岗位职责

城市轨道交通在吸纳社会就业与推动国家发展方面具有重要意义，以就业为例，城市轨道交通主要能提供3大类就业机会：第一类是参与建设、维护的后勤人员和城市轨道交通建成开通后的运营、管理人员；第二类是因城市轨道交通的开通衍生的服务业人员；第三类是城市轨道交通开通后会带动房产、广告、地铁艺术等行业，也需要大量的从业人员。城市轨道交通企业人力资源管理主要是针对前两类人员来研究的，人力资源主要的专业需求涉及电动列车驾驶、运输与管理、供配电、车辆机械、车辆电气、机电、通信、信号等。城市轨道交通企业人才的构成就像一颗橄榄，两头尖、中间大，大需求量的城市轨道交通企业人才是在城市轨道交通进入运营状态后每个站点都需要配备的机车司机、车辆控制人员、车辆维修维护人员、轨道维修人员、车站维护人员、技术协调管理人员、车站值班员、调度人员、运营管理人员、乘务员、售票员等客运服务类人才和设施、设备维护保养类人才。据此，就城市轨道交通人力资源的配置而言，目前国内的城市轨道交通，成熟精简的人员编制是每千米轨道平均配置60人(不包括劳务人员，下同)，香港地铁每千米轨道配备人数是60人，深圳地铁每千米轨道配备人数是62人，上海城市轨道交通每千米的轨道配备人数控制在60人左右。具体而言，城市轨道交通企业常设的主要工作岗位及其职责主要包含以下几类：

(1) 售票员岗位职责

- 执行分公司、部、中心、车站的有关规章制度，做到有令必行，有禁必止。
- 在客运值班员领导下，负责车站售票工作。
- 按规定时间开关售票窗口，严格执行售票纪律，严禁无关人员进入售票室。
- 严格执行“一验、二售、三找、四清”的作业程序，准确发售票、卡，按规定提示乘客确认票卡面值，不得拒收分币。
- 热情接待乘客，有问必答，百问不厌，对重点旅客重点照顾，引导旅客选择班车，尽量满足旅客乘车要求，对乘客提出的问题，要按规定妥善解决。
- 注意观察客流动态，当客流发生变化时，及时提供信息，以便调整班次，对无法过闸票卡进行分析，并按规定处理。
- 准确填写结算单，交清当班票款，加强防范，确保票款安全。
- 正确使用设备，确保售票亭内整洁和设备内部清洁。
- 熟练掌握微机售票系统性能及操作技术，爱护设备用具，定期保修。
- 完成上级领导临时交办的工作。

(2) 值班员岗位职责

- 执行分公司、部、中心、车站的有关规章制度，做到有令必行，有禁必止。
- 在值班站长的领导下，主管车站行车工作。
- 服从行调指挥，执行行调命令，严格按列车运行图组织行车。
- 严格执行一次作业程序，熟悉行车设备的性能，掌握操作方法。
- 控制车站广播，密切关注监视屏，掌握站台乘客动态。
- LOW停用时负责现场人工排列进路。
- 非运营时间做好巡道、设备维修的登记和注销手续。
- 保管、使用行车设备备品，正确填写各种行车日志，字迹清楚。
- 值班站长不在车控室时代理其职责。
- 完成上级领导临时交办或外部门需协办的其他工作。

(3) 工长岗位职责

- 执行分公司、部、中心、车站的有关规章制度，做到有令必行，有禁必止。协助站长做好车站生产、日常工作及人员管理。
- 协助站长加强班组管理和现场检查，协调车站各班次之间的联劳协作，督促车站员工“两纪一化”执行情况。
- 掌握列车运行情况，组织车站各岗位员工处理突发事件和事故，尽快恢复车站正常运作。
- 加强票务管理，分解上级分配的客流、票务销售等任务，并做好计划制定、过程控制、总结上报等工作。
- 接待乘客的来访来电，做好车站客运服务工作，妥善处理各类服务纠纷。
- 负责制定、分解及安排车站各岗位员工的培训计划，按计划监督、检查培训工作的实施情况，并对培训效果进行评估。

- 检查每日车站各类台帐、报表的填记情况，并督促当班邮件、数据的及时上报。审核、检查每月（日）需上报的各类邮件、报表、业务通知、班次以及考勤资料等。定期制作、及时调整、公布、上报员工班次、考勤。做好车站每月的工作任务的计划、分解、总结、上报等工作。
- 定期组织、开展综合治理小组会议。
- 协助站长搞好车站综合治理，并积极配合、协调与各兄弟部门的关系。
- 完成上级领导临时交办或外部门需协办的其他工作。

（4）站长岗位职责

- 执行分公司、部、中心的有关规章制度，做到有令必行，有禁必止。
- 在站务中心（副）主任领导下，组织领导站内员工开展车站各项工作。
- 负责车站员工的日常管理，定期进行员工教育，掌握员工思想状况。
- 定期计划、检查、总结车站行车、客运和票务工作。
- 监督车站乘客服务工作，处理乘客投诉、来信、来访、纠纷。
- 对车站进行日常安全检查，确保车站行车、票务、消防、治安、人身安全。
- 对执法案件审批、监督，并负责执法人员、文书的管理。
- 制定车站员工培训计划，定期检查培训效果，进行培训总结。
- 搞好车站综合治理管理，并积极配合和协调各兄弟部门的关系。
- 完成上级领导临时交办或外部门需要协办的其他工作。

任务10.3 城市轨道交通人力资源管理提升策略

城市轨道交通虽然非常年轻，但其与人类的经济、社会、政治、科技、艺术、城市发展等各方面息息相关，轨道交通在发展客运服务功能的同时，对都市风貌与意向产生了深刻的影响。城市轨道交通建设在我国虽然只有40余年的历史，却以前所未有的影响力走进了城市，走进了人们的日常生活，代表着城市中高速、便捷、现代、时尚等元素，同时在一定程度上改变着城市的内在气质和外在景观，改变着人们的生活方式，在当今城市中，地铁已不仅仅是一种简单的交通工具，而是城市文化的象征。因此，加强和提升城市轨道交通人力资源管理水平，对加快我国轨道交通事业发展具有重要意义。那么，该如何提升我国城市轨道交通人力资源管理水平呢？基于问题导向，可以从以下几方面入手。

10.3.1 坚持“人本主义”为基础的全员人力资源建设

企业文化的制定来源于企业实际，成长于全体员工中间，如果失去了员工的参与，企业文化也就失去了它存在的根本意义。城市轨道交通在推进企业文化实施过程中，应坚持“以人为本”、全员参与的原则：一是开辟了领导层与员工上下沟通的畅通渠道，企业能够广泛征求全体员工的意见和建议，赢得广大员工的充分理解和支持，激发和调动员工参与企业文化建设的积极性和主动性，实现“要我变”到“我要变”的转变；二是积极开展以全员参与为主的企业文化活动，如企业文化知识竞赛、员工座右铭征集、企业文化征文等，充分发挥员工的主观能动性，使他们成为最积极的参与者和实践者，使企业文化建设与实施真正落到实处。城市轨道交通企业扎扎实实地推进实施先进的企业文化，坚持用先进的企业文化占领企业的思想阵地，并将它渗透于企业运营的各个方面，从而增强了乘客满意度、社会知名度和企业凝聚力、市场竞争力，促进了文化管理向现实生产力的转化，为未来企业健康快速地发展熔铸了永不衰竭的文化力。

由于城市轨道交通是现代城市生活的人们必不可少的交通工具，因此，要建设高品位的城市轨道交通企业文化体系，一方面需要"以人为本"，给予乘客更多的人文关怀；另一方面，要引导乘客参与城市轨道交通文化建设，精心培育乘客的文化意识，共同打造特色品牌，体现出细致入微的人文关怀。例如韩国地铁"跟着色彩走，听到音乐换，记住数字下"的"三句经"，色彩、数字、音乐，好记、好听又好找，为人们所津津乐道。首尔城的地下奔驰着近10条地铁，每一条线路都用不同的颜色表示，从地面进出口的标牌开始，一直到站台车厢，色彩均保持一致。这样就给乘客很大的识别方便，假如乘客只乘坐某一条线，那就认准某种颜色就行了；如果还要换乘，那也只需要认准换乘线路的颜色就不会搞错。所谓"听到音乐换"，是因为地铁广播里，凡是到换乘时，都会有音乐或者悦耳的鸟叫声响起，以此来提醒乘客，以免错过。"记住数字下"，首尔地铁的每一个车站都有一个编号，开头的数字是线路的号码，只要看准自己是去往数字小的地方还是去往数字大的地方，方向就不会错，上车以后只要记住下车那一站的数字，即使乘客不会韩语，也万无一失了。

10.3.2　加强校企一体化的人才培养体系建设

目前城市轨道交通运营管理专业的课程体系，是根据社会需要和学生的学习特点设计的，以提高学生的运营管理水平和文化素质为目标，使学生掌握城市轨道交通运营管理的基本技能和基本能力。高校中既有城市轨道交通运营管理专业实践经验又有专业理论水平的教师较缺乏。现有的教师队伍中，缺少有专业实践经验的复合性教师，大多年轻教师从学校毕业直接进入高校任教，只有理论没有实践，对职业教育中的实践教学、实验实训的开展能力还不足。建议鼓励教师去企业顶岗任职、学习实践经验，增强实践能力；或聘请企业有经验的技术人员到校讲课，相互交流，共同提高。今后，高等院校可以在以下几方面加强对口人才的培养力度：

① 从事城市轨道交通运营管理一线技能性工作的专业人才。主要从事城市轨道交通运营企业的车站运营管理工作，如站务管理、安全管理、票务管理工作等，要求熟悉城市轨道交通系统的基本构成，了解并掌握运营管理所需的专业背景知识。

② 从事城市轨道交通运营维护一线技能性工作的专业人才。主要从事城市轨道交通运营企业的车站和车辆段设施、设备的维修、维护工作，如自动售检票系统、通信与信号系统、机车车辆等，要求熟悉城市轨道交通系统的相应各子系统，了解并掌握各子系统的构成及基本维修维护技能。

③ 从事城市轨道交通乘务工作的专业人才。主要从事城市轨道交通运营企业的列车驾驶工作，要求有较好的心理素质，熟悉城市轨道交通系统的机车车辆，了解并掌握机车车辆的构成及基本维修维护技能。

10.3.3　建立规范化的城市轨道交通人力资源管理体系

1. 人力资源规划与员工发展建设

要建立公平晋升制度，公开选聘晋升制度是公平竞争的有效举措，除了要解决如何晋升，怎么公平的问题，也要重点考虑人力资源可持续发展对于公司发展的重要性，制度不仅对员工公平，而且对企业发展有利。建立有效的晋升制度，应当根据行业特点、技术规范、工作需求等人才发展规划表，要打破论资排辈，论资历不能唯资历，不是你要干什么，而是你干过什么，这个"资"是职业资格，这个"历"就是职务经历。通过规范职务晋升的纵向通道，让人才能既快又稳地晋升，让晋升的人最快适应和承担新的角色，真正做到提拔一个人，带动一片人。同时通过公开选聘、同级职务交流等举措，最大程度地拓展晋升的横向通道，同时通过公开选聘、同级职务交流等举措，拓展岗位或职位晋升的横、纵向通道，给予更多人脱颖而出的机会。建立公开晋升制度，必须在“行政主管负责、技术专业负责、安全逐级负责”的原则下，在人力资源管理部门的全过程主导参与下，真正建立起立体的、全方位的企业内部人力资源发展模式。

2. 薪酬管理体系建设

科学的薪酬制度，有助于增强员工积极性，薪酬制度不健全，一定程度上影响员工的积极性。薪酬科学，能用合理的收入差距带动广大员工的劳动积极性，一定程度将岗位的贡献和价值给予肯定；公平有效的薪酬制度，有助于促进管理水平提高，有助于建立和谐劳资关系。

3. 绩效管理体系建设

一个好的绩效考核制度，不在于它的处罚有多严厉，而是在于它的公正与科学。公正的绩效制度，不全在于罚，而更在于奖，奖优就等于罚劣，奖多就等于罚寡，但对于触碰高压线、给公司造成重大损失的仍然不能姑息迁就。更要优化一线生产员工绩效考评办法，一线员工业务能力高低、态度好坏都会通过工作事件、台账记录、工作表现等客观事件体现，根据各级动静态检查，变主观评价为客观评价，根据事件分值总分加减累积员工绩效，简化绩效评价手续，及时有效激励广大员工。还要对成本管理实施效益挂钩，比如节能管理，将水、电等成本进行精确计量并计入班组、车间、部门、公司全员等，通过科学核算、历史参考等原则制定计划，计划内节省费用以一定比例让企业和个人共享成果等。

4. 培训体系建设

城市轨道交通是多学科、多专业的高新技术联合体。因此，各专业的技术进步必然会反映在城市轨道交通各相关专业的设计、建设和运营中，并最终要求企业员工能及时掌握和使用这些先进技术。如电动列车的驱动原先采用的是直流电机，随着大功率晶闸管耐压技术的突破，现在已普遍采用交流电动机驱动，不但降低了制造成本，也便于操作、维修；电动列车开关车门驱动由气动改为电动；信号系统也引进了“基于通信的列车控制（CBTC）”系统，替代了目前广泛使用的“准移动闭塞”系统。此外，随着数字化、网络化时代的来临，信息技术在各个技术领域都得到了广泛应用，轨道交通运行质量监控方面也不例外。如原先只对单条线路的运营质量进行监控的运行控制中心（OCC）也发展为中央运行控制中心（COCC），以利于实施对城市轨道交通网络内各线路的运营管理。近年来，城市轨道交通各专业技术的更新速度已明显加快。这些新技术的采用必然要求企业员工同步更新自己的知识和技术能力。

✍ **阅读资料**

【案例链接】

上海申通地铁集团有限公司轨道交通培训中心抓培训促发展

随着我国城市建设的快速发展，同市民日常生活、工作、出行密切相关的城市轨道交通，也迎来有史以来规模最大的投资和建设热潮。越来越多的城市争先恐后地进入“地铁时代”，一个新兴的地铁产业正在形成，地铁产业专业人才的需求剧增。而与巨大的需求形成鲜明对比的是可怜的供给，据业内人士介绍，仅上海，未来几年的地铁从业人员需求就达万人以上。

随着上海城市轨道交通跨越式发展，网络化运营已具有一定规模，运营员工数量也急剧上升，面对如此庞大的员工数量和高技术的培训要求，在探索培训方式的过程中有以下成功经验：对新员工实行军事化管理，集中培训；对低级别技工进行知识更新，由高级别技工在理论和实际操作2个方面通过言传身教进行技术传授；对于需要普及的基础知识或简单技能，采用首先培训一批专业培训师，然后通过培训师对全体员工进行知识或技能普及教育的方式。其中对全体客运服务员的礼仪培训就是典型的培训实例。

城市轨道交通自诞生之日起，就以"快捷、准时、方便"的长处而受到市民 欢迎，由此也确立了城市轨道交通的社会性、公益性和服务性等特点，因此更要求员工在工作中展现高素质的礼仪服务。在2007年7月就对全线近3 000名服务员在不足200天的时间内进行一次全员普训，并达到规定的要求。为此，上海申通地铁集团有限公司轨道交通培训中心决定尝试采用一种全新的培训方式：

① 组织专业人员，结合城市轨道交通特点，统一编写城市轨道交通礼仪标准和培训大纲及教材，并外请专家组对标准、大纲、教材进行评审；

② 精选32名高素质员工，采用小班辅导，培训成为专业礼仪师，由他们全面负责对全体员工的礼仪普及教育；

③ 进一步对礼仪师进行师资能力教育，通过教案编写、老师带教、小课示教、课堂点评等方法，提高他们的授课能力，礼仪师授课能力考核及格者，方能获得礼仪培训师资格；

④ 为确保全员礼仪培训质量，在具体普教过程中，统一提供规范的教案、教具、教材和示教片，并规定只能由专业礼仪培训师进行授课；

⑤ 每个员工在培训终结时必须进行书面理论和现场录像的考核，有一项不及格必须补考，补考不及格就不能上岗；考核成绩存档备查，也作为今后员工的考核依据。

正是由于实施了这一创新的培训模式，才能在不足200天的时间内完成了对全体服务员工的礼仪基础知识培训。经过这次高密度、高强度、高质量的普及培训，客运服务面貌有了较大的改观，受到社会各界的好评。这种形式的"车站服务员礼仪培训师资培训班"，就是对走专业化培训管理与群众性普及教育相结合道路的有益探索，有利于建设一支自我教育、统一规范的职工队伍。

另外，城市轨道交通企业还可以通过举办行车调度、车站站长和服务员的综合素质比赛，以比赛促进能力提高。各线路相关人员对各自的应知应会知识，采用比武比试的形式，综合考核行车业务知识；其余职工通过观摩参与，提高和巩固相应的基本业务，以达到提高个人业务工作能力的目的。这种新型的人力资源开发方式，已成为上海申通地铁集团有限公司为提高职工队伍整体素质而采取的一项创新举措，并在实践中取得了明显的成效。

近年来，上海申通地铁集团有限公司还通过开展形式多样的活动，努力创建具有轨道交通特色的企业文化，培养员工的责任感和荣誉感。如：近年来，公司先后成功举办了群众合唱比赛，"迎新线开通、为市民方便"的"保通车"活动等，均取得了很好的社会效益。通过开展形式多样的活动，进一步凝聚了员工人心，形成了企业合力，增强了广大员工"在市民面前我代表地铁，在国人面前我代表上海，在世人面前我代表中国"的集体荣誉感和责任感，激发了员工极大的工作热情。此外，结合城市轨道交通发展的实际，公司还实施了一系列行之有效的员工培训手段。如：鼓励职工在不影响工作的前提下，参加业余学历教育；积极开展"创建学习型组织、争当知识型员工"活动；以广大职工为主体，根据公司运营管理的发展需要，制定科学的人才发展计划，鼓励职工参加各种教育培训；通过灵活多样的学习方式，增强职工学习力、实践力、创新力、合作力，使职工掌握多岗位技能，为培养一专多能的复合型人才提供平台。

来源：上海申通地铁集团有限公司轨道交通培训中心. 城市轨道交通概论[M]. 北京：中国铁道出版社，2009.

4. 激励机制建设

实现运营安全周期或安全年增加全员安全工资(可根据部门、车间、班组等安全成绩分别考核),变一次性激励为长效激励,也分摊企业成本;效益工资与成本节约挂钩,技术津贴与岗位职级、技术职称挂钩。岗位变动仅变动岗位工资或其他工资,此举可实现员工工资可持续发展,避免岗位变更,安全成绩归零,工资总体调整,也无须推倒重来,仅变动岗位工资或其他即可,实现同工同酬、易岗易薪的同时,确保员工企业贡献的持续评价,加强员工的企业忠诚度,促进员工的稳定性。要加大技术创新,加强对建设、运营等生产技术革新的专利申请,以知识产权为保护手段,保护企业专利所有人权益,增强企业合作,鼓励和保障员工发明人权益。定期举办企业职业技能比武(生产运动会),通过选拔和重奖优秀的业务尖子,对获奖员工直接或优先晋升、晋级,引导广大员工学习业务,积极提升全员业务技术水平。对于轨道交通企业来讲,可以采取以下主要激励方式方法:

① 物质激励与责任激励相辅相成:在充分肯定组织成员作为"经济人"的基础上,将其所承担的责任及其所取得的成果与其所应获得的物质利益挂钩,以此强化组织成员的责任意识。提高组织成员的工资、奖金、津贴等外在利益。高绩效、高报酬;低绩效、低报酬。同时,要明确单一的物质激励不是万能的。成员对物质利益抱怨的背后可能隐藏着对精神待遇不满的现实。提高物质待遇可以暂时弥补成员对精神待遇的不满,但它并不能从根本上解决由于成员对精神待遇的不满而造成的管理上的冲突。改善员工管理,赋予员工管理和控制自己工作自由的权利就显得更为重要。

② 以成就激励来增强员工的荣誉感:成就激励是组织成员在工作过程中,通过管理者创设的各种激励措施使自己的价值与潜能得到充分实现而产生的一种成就意识与工作荣誉感,从而促使工作不断创新的激励形式。这要求在组织制度设计上为成员参与管理提供方便,为每一个岗位制定详细的岗位职责和权利,让成员参与到制定工作目标的决策中来。

③ 提升能力与情感激励:为组织人员提供培训机会,促使组织人员提升自己的人力资本存量,使员工感到一种信任,对组织充满感激之情。通过学习培训重新认识自我、创造自我。并鼓励他们学以致用,创造出更好的绩效,发挥出更大的自我价值。

④ 晋升激励创造竞争氛围:竞争与激励是一双孪生兄弟,晋升激励要实行分类、分等、分级的考核,以满足不同职位的需要。由重视文化知识转变为重视素质和能力,使人才具备开拓能力、应变能力和适应能力。完善竞争上岗制度,员工职务升迁应主要通过考绩与内部竞争考试的途径来实现,这样有利于调动各级员工的积极性,也能体现公平公正的原则。

课后练习题

一、简答题

1. 什么是人力资源管理?
2. 城市轨道交通人力资源管理的主要内容有哪些?
3. 当前我国城市轨道交通人力资源管理主要面临什么问题?
4. 怎样提升城市轨道交通人力资源管理水平?

二、实训题

请结合所学知识,编制一份城市轨道交通运营企业人力资源激励方案。

项目 11　城市轨道交通危机公关管理

☞ 学习目标

了解城市轨道交通危机公关管理的必要性；了解城市轨道交通危机公关管理的含义和分类，掌握危机公关处置的原则，具备一般危机公关处置的能力。

☞ 重点和难点

城市轨道交通危机公关管理的含义和分类；危机公关的处置。

☞ 导入案例

【案例 11.1】

上海地铁 10 号线追尾事故

1. 事件概况

地点：上海 10 号线豫园站至老西门站下行区间

伤亡：有 271 名伤员就诊，已全部出院，30 人在急诊室观察 24 h 无事后出院。无人死亡。

原因：下午两点半左右，由于新天地站信号故障，上海地铁 10 号线采用人工调度，导致豫园到老西门下行区间 1005 号车与 1016 号线相撞。

上海轨道交通 10 号线：全长 36 km，共设 31 座车站，整条线路均在地下。

进展：伤员总数 260 多人，一名怀有双胞胎 28 周的孕妇被甩出座位 3 m 远，经检查母子平安，晚 19 时许，事故现场清理完毕，逐步开始恢复运营。

2. 发生过程

14:10 新天地站设备故障，之后交通大学至南京东路上下行列车限速运行。14:51 在豫园至老西门下行区间发生追尾事故。

1)14:00—14:10 信号系统故障，列车自动停车。

2) 据上海地铁官方消息，14:10，10 号线新天地站突发设备故障，即在信号系统故障或失灵后，自动控制列车停车。据现场乘客称："2 点不到的时候，地铁停在了豫园和老西门中间的地方。"

3) 14:10—14:30 后车间断运行，前车停留原地。

4) 14:30—14:51 追尾事故发生。

5) 在 5 号车从豫园站开出来后 30 秒(还有人说几秒)左右，不幸的事故发生了。据上海地铁官方消息显示，在 14:51 时，"两列车不慎发生追尾"。

3. 处理过程

上海地铁发生追尾事故后，上海市委书记俞正声第一时间来到位于中华路复兴中路口的抢险现场指挥部，在听取地铁方面的情况介绍后，俞正声要求地铁抢险各方，把乘客的生命安全放在第一位，全力以赴抢救伤员。在抢险指挥现场俞正声表示，要尽快成立事故调查组，查清原因，做好善后工作。10 号线何时恢复，要做好安全评估。随后，俞正声又来到上海市第九人民医院，看望慰问受伤乘客。

当天傍晚刚刚结束国外访问返回上海的上海市市长韩正，也直接从机场赶赴事故现场了解情况，要求相关部门全力抢救伤员，抓紧调查事故的原因。

上海地铁官方微博当日及时发布消息称："今天是上海地铁运营有史以来最黯淡的一天。无论最终原因和责任怎样，给市民乘客造成的伤害和损失尤感愧疚。全力抢救伤员；尽快恢复运营；接受和配合有关部门对事故的调查和追责；坚决整改举一反三；再多致歉比起实际损害也显苍白，但还是要深深道歉。"当晚7时，上海地铁官方微博再次发布"心声"：10号线运营正在逐步恢复，事故原因将进一步调查。同时称车厢里互救互助有序撤离的感人场景，让人倍感温暖。

4. 新闻发布会

1）申通总裁鞠躬道歉

事故当日20:30，上海市政府新闻办召开地铁10号线追尾事故新闻通气会。上海申通集团总裁俞光耀代表申通地铁对本次事故对市民造成的影响深表歉意，对受伤的乘客深表慰问。在发布会上，俞光耀鞠躬致歉。

2）通报人员伤亡情况

上海市卫生局局长徐建光在新闻通气会上说，截至19:00，已有271人到医院就诊检查，其中180人出院，其余有61名伤者住院，30人在急诊观察室进行24 h观察后，如无特殊情况即可出院，目前没有危重伤员。

徐建光说，27日下午的上海地铁10号线发生列车追尾事故后，上海市120急救中心迅速调集62辆救护车去现场。卫生局通知事故发生地周边的7家医院打开绿色通道，组织专家，安排急诊床位，确保第一时间救治伤员。救护车就近将需要就诊、检查的人员运送到上海市九院、曙光、瑞金、长征、黄浦中心、市二医院、卢湾中心等7家医院。

3）供应商承诺信号安全

据俞光耀介绍，系10号线的5号车追尾了16号车。事故发生后立即启动应急预案，疏散乘客救助伤员，引导乘客通过应急逃生门从隧道中疏散；抢修受损列车和设备；调整10号线运营方式，对伊犁路站到四川北路站13个站段临时封站，其余采用小交路方式进行运营；第一时间发布事故信息和救援进展。

被问及10号线为何继续采用有争议的卡斯柯系统时，俞光耀称，在7月28日发生地铁走错方向后，申通地铁曾经约谈过卡斯柯的领导，当时他们承诺确保信号安全。"但作为申通总裁来说，我不希望看到今天这样的情况。但既然这个事情发生了，我们一定要把问题调查清楚。"随后，俞光耀在通气会现场鞠躬致歉。

据俞光耀介绍，在保证安全的前提下，发生追尾事故的上海地铁10号线已经逐步恢复运营。为了确保万无一失，目前以最高时速45 km/h限速运行。

4）事故调查小组成立

上海市交通运输和港口管理局局长孙建平在新闻通气会上说，10号线事故的处置工作从以下几个方面开展：全力救治伤员；申通地铁集团做好轨道交通线路的安全检查工作，防止次生事故发生，在确保安全的前提下恢复通车；以严肃、严谨的态度查清原因，由各方面专家开展彻底调查，不放过每一个环节；及时公开调查情况，做到信息公开透明。并尽快成立事故调查小组。

事故调查小组由市建设交通委、市交通港口局等有关部门，以及第三方独立专家参加。调查组下设专家组、综合组、技术组、管理组。同时市交通运输和港口管理局牵头，会同申通地铁集团等单位，做好事故后续的善后处置工作。

来源：百度文库

【案例思考】

1. 此次事件中上海地铁的危机公关处理方式是否妥当？

2. 危机公关的处理对企业的影响大吗？体现在哪些地方呢？

任务11.1 城市轨道交通危机公关管理概述

现代城市轨道交通的发展，极大地提升了人类的社会生活质量，也成为衡量一个国家、城市现代化水平的重要标志之一。随着现代城市的社会环境与自然环境变得越来越复杂，城市轨道交通所面临的挑战就显得更为巨大。城市轨道交通运营企业必须随时做好准备，应对各种可能发生的灾害及公共突发事件，以维护企业的形象和声誉。这不仅要求城市轨道交通运营企业采用世界先进的设施设备，最大限度保障公众的安全，同时也要求企业建立一套完善、规范化的危机管理体系，在此基础上规划与之适应的战略方案，快速、全面、正确地应对各种危机事件，最大限度地减少危机事件给企业带来的负面影响，促进城市轨道交通运营的健康、持续发展。

11.1.1 城市轨道交通运营危机公关管理的必要性

城市轨道交通属于公共事业，与老百姓的生活及利益密切相关，因此，关系城市轨道交通运营的负面信息，很容易被媒体关注并广泛传播。面对各类潜在危机所带来的挑战，很多城市轨道交通运营企业不断增强危机意识，并在加强内部危机管理、建立健全公关危机管理体系方面做了大量的努力。为及时有效地处理公关危机，消除影响，维护良好的品牌形象和公司声誉，广州、长沙等城市轨道交通运营企业专门设立公共关系部，建立了预防和处置各种突发事件的有效方法和程序，成功应对了许多危机和挑战。

同时，许多其他城市的轨道交通运营企业危机公关管理体系建设还存在缺陷和不足。例如，公共关系宣传部门人员编制不足，大多缺乏专业能力；发生公共突发事件时，无法组织有效的应对措施；战略上缺乏整体规划和资源整合，综合性的危机管理机制仍不到位，传统的应急方式占比较大。特别是在突发事件趋向常态化、多样化、复杂化的背景下，以上缺陷和不足日益突出，难以适应不断变化的社会环境。

1. 城市轨道交通的重要性

(1) 城市轨道交通的优势

城市轨道交通企业作为公共服务型企业，是城市公共交通服务的提供者之一，有着区别于一般产品或企业品牌的特殊性。在一定程度上，公众不可避免需要与之发生联系，相比较于其他的城市公共交通工具，由于城市轨道交通的运量大、方便、快捷、准时等特点，也使得公众对它的期望值更高。从承载量来讲，城市轨道交通工具每趟车厢可运载 1 800 多名乘客；从速度来讲，最高时速能达到 100 km/h 以上，而且不存在红绿灯或交通阻塞的问题，乘客可以在计划时间内顺利到达目的地；从自动化程度来讲，城市轨道交通站内有自动售检票系统，可实现高端自助服务；从舒适度来讲，城市轨道交通站内温度适宜，乘客文明程度较高，整个运输过程平稳、舒畅；从安全程度来讲，城市轨道交通采用了国际最先进的技术投入运营，另外，城市轨道交通站内治安是最好的，在城市轨道交通警察及安保人员的护航下几乎不存在偷拐抢骗现象。

（2）市民对城市轨道交通日益关注

正因为城市轨道交通具备如此多的优越性，市民心目中对这种交通工具的期待也日益提升，它的准点率、安全率、舒适度、服务素质、票价水平等，都是公众和媒体关注的焦点。一个小小的事件，如列车晚点、乘客乘坐扶梯受伤、闸机门夹伤、买票纸币被吞等都有可能对城市轨道交通运营企业的形象和品牌声誉产生严重的负面影响，这同时也决定了其高关注度及危机的多发性。城市轨道交通属于公共事业，与老百姓的生活及利益密切相关，因此，关于它的负面信息，很容易被媒体“聚焦”并通过媒体广泛传播。公共交通安全问题是社会热点问题，一旦发生重大事故，可产生严重负面影响。随着城市发展和城市轨道交通线路范围的拓展，以及人们出行习惯的变化，城市轨道交通与老百姓的关系更趋密切，其提供的服务质量与老百姓出行息息相关，而城市轨道交通系统可能面临的危机和风险也会变得更为复杂。

2. 城市轨道交通的地位

城市轨道交通在整个城市公共交通工具中占有极其重要的地位，因此，它在包含市民在内的不同组织中都占有极其重要的地位。

（1）对政府而言

政府是城市轨道交通建设的主要投资者，城市轨道交通运营危机属于城市重要公共交通危机之一。城市轨道交通作为城市公共交通系统不可或缺的一部分，它的形象代表着政府的形象，代表着城市品牌的形象。城市轨道交通运营得好，形象正面，带给市民良好的服务与口碑，是市政建设发展、迈向国际化大都市的重要条件之一。反之，将影响到市民对政府决策及城市建设的认同感和归属感。

鉴于城市轨道交通服务的公共性质，无论是在信息报送，还是资源整合方面，都需要与政府积极互动。一方面，发生危机事件时，城市轨道交通运营企业需要根据不同的危机类型和危机程度，向政府、建委、交委、区政府等不同部门进行信息报送。另一方面，危机事件的处理，离不开相关部门的配合，如票务政策制定、启动公交接驳系统、治安案件取证、法律诉讼等。

（2）对市民而言

观察国内外发达城市的发展历程，可以看到城市轨道交通在市民生活中的地位将越来越重要。随着城市交通系统的完善与城市轨道交通线路的不断发展，城市轨道交通与市民的关系也会日趋密切，将有越来越多的市民选择城市轨道交通服务，此种服务将成为市民出行和日常生活不可或缺的一部分。

作为更加“安全、舒适、准点、快捷”的公共交通工具，从城市轨道交通的诞生开始，市民就对它寄予了较高的期望。城市轨道交通被视为现代、先进、文明、时尚的交通载体，而面对这种交通工具的晚点、故障、服务态度差，市民的反应会掀起不同程度的危机。

（3）对媒体而言

与民生相关的具有突发性、爆炸性的新闻，往往受到媒体和公众的热捧和关注。城市轨道交通与民生休戚相关的这一特性，决定了媒体对其高度的关注。据监测，每天都会有新闻报道内容与城市轨道交通相关。

凡是与城市轨道交通相关的新闻，特别是危机事件发生时，媒体免不了穷追猛打，力求第一时间让更多的市民了解第一手资料，争取独家新闻，甚至以爆炸性的标题来吸引读者眼球。例如“地铁又瘫了！”“地铁停运了！”“地铁老总道歉了！”……媒体起到了扩散事件、强化影响的作用。市民报料、多线媒体跟进，使企业在面临危机事件时试图隐瞒事件、回避媒体的做法几乎不可能。

(4) 对外部专家及利益相关团体而言

遇到城市轨道交通运营危机时,外部专家及利益相关团体经常会自觉地或受媒体邀请,站出来发表评论。碍于企业主体与公众的利益冲突,具有公信力和独立性的外部专家或相关机构往往成为有力的第三方证言。其对城市轨道交通的负面评价或质疑,有可能起到引导舆论的作用,从而演变为公众对城市轨道交通企业的负面评价和质疑。随着言论环境的宽松和对权威的关注,越来越多的专家乐于向传媒发表言论,抨击时弊。

城市轨道交通运营危机通常具有突发性、爆发力强、受媒体和公众普遍关注、影响力大、危害性大的特点。为增加城市轨道交通运营危机公关的时效性,危机在被解决之前应该比企业内其他任何活动优先获得处理权。

11.1.2 城市轨道交通运营危机公关管理的含义

危机公关的管理从时间和空间上来理解,可分为3个阶段:准备期、处理期以及恢复期。

(1) 准备期

危机公关是一个大课题,也是一个系统的工程,危机公关的最高境界不是危机发生之后实施补救,而是防患于未然,阻止危机事件的发生。如何防范危机事件的发生呢?危机公关处理强调运用现代信息传播沟通协调的方法。最好的危机沟通就是危机没有发生之前,通过危机沟通尽可能使危机不发生,或者有效地控制。

客观上来说,任何一家企业都存在着各种问题和缺陷,这些问题和缺陷如果得不到妥善解决,量变到质变,在一定的诱因引诱下,就会成为危机的易发部位、频发部位。但这些危机可以通过日常的制度化管理、事前监控加以控制,即令所有的员工对危机的频发部位、易发部位保持高度的敏感性,有良好的危机意识、良好的危机反应能力。要做到这一点,就要事前进行各种危机的培训、教育、演练,也就是事前危机沟通,提高全员的危机意识。

(2) 处理期

处理危机时,要将其看成是展示企业是好公民形象的机会,并将"危机时应首先考虑公众和消费者利益"作为最高危机处理原则,以最快的速度确定危机的性质以及危机的影响范围,根据危机发生的各个阶段的特点,制定危机处理对策,力求在危机损害扩大之前控制住危机。在处理危机时应从企业的宗旨和社会责任出发,把公众的利益放在首位,尽量为受到危机影响的公众弥补因危机带来的损失,在处理危机的过程中,主动邀请权威部门和新闻媒体参与调查和处理危机的全过程,以增强公众对企业危机处理的信赖感,恢复企业在利益相关群体中的形象。

① 合理的应变措施。当危机发生时,打破一切常识和常规,大胆设想,小心求证,仔细分析、思索、整理存在的问题和解决问题的条件,寻求或者创造有利的条件,创造摆脱危险局面的积极因素。

② 巧妙的媒体关系处理。通过有计划的新闻发布和媒体接触,可以有效地解决企业利益与公众利益之间的矛盾,为最终平息企业危机、重整企业奠定基础。

③ 有效的内部关系协调。员工的利益就是企业的利益,员工和企业是利益共同体,有效的内部沟通协调不仅体现企业对员工的重视,同时,患难见真情,非常时刻的人文关怀更能凝聚团队斗志,共渡难关。

④ 正确的舆论引导。流言猛于虎,当危机发生时。应毫不犹豫地接受事实,立即调查危机产生的原因,据此作出危机处理决策,掌握对外传播主动权,赢得时间来重建有益的公共关系。

（3）恢复期

危机发生后，充分利用公共关系和媒体，与相关利益群体建立良好的合作与沟通关系，坦诚地向社会公众及新闻界说明造成危机的原因，掌握宣传报道的主动权，通过合适的公关策略完全可以化危机为机遇，赢得媒体和公共舆论对企业的理解、信任和合作维护甚至提升企业良好的公众形象。

首先，对公众的误解进行调查，对无中生有的消息坚决澄清，对因流传而言过其实的消息，则要通过交流让公众充分了解事实真相，消除公众误解关键是双向沟通，相互了解。其次，适时地重塑形象。对内，要动员全体员工以积极主动的态度参与决策，做出企业重新开始的发展计划；对外，要针对企业形象受损的内容和程度，重点开展有益于恢复企业形象的活动，同时以更加优质的服务和产品，从根本上改变公众对企业的不良印象。

综上所述，城市轨道交通运营危机公关管理可概括为：对可能或已经对城市轨道交通形象和品牌声誉造成潜在或实际威胁、影响城市轨道交通正常运营的事件，迅速反应，主动掌握，有效治疗，积极防御，转危为机。没有人希望城市轨道交通发生危机，城市轨道交通是市民的重要城市交通工具，城市轨道交通发生危机也就等于市民发生危机。危机的发生进行公关手段、公关程序、公关艺术的处理，就可以起到力挽狂澜的效果。

11.1.3　城市轨道交通运营危机的分类

危机是使企业遭受严重损失或面临严重损失威胁的突发事件，这种突发事件在很短时间内波及较广的社会层面，对企业或品牌产生恶劣影响。对城市轨道交通运营危机主要有以下的概括："当城市轨道交通不能达到'安全、舒适、准点、快捷'这八字服务目标时，或公众对城市轨道交通运营这八字目标产生怀疑时，就是危机。""当城市轨道交通影响到市民的情绪，影响到他们的出行，对他们正常生活造成干扰，给政府带来一些负面影响时就是危机。""城市轨道交通运营的危机可概括为服务问题公众化、员工问题网络化、安全事故扩大化。""城市轨道交通发生晚点、设备故障、客伤事件、坠件等都可视为地铁运营范畴的危机。"以危机的起因与性质为标准，可把城市轨道交通运营危机分为以下 3 类：

① 敌对事件。此类事件通常由客体引发，由于客体人为的"误操作"，带来种种社会问题，直接引发了公关危机。如乘客故意跳轨、车站/列车人质劫持等。

② 突发事件。此类事件通常由主体引发，由于主体单位管理混乱、决策失误，可能成为公众关注的焦点，引发媒体和公众的质询和批评。如列车延误、设备故障、突发大客流、票务政策受质疑等。

③ 灾难事件。此类事件很大程度由于自然因素或不可抗力，以及社会群体不当行为所引发，最容易引起大量人口受灾和巨额经济损失，甚至造成重大的社会影响。例如台风、地震、罢工、恐怖袭击等。

11.1.4　城市轨道交通运营危机公关管理构成要素

（1）危机预警系统

危机预警与准备阶段是对可能发生的危机进行动态监测，是整个危机管理过程的第一个环节。在危机预警与准备阶段，开通各种信息渠道，及时对有可能影响地铁正常运营的信息进行广泛收集，为下一步信息处理、利用以及危机管理决策提供信息支持。

（2）危机公关应急预案

根据危机的预警分析事件的危害程度，然后进行定量分析，同时对危机预警与救援相关的资源进行评估和认证，分别编制应急处置方案、预制传播方案和沟通方案。

(3) 危机工作组织机构

可分为危机工作日常机构和临时机构，日常机构负责危机管理规章制度的制定和危机源的监测，临时机构是危机事件发生后，应按照事件的类型、规模和管理需要，迅速组成模式化的、功能性的危机事件指挥系统，对事件的演变进行应对指挥。

(4) 新闻发言人制度

新闻发言人是组织、媒体和公众之间的桥梁。在危机发生时，通过新闻发言人这种直观、人性化的方式，向媒体和公众传达事件的即时信息、组织的态度、采取的措施和解决的程度，来保障公众的知情权，缓和公众的紧张情绪，取得公众的理解和支持，可以有效地调节公共关系，树立组织负责任的良好形象。

(5) 品牌形象恢复

进行危机事后评估，从危机中学习、修正与反馈，一方面为下一次危机做准备，另一方面深入、有针对性地研究策划公关方案，与相关利益团体进行有效沟通，恢复公信力和企业形象。

细致而全面地掌握危机的定义、特点、分类及其管理构成与要求，有助于城市轨道交通运营企业更进一步地完善管理，在危机发生之时，更加有效地控制和沟通，体现企业责任和人道主义关怀。

任务 11.2　城市轨道交通危机公关管理制度

面对各类潜在危机，各城市轨道交通行业一再强调居安思危，增强忧患意识和危机意识，并在加强内部危机管理、建立健全危机公关管理体系方面取得很大进步，初步形成了一套预防和处置各种突发事件的有效方法和程序，成功应对了许多危机和挑战，在危机公关管理方面也积累了丰富经验，各城市轨道交通行业可谓平分秋色，各具千秋。

面对各类潜在危机所带来的挑战，城市轨道交通运营企业不断增强危机意识，并在加强内部危机管理、建立健全危机公关管理体系方面做了大量的努力。同时也应看到，目前城市轨道交通运营危机公关管理体系建设还存在缺陷和不足：在战略上缺乏整体规划和资源整合，综合性的危机管理机制仍不到位，传统式的应急方式占比重较大，特别是在突发事件趋向常态化、多样化、复合化的背景下，以上缺陷和不足日益凸现，难以适应不断变化的社会环境。

11.2.1　城市轨道交通运营危机公关管理制度概述

1. 城市轨道交通运营危机管理原则

城市轨道交通运营企业在面对已发生或潜在的危机时，应注意加强全员对危机公关重要性的认识，注意疏导，加强内部交流与沟通。危机发生时要迅速做出反应并进行处理，实事求是，态度坦诚；危机发生后，应按科学系统的流程及时处理和解决危机。

处置公关危机应遵循以下 5 项工作原则：

(1) 以人为本原则

社会利益高于经济利益，城市轨道交通的一切服务工作应以市民利益为出发点，处处体现尊重市民、爱护市民，“设备出现故障，人性化要补上”。服务永无止境，地铁的运营和管理要贴近市民。设计方面要体现以人为本的理念，每个车站都应设有残疾人电梯、导盲带等人性化设施。遇到列车晚点时，启动公交接驳免费输送乘客到达目的地。

（2）预防为主原则

城市轨道交通运营企业应贯彻预防为主、防救结合的原则，重点做好日常安全供电保障工作，准备备用电源防止停电事件的发生。针对城市轨道交通运营列车、车站、主变电站、运营控制中心，以及城市轨道交通车辆段等重点防范部位应安装监控器，制定防爆措施。

（3）时效性原则

危机到来时，必须当机立断，快速反应，果决行动，与媒体和公众进行沟通，从而迅速控制事态，否则会扩大突发危机的范围，甚至可能失去对全局的控制。

（4）诚实原则

在事件发生后的第一时间，企业管理层应向公众说明情况，并致以歉意，从而体现企业勇于承担责任、对消费者负责的企业文化，赢得消费者的同情和理解。要以诚意、诚恳、诚实的态度，向受到损失的乘客或利益相关群体表示关心，清晰地陈述事件的基本情况，确保所公布的信息没有刻意掩饰的成分。

（5）统一领导、分级负责原则

根据危机预警系统中的危机事件的应对级别，由危机管理小组主席或组长统一指挥、调度和协调，各级部门分别按各自专业各司其职，各方联动，共同应对不同级别的危机。

2. 危机预警系统

发生可能引发公关危机的城市轨道交通运营突发事件后，属地责任部门按地铁事故或事件灾难应急预案先行处置，填写《突发事件公关危机快报表》，按公关危机处理流程报告专项危机公关工作组和公关部。公关部对汇总信息进行评估，核定级别后向对应的政府机构及相关部门报告，并通报新闻发言人。城市轨道交通运营危机公关处理流程如图11.1所示。

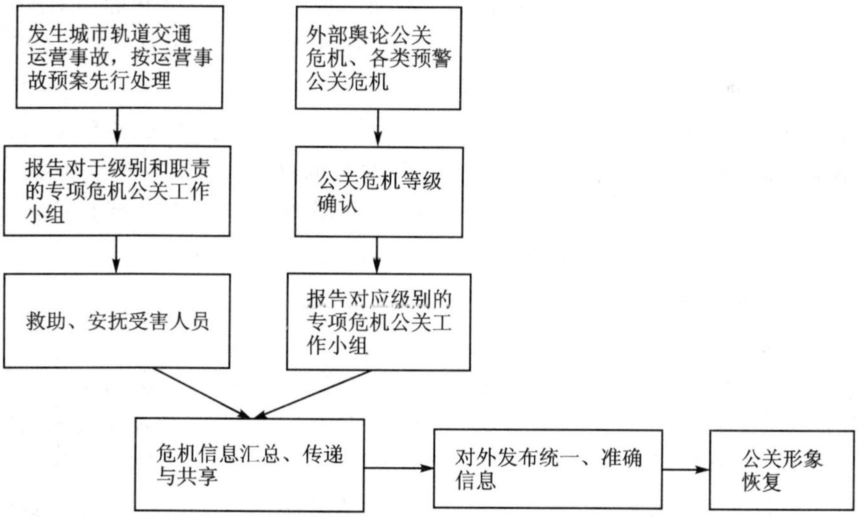

图11.1　城市轨道交通运营危机公关处理流程图

（1）危机公关应急预案

纵观目前的城市轨道交通危机公关管理的各项规定和预案，在公司层面有《总公司危机公关管理规定》《运营危机公关应急预案》和《总公司处置地铁事故灾难应急预案》。在专业部门层面有各种突发事件的应急处理办法如《乘客疏散应急预案》《物资求援管理办法》等。

（2）危机工作组织机构

城市轨道交通运营总公司设立的危机公关领导小组，组长由总经理担任，副组长由总公司其他领导担任,成员由各部门(单位)领导组成。危机公关领导小组负责统一领导总公司公关危机应对处置工作,或会同政府部门处置较高级别的公共危机事件。

(3) 新闻发言人制度

城市轨道交通目前的新闻发言人分为两类:综合新闻发言人和专业新闻发言人。综合新闻人由党委宣传部部长担任,专业新闻发言人由业务专家担任,党委宣传部是新闻发言人的办事机构,总公司下属各部门单位分管宣传工作的负责人,协助新闻发言人的新闻发布工作。北京、上海、广州地铁均设立了专职新闻发言人。

(4) 品牌形象恢复

对可能造成重大负面影响的失实报道,公共关系部门应迅速查出信息来源,会同宣传部门与相关媒体进行沟通协商,要求及时更正。必要时可邀请专家权威机构或政府部门发布信息,澄清事实。公关危机事件结束后,责任部门及时撰写报告或召开案例剖析会,总结经验教训。

11.2.2 城市轨道交通运营危机公关管理的制度维护

城市轨道交通运营危机公关管理需求主要体现在危机公关管理组织、危机公关管理机制及流程、与利益相关团体的关系三个维度。而这些需求要得到满足,就需要在管理当中进行职能分工、流程运用以及相关关系的维护和拓展,具体体现在以下几个方面。

1. 危机公关管理组织系统

(1) 危机公关管理组织系统的职责

危机公关管理组织系统直接负责危机防范、危机检测和危机控制,是危机公关管理机制的核心。预案的编制是为了迅速、有效地解决危机。纵观城市轨道交通企业的危机公关管理的各项制度规定和预案,不同的预案有不同的设立标准,而且根据不断变化的环境进行相应地修改和调整。危机公关管理组织系统应加强对危机识别和级别定性统一的能力,用科学的判断标准去决定是否启动危机处理工作。

一个成功的危机公关管理机制应该包括科学的信息收集、分析决策、组织实施、反馈调整、奖惩评估等多方面因素,而不仅仅是一个简单发号施令的过程。地铁运营企业有必要统筹调配资源,以"条块结合、以块为主、分级管理"的原则,调整总公司高管层和不同部门的相互关系,统一建立一个强有力的危机管理小组(Crisis Management Team,CMT),构建一个责任明确、统一指挥、分工合作的危机公关管理组织。

(2) 危机公关管理体系的特点

① 建立更加完备的安全系统体系。这里完备的安全系统体系,不仅是能更加全面地涵盖及防范各种危机事件的发生,而且是把生命安全放在第一位的同时,也能体现人文关怀。

② 建立严格完善的危机公关管理机制。除了要求设立完善的危机公关管理体系、应急预案和通畅的危机公关处理流程外,要使这套危机公关管理机制行之有效,还必须执行严格的培训和演练,保持部门协调、联络机制畅通,更要树立全员的危机防范意识以及提升全员的危机反应速度。设立危机公关后援机制也是建立完善危机公关管理机制的关键一环。

③ 强调与政府相关职能部门的协同合作。危机事件的管理,需要动员和统一调配各方面力量,统一调配各种资源。城市轨道交通企业和政府相关职能部门如果能构建统一的指挥系统,联合实施应急预案,协同合作,快速、有效地应对危机,将能最大限度地减少危机可能造成的损失。

2. 新闻发言人制度

新闻发言人不仅仅代表个人,更是一种机制。新闻发言人代表的是一个机制,发言人就是一个机构或组织的代言人。他是对外发布消息、表明立场、解答释疑的一个渠道。新闻发言人是架于城市轨道交通企业与公众之间的桥梁。在平时，新闻发言人是传递企业正面信息、宣传企业形象、引导社会舆论的重要窗口。在危机发生时，通过新闻发言人这种直观、人性化的方式，向媒体和公众传达事件的即时信息、企业的态度、采取的措施和解决的程度。

我国的国情决定了目前从政府部门到各国有企业的新闻发言人大体来源于三种：一是主管领导，如有的地方要求出任新闻发言人的必须是该部门的“二把手”；二是秘书长、办公厅、办公室主任等“总管式”人物；三是宣传部门的负责人。从长远看，无论是哪类“背景”的新闻发言人，都要向专业化和规范化迈进。城市轨道交通运营企业的新闻发言人应具备一定的危机管理素质，有较强的语言表达能力、突发事件的应对能力以及媒体沟通与公关能力，虽然在曾经发生的危机事件过程中较为成功地履行了新闻发言人的职责，但新闻发言人制度仍要不断走向制度化、规范化、专业化。首先，为加强与公众和政府双向沟通，需要充分利用各种公关方式和手段通过有效途径传播企业正面形象，逐步实现“定点、定人”和经常性发布；其次，新闻发言人除了具有扎实的理论功底、广博的知识面和熟悉业务、工作情况和相关政策等基本条件外，还要通新闻、懂媒体，要有较强的语言表达能力并具有一定的亲和力与临场应变能力，而获得这些基本能力和基本素质的唯一有效途径就是开展经常性的培训；再次，城市轨道交通企业新闻发言人制度要突破目前单一信息传输的职能，变被动应对媒体为主动影响和引导公众舆论，建立并维护好地铁良好的企业品牌形象。

3. 危机公关管理机制

城市轨道交通危机公关管理机制在危机预警、危机预防、危机控制处理及危机善后处理等方面都形成了一套预防和处置各种突发事件的有效方法和程序。

(1) 定期识别和更新高危议题并制定危机公关行动方案

城市轨道交通如果没有识别出高危议题并确定相应的处理方案，并且没有统一地进行警报级别的定性分级，那么就会缺乏科学的判断标准去决定应该启动哪些层级的领导及相关的负责部门来协调危机处理工作。识别高危议题和划分危机等级的目的是有效利用资源进行危机管理，还能为危机处理保留一定的弹性。危机发生后，有可能会升级，这时根据不同的危机等级划分启动相应的危机处理机制，启动高层的协调及更多的资源和支持，这样就能够强化危机公关的处理能力。

(2) 加强危机公关管理小组成员危机演习和培训

运营部门应该定期或不定期地组织事故灾难应急救援演练，并且不仅落实在事故应急的实操层面，而且参与演练的应该是包括运营线部门和总公司层面的所有员工。开展危机演习和培训可提高危机公关管理小组成员参与危机管理时的应对能力，提高其对突发事件的熟悉程度，增强危机处理的信心。有效的培训还可以增加对潜在突发事件的警惕性，增加处理突发事件的经验，及时发现危机管理机制本身的弱点和不足并进行纠正；帮助打破原有的思维和管理模式，对危机管理小组成员也有一定的激励作用。

(3) 改善沟通机制和信息发布机制

面对多元化的信息传播渠道，城市轨道交通运营企业应该通过各种传播媒介及时地开展对外沟通和对内沟通，有针对性地发布权威信息。城市轨道交通运营企业目前还存在一些普通弊病，如危机发生后，内外界沟通较为滞后，尚未充分利用媒体快速传递权威的信息，未充分地利用现有的官方网站与公众、媒体、员工进行信息沟通与交流；在危机现场，车站管理人员作为第一现场、第一时间、第一责任人、第一新闻人，“该说什么，不该说什么，怎么说”有待培训规范；“企信通”信息发布机制需优化，接收岗位的信息群组要规范，什么样的信息该发哪级别领导要明确,目前的上报语言过于专业,术语太多,非专业人员看不懂。

(4) 完善危机事件事后评估机制

危机得到处理和控制并不意味着危机管理过程已经结束,危机的善后处理机制也是危机公关管理机制的一个重要部分。城市轨道交通运营企业仅对重大危机事件进行事后总结,一般事件在危机解决后对危机所带来的损失缺乏有效的评估,并且没有相关记录跟踪,也没有系统地总结经验。在危机的善后处理阶段,要配套地解决和控制与危机问题相关的、可能导致危机再度发生的各种问题,巩固危机管理成果。要学会从危机中学习、修正与反馈,为下一次危机做准备。如建立对以往发生危机的资料库,包括危机问题库、模板库等。

4. 媒体公关的维护

危机传播中,政府、企业与媒体之间存在的紧张关系可以说是古今中外概莫能外。美国白宫新闻发言人弗莱舍曾做过一个生动的比喻:平日里媒体仿佛一群嗡嗡作响的蚊子,每个政府官员者唯恐避之不及,恨不得把它们赶走;而一旦危机来临,媒体就像一头 20 吨重的大象,向你扑来,想躲都躲藏不了。与新闻媒体建立良好的合作关系是城市轨道交通企业开展危机沟通的重要基础之一。尤其在现代信息社会,新闻媒体的影响力达到前所未有的高度,市民热衷于向媒体报料,任何企业的负面消息都会被迅速传播。所以建立良好的媒体关系,是城市轨道交通企业取得社会舆论支持、树立良好社会形象的首要任务。

(1) 深入了解媒体

为了能实现与媒体有效合作,应当对各大主流媒体的运作有一个较为深入的了解。如记者需要什么样的素材和通稿,危机期间的媒体运作,如何有效与记者进行交流。不一样性质的媒体,内部运作程序和工作习惯差异较大,企业需经常性地保持与媒体各级员工的沟通和联系,才能知己知彼,投其所好。

(2) 选择最佳媒介模式进行信息传播

信息传播的主要媒介模式有新闻通稿、新闻发布会、卫星连线采访、电话或网络连线采访、群发电子邮件或传真、官方网站、电话回复等。危机期间情况瞬息万变,外部条件也千差万别,城市轨道交通运营企业需根据各种媒体的特点,选择最佳的媒介模式获得传播效果和收益的最大化。

(3) 与媒体各级人员建立良好的互动关系

城市轨道交通运营企业除了与负责交通的专线记者建立了良好的互动关系,还要至上而上地与媒体各层级人员都要建立好关系。因为关于版面和标题的"话事权"不在专线记者手中,为避免经常出现负面标题失控的局面,无论是要闻部、机动部,还是总编辑室、社长、台长,都要定期或不定期地双向沟通。可通过投入广告费用、邀请媒体参加城市轨道交通运营企业重大活动、拜访座谈、举办联谊会等方式,加强彼此之间的了解和信任。

(4) 尊重媒体,善待媒体

只有了解媒体,尊重媒体,才能最终善用媒体。记者反映,城市轨道交通运营企业在危机发生时,媒体沟通滞后,未能快速传递权威的信息,有时企图封锁信息,危机结束后,向媒体及时反馈改进措施的情况不多。这些都是不尊重媒体的表现,媒体作为社会舆论监督的载体,城市轨道交通运营企业要时刻谨记一点,就是永远做到诚实、准确、反应迅速,对于媒体的追问要坦然处之,对于媒体的错误报道要予以谅解,另外,需多以对市民乘客的人文关怀的角度进行信息发布。

由于平时对市民的安全宣传教育不足,城市轨道交通运营企业可适时加大投入媒体广告经费,培养市民良好的危机意识,提高应对危机的各种能力。在平时加强对广大市民的危机教育，让教育与经常有可能发生的危机议题结合起来，培养人们居安思危的忧患意识。这样做的好处是一方面能让市民提高对危机的心理承受能力和提高应对危机的道德意识；另一方面能增强市民在突发事件中自救与互救的意识与技能，增强危机应变能力。

城市轨道交通运营企业还需要加强日常的企业形象宣传教育，充分利用各类媒体积极主动地通过传播企业正面形象，从而在媒体和市民心目中树立一个良好的企业形象，减少被“攻击”的概率。

5. 利益相关团体的关系巩固

在城市轨道交通运营危机公关管理过程中，利益相关团体主要包括政府、媒体、外部专家、以及其他利益团体(如行业协会、环保组织、消费者委员会等)。城市轨道交通运营企业在日常交往和沟通联系过程中，与利益相关团体发生着千丝万缕的关系，但是由于没有整体的规划和策划，而仅停留在有需要时才“登三宝殿”的阶段，目前尚未完善外部相关利益团体的资源库。因此，需要巩固这些公共关系，在关键时刻充分运用好这些公共关系。

(1) 与政府建立紧密联系

罗列出企业实际掌握的政府关系资源，对其进行有效的识别、筛选、分类，为了实现政府关系资源信息的定期更新，要将政府关系资源的识别及采集工作融入日常工作职责中，以实现数据库的长效发展。

在此基础上，邀请政府人员参与企业大型公关活动是企业与政府巩固和维护关系的重要手段，为加强相互理解和信任可采取以下方式：邀请政府相关部门代表参加新线开通仪式或工程竣工典礼、签约仪式等活动；邀请政府官员为员工颁奖；邀请政府相关部门代表或行业协会官员参加研讨会；向政府官员赠送企业的宣传礼品；获得政府发来的贺电；通过专家学者与政府保持联系；接受政府邀请，由企业管理人员进行演讲；利用政府场所举办会议；国家领导人和政府官员接见企业代表；政府官员对企业员工进行节日慰问。

同时城市轨道交通企业要积极走出去，参与到政府有关经济政策的决策过程中，如推荐高层领导作为人大或政协代表参政议政；多开展慈善和公益活动，在政府、社会公众顾客及其他利益相关者心目中建立良好的形象，就政府关系而言，企业的慈善和公益行为常常是一个企业与政府打交道的重要途径；利用城市轨道交通资源，如在列车上设广告灯箱、地铁电视、地铁报投入公益广告(创建和谐社会、创建文明城市、迎接奥运、迎接亚运等)，既可以体现企业的社会责任感，又能够提高企业的知名度和美誉度，同时在政府和公众中树立良好的企业形象。

(2) 与外部专家建立紧密联系

拓展外部专家资源渠道，建立外部专家资源库。在危机预警期或危机发生时充分寻求专家的支持证言。在危机处理的过程中，外部专家的介入，具有以下好处：一是填补某些方面知识、能力和经验不足；二是在与公众进行沟通的过程中，外部专家由于其特殊的身份，具有较强的权威性和公正性，能更容易取得公众的信任；三是由于外部专家可充当企业的“智囊团”，分析和处理问题更为冷静和理性。如忽视对外部专家资源的利用，往往造成能力、经验的不足，决策缓慢，沟通不畅，执行不力，甚至产生决策失误。

外部第三方专家要成为城市轨道交通运营企业的“智囊团”，在危机情境下充分发挥作用，需要规划好外部专家的识别及采集工作，规范专家类别及拓展目标，如专家的需求、不同领域(轨道交通设计、建设、运营、法律、危机公关等)的需求。以企业名义向有关专家正式发出邀请信，与外部专家开展咨询合作的关系，与专家建立长期沟通关系，定期与专家会面，向专家提供有关企业的最新信息，及时更新第一梯队和第二梯队的专家库，并向管理层提出专家的宝贵建议。

在平时建立好各类专家资源库后，首要发挥其危机预警的作用，为危机决策提供信息。通过运用专家在专业上的知识和经验，预测社会变迁中危机发生的领域、可能性、频率和强度，帮助城市轨道交通运营企业制定并完善危机预案。在利用专家紧急咨询的过程中，要注意的是企业决不能放弃其独立抉择的权力，不能让专家智囊团代替企业的最终决策。

(3) 与媒体建立紧密联系

媒体对于企业而言是传声筒、扩音器，能把企业的声音通过放大，传播得更远，知道的人更多；但同时也是企业问题的探照灯，放大镜，也能把企业的问题放大。开展媒体关系管理，与媒体建立并维护良好的关系，是企业开展对外形象维护及信息传播的重要基础。企业的生存不可能没有危机也不可能完全掩盖危机，同时，作为媒体也不可能只把企业好的一面呈现给外界，把不好的隐瞒下来。因此，城市轨道交通企业必须具备较强的管理媒体关系的能力，通过媒体最大程度地维护甚至提升企业的外部形象及声誉。

通过对日常信息的收集整理及与媒体的沟通联系，建立起部门内的媒体数据库，做好各类媒体、不同级别记者、编辑的档案管理，并对有关数据信息进行定期更新及管理，增强数据库的使用性。在与媒体人员进行日常关系的建立及维护过程中，要注意针对不同层级的媒体人员采取不同的沟通合作方式，以提高管理工作的效益。例如针对基层的跑线记者，可通过定期组织媒体聚会、新闻通气会、媒体参观团等形式加强与专线记者的日常联系；针对媒体中层，可开展项目合作，重要媒体至少一年开展一次合作；针对媒体高层，则可通过地铁公司高层日常的主动咨询、定期上门拜访、组织出国考察等形式实现日常关系的维护及加强。

开展与媒体之间的联谊沟通活动也是开展媒体关系管理的常用手段之一。企业可以通过在特定的时期(如周年庆、新线开通典礼等)举办与媒体之间的联谊沟通活动，一方面能针对各层次的媒体人员进行企业形象的宣传，加深媒体对企业的认识与了解，建立与媒体之间的友谊；另一方面通过活动能更直接地了解媒体对企业目前发展运营状况的关注点，为未来企业形象传播工作的规划提供参考。

任务 11.3 城市轨道交通危机公关管理方法

国家提倡重点城市和城市群地区优先发展轨道交通，城市的高速发展为城市轨道交通运营事业的发展带来了机遇，同时也带来更多的风险压力和危机公关管理需求。结合对国内外轨道行业运营危机先进管理经验的借鉴和分析，可以通过“危机公关管理 3 个阶段——准备期、处理期、恢复期”的方法来应对城市轨道交通运营危机。

11.3.1 健全制度和完善流程管理

许多危机和突发事件往往来源于小的冲突与矛盾，由于在起始阶段掉以轻心、处理不当，就迅速升级为严重的危机。因此，对于城市轨道交通运营企业日常工作中，可能经常发生的一些细小、看似影响不大的事件，也要采取防患于未然的态度，以制度管理，小心、及时和谨慎地处理有关事宜，及早发现危机出现的苗头，实施预防性的危机公关至关重要。

1. 建立危机预警系统

危机预警系统是危机公关管理的第一道防线。如果能在危机迹象出现的时候及时搜集各种迹象，判断危机的种类和原因，寻找相应的措施，就有可能将危机消除于无形之中。为此，需要建立高度灵敏、准确的信息检测系统，及时收集相关信息并加以分析、研究和处理，全面清晰地预测各种危机情况，捕捉危机征兆，为处理各项潜在危机指定对策方案，尽可能确保危机不发生。城市轨道交通运营企业需对以下危机信号进行监测及预控，根据事件症状迅速敏捷地对危机级别做出判断。

① 通过运营服务总台热线、总公司总台信息收集预警信号。

可建立日报制度，归类分析运营服务总台或总公司前台每宗接线电话反映的事件，统计在短时间内接到多少宗同类投诉事件，集中反映了什么问题，需提交管理层注意改进。

② 通过监测一些访问量巨大的网络论坛。

网络作为第4媒体，其传播速度之快、范围之广是其他媒体无法相比的，正因为如此，做足在网络媒体监控上的功课更可以事半功倍。发现问题会更早，收集的渠道也更宽。

③ 通过观察传统媒体对城市轨道交通或相关行业的不利报道或传言。

通过每日浏览区域性报纸和电视节目、收音，保持高度灵敏的触觉，凡是对企业或同行不利的相关报道、政策，需提高警惕予以分析，提前做好应对的准备。

④ 通过在公关活动中发现不正常的现象、发言或行为。

经常在举办如站长接待日、市民大接访、政策咨询日等活动中，给市民提供面对面对话的平台，市民将平日累积的问题反映上来，企业要予以重视和回应。

⑤ 通过分析记者来电咨询内容发现预警信号。

对一些记者空穴来风提问的问题，城市轨道交通运营企业的宣传部门务必加以重视，很有可能是接到市民报料或记者准备大做文章、吸引观众眼球的问题，需要实事求是地把握住记者咨询的实质性内容，并做出适当回答。

2. 重新梳理运营危机处理流程

借鉴先进的城市轨道交通运营企业的危机处理流程管理，对危机处理的流程进行完善和优化。

① 明确危机预警报告时间和通报时间。

② 理顺报告制度，将该制度固化。

③ 伤亡时间报告工会主席，组织慰问活动，强化人性化关怀。

④ 明确职能部门分工，归口统一管理。

⑤ 危机小组组织召开会议研究应对策略。

⑥ 制定危机信息传播方案。

⑦ 判断危机是否升级，召开第2次会议。

⑧ 进行危机控制行动。

⑨ 判断危机是否平息，终止行动。

⑩ 观察危机恢复期，制定品牌修复策略和方案。

在原有的运营危机处理流程基础上，企业的反应能力、战斗能力以及对事态发展的驾驭能力是非常重要的。但除此以外，企业的梯度控制方面仍需加强，特别是在危机平息后，不能没有下文，而是应该进行总结、评估，共同研究制定修复策略和方案，以更优质的服务治愈危机带来的创伤，拉近与公众之间的距离，迅速恢复公信力。

3. 组建危机管理小组为常设机构

将危机管理小组组建为常设危机机构。管理小组应该由企业高层管理者亲自挂帅，由公关、宣传、法律、安全监察、运营等部门负责人组成，负责公关危机预防预警、信息汇总、危机评估、综合协调和宣传培训工作。

危机管理小组的工作内容包括制定或审核危机处理方案、方针和工作程序；全面、清晰地对各种危机情况进行预测；定期对新闻发言人、运营一线员工进行危机公关培训和演习；为处理危机制定有关的策略和步骤，并监督正确实施，对全面工作做指导和咨询；在危机发生后，对危机等级进行评估，对公司品牌修复进行短期和长期的策划、规划，并组织执行。

4. 设定奖惩机制

城市轨道交通运营企业的运营危机应对处置工作应实行奖励机制和责任追究制，以制度管人，以激励和惩罚的方式约束行为。

对预警和预防运营危机有利的，使企业声誉和品牌形象免受损害或减小损害、出色完成危机应对处置工作、有特殊贡献的单位或个人，应给予通报表彰、发放奖金、职务晋升等形式的奖励。

对迟报、谎报、瞒报和漏报危机和险情，不服从危机管理小组命令和指挥，故意泄露公司秘密、或者向外界散播谣言，给企业声誉和品牌形象造成较大损害的单位或个人，应给予通报批评、扣发奖金、降职、撤职等处分。

11.3.2 创新危机应对的技术和方法

面对运营危机时须采取及时、统一、高效的危机公关技术手段，最大程度地减少危机对企业造成的冲击，以增强危机决策的科学性、缩短危机决策的时间、增强危机指挥的规范性及权威性。因此，在危机应对方面需创新技术和方法，学习国际先进管理经验，争取与国际先进管理水平接轨。

(1) 按危机级别启动应急预案

当运营危机事件发生后，应根据危机的严重性及可预见地对公司声誉的影响程度，对其进行危机级别(可以地铁运营晚点时间、经济损失、受影响乘客人数等进行划分为三、四级危机)划分，并启动相应的危机应急预案和危机处理流程。

危机级别的启动应掌握梯度、高度和尺度的原则。高级别的危机，需要高层出面，必要时恳请政府出面以正视听；低级别的危机，则按属地管理的原则，各司其职进行处理。危机现场第一责任人、公司对外窗口负责人以及危机时期的新闻发言人相应根据各自职责，协同合作应对媒体和舆论，最大限度维护企业形象和声誉。

(2) 确定危机沟通策略，内外一个声音

危机发生后，危机管理小组要在危机管理小组会议上实施以下传播沟通计划和步骤：

① 评估危机形势，确定目标沟通对象。

② 确定危机处理的基本思路，制定缓解危机的策略，拟定统一口径。

③ 拟定对外声明和内部通报，准备问题清单并列出回答要点。

④ 任命新闻发言人、发布权威信息并建立畅通的信息沟通渠道。

⑤ 根据不断发展的危机形势，预计可能会发生的各种情景，滚动式地发布信息。

⑥ 公司官方网站同步发布相关危机消息，并提供媒体可联系的负责人及其联系电话。

⑦ 如果危机事件对公司声誉的负面影响程度较大，需要请求第三方力量如主管政府部门、利益相关团体、意见领袖或外部专家发出支持的声音。

危机发生时，城市轨道交通企业的基本原则是传播负责任、诚信的企业形象。在危机现场，现场第一责任人在得到公司授权后，尽量对媒体问询快速做出回应，如对事故原因、处理措施等媒体关心的事宜及时作答，不刻意回避问题的严重性，以更好地体现公司专业及负责任的态度。

在危机沟通管理中，要掌握好“示强”与“示弱”这两种基调，前者旨在发出强势声音、维护正当权益；后者旨在赢得同情、理解和支持。以下提供一些可供参考的危机沟通策略，如表 11.1 所列。在实际危机处理过程中，可视不同阶段、不同状况、不同范围相互配合使用。

表 11.1　危机沟通策略表

沟通策略	适用时机及范围	实施方式
诚意致歉	当组织确实存在问题或出现失误	新闻发言人(或通过公开声明)诚恳地向公众表示歉意,公开表示组织确实存在问题或出现失误,愿意承担危机责任、呼吁利益相关群体的宽容、理解和支持
诚心补偿	当组织确实存在问题或出现失误	公布补偿措施
改善行动	当组织的错误行为或偶发易发事件导致危机时,可在危机传播的发展期使用	宣布将尽最大努力弥补和消除危机带来的损害,采取措施预防危机再度发生
号召行动	适用于非事件责任主体,但与事件有密切关联的情况	号召公众采取防御措施或参与公益援助
避难就易	危机事件引申出深层或多端问题,诱因错综复杂	把报道焦点引导到组织相对容易控制的问题上
巧换概念	媒体放大、纠缠于引发危机的某一方面因素	巧妙地使用搭桥法、重复法,不受记者问题的牵制
转移视线	当危机正对组织的正面形象造成影响时	制造更加引人注目的新闻事件
攻击谣言	当出现可指认并可驳斥的造谣者时	采取公告、辩论、戳穿或法律诉讼等手段,攻破危机谣言
坚决否认	当证实危机并不存在或与组织无关时	利用各种必要手段(如发表声明、召开新闻发布会等),及时告知相关利益群体

(3) 隔离现场,转移焦点视线

在危机事件发生后,城市轨道交通运营企业总部和危机现场都应设立对外窗口,以应对媒体和公众的问讯。除危机现场外,总部也是一个很好的应对媒体和公众的重要窗口。巧妙地安排采访现场,有助于隔离现场聚集的人群,将媒体思维角度转移。

危机管理小组视危机事件的负面影响程度,决定是否主动召开新闻发布会,启动危机时期的新闻发言人制度。如临时决定召开新闻发布会,可选择危机事发地附近的办公场所或酒店场所进行,一方面方便媒体记者的交通,另一方面可以更好地维护好现场秩序,避免记者对站内工作人员及乘客随机进行突击采访。公司的危机管理人员则负责对内对外联络、接待媒体采访、发放新闻通稿等工作。

(4) 对潜在的危机进行评估

危机得到处理和控制并不意味着危机管理过程已经结束,危机的善后处理机制也是危机公关管理机制的一个重要部分。危机事件处理后,需要对危机事件做一个总体的评估、并做相关记录跟踪,包括危机问题库、模板库、经常性问题、应当做的和不应当做的。也就是西方国家所谓的“潜危风险管理”机制:虽然很难评估潜在危险的风险水平,但只是对潜在风险本身加以管理,便可在某种程度上减低风险水平。

当某项危机风险表面上似乎已经得到完善处理后,企业仍需评估此项危机是否还存在“潜危风险”。相对于一般危机管理系统,纳入“潜危风险管理”的危机管理系统的一大改进是考虑到“危机周期”,即由确认出危机至执行监督的过程中,将潜在危机的不同阶段加以界定,每个阶段均反映危机管理程序达到的进展情况,危机管理人员可由此评估监督已在处理的危机。

11.3.3　延伸相关利益团体的关系管理

企业组织的形象由知名度、美誉度、认知度、认可度、忠诚度等元素组成,城市轨道交通运营企业需要统筹和积极配合相关利益团体开展公司的品牌塑造工作，对目标、资源、对象、传播、监控、评估等过程和基本要素进行有效的管理。

1. 与市民建立密切关系

市民是城市轨道交通的服务对象，除了为市民提供好日常的轨道交通运营服务之外，在处理公关危机的问题中，市民也起到了重要的影响。

(1) 注重市民的日常教育宣传

培养市民日常的危机意识，提高应对各种危机事件的能力，是城市轨道交通运营企业进行危机公关管理的基础性工作。在日常的针对市民的教育宣传中，关键是把企业的亲民形象落实到每一项宣传活动或公益活动的细节当中去、最大程度争取公众对企业的好感以及提升公众对活动的关注度。活动需要注重市民化、平民化，力求让市民感觉亲切、温暖，不仅将安全教育知识灌输给市民，同时又能从细微处体现企业的人文关怀，提升企业的品牌形象。

针对“地铁族”乘客，企业可将日常搭乘地铁的安全注意事项，以及政府或企业自身制定的相关法规条例，利用地铁现有资源媒体，如地铁电视、地铁报、地铁广告灯箱、地铁站内宣传单进行安全教育。也可以利用地铁站内的横幅、海报及电子报告板、车门及扶手电梯等站内设施进行安全信息的传递。如广州地铁，于 2006 年、2007 年与《羊城晚报》合作举办了“发现羊城地下工作者的故事”“夜幕下的地铁”宣传活动，产生了较好的市民效应，在市民心目中树立了良好的企业形象。

(2) 邀请市民代表走进企业

日常生活当中，市民接触到的仅仅是台前的城市轨道交通，而幕后的城市轨道交通如何展现给广大市民，如何搭建起与市民之间双向沟通的桥梁，让市民去了解它、理解它、谅解它？企业可以利用节日契机，在城市轨道交通站内举办小型沟通，虚心聆听市民意见，同时也将轨道交通运营知识传递给市民；也可以定期邀请市民代表到企业车间、工地考察，让市民了解城市轨道交通的建设过程以及严格、严密的安全管理；甚至可以将城市轨道交通知识送进社区、小区和学校。主动的宣传和教育会让企业的运营危机公关管理达到事半功倍的效果。

2. 建立社会资源库平台

对一个企业来说，3 种资源管理是至关重要的：人力资源、资金资源和社会资源。政府关系、专家关系、媒体关系、乘客关系如果分别在不同的部门管理，当危机来临需要调用这些社会资源时，不免显得措手不及，为避免此种情况，建立社会资源库就显得很重要。为此，需要对社会资源信息进行搜集、整理、存储及定期更新，不断丰富该资源库的信息量，提高信息使用的便捷性。

(1) 政府关系资源

政府关系资源库的数据内容应包括：资源类别、所属部门资源联系人、联系方式、过往接触情况、资源简介。当城市轨道交通运营项目需要进行政府审批时、政府制定与企业密切相关的政策时、面临突发危机事件处理需要政府参与时等，需要抽调有关专业人员或聘请有政府背景的第三方专家来协助处理与政府的关系。也可通过多种方式拓展并加强与政府的关系：如邀请政府相关部门代表参加新线开通仪式或工程竣工典礼、签约仪式、研讨会，获得政府发来的贺电，企业高层领导人员参与到政府与社会活动中去，积极参加企业慈善和公益行为，投资制作公益广告等，以这些方式获得政府的好感和信任。

(2) 专家关系资源

通过实践和总结，进一步探索和完善专家制度建设，形成企业稳定的专家资源库。专家可以是内部的，也可以是外部的。内部专家更了解自己的企业状况，因此更容易站在企业的角度来解决危机。外部专家通常具有较强的权威性和公正性，在危机发生与公众进行沟通时，更容易取得公众的信任，邀请这些外部专家可更好地帮助企业证言。此外，外部专家还可以改善危机管理小组的知识结构，填补危机管理专业人才的不足，为企业的危机公关出谋划策。

(3) 媒体关系资源

与主流媒体要保持良好的沟通，就需建立媒体关系资源数据库。搜集相关板块编辑、记者的联系电话、常用信箱、手机号码，在日常工作中，保持长期的沟通，通过短信或 email 的方式，定期向他们发布企业的信息、新闻稿。通过媒体关系资源数据库的建立(也可以通过公关公司搜集记者、编辑资料)，企业不但可以建立与媒体记者、编辑长期的友好关系、更多地发布企业积极的信息，同时还可以避免危机以及危机带来的计划外的硬广告费用的支出。

社会是企业利益的来源，城市轨道交通运营企业作为社会的一员，必须融入社会群体之中，与各种组织产生互动。通过承担社会责任，一方面可以赢得声誉和组织的认同，另一方面也可以更好地体现自己的文化取向和价值观念，为企业发展营造更佳的社会氛围，永葆生命力，实现可持续发展。

课后练习题

一、单项选择题

1. 危机公关的管理从时间和空间上来理解，可分为 3 个阶段，不包含以下(　　)。

A. 准备期　　B. 处理期　　C. 恢复期　　D. 发展期

2. 城市轨道交通运营危机分为 3 类，不包含(　　)。

A. 敌对事件　　B. 突发事件　　C. 灾难事件　　D. 政治事件

3. (　　)意味着危机管理过程已经结束。

A. 危机得到通报　　B. 危机得到处理

C. 危机得到控制　　D. 危机得到善后处理

4. (　　)是组织、媒体和公众之间的桥梁。

A. 企业　　B. 新闻发言人　　C. 政府　　D. 管理者

5. 在危机沟通管理中，要掌握好“示强”与“示弱”这两种基调，以下(　　)不是“示弱”的目的。

A. 赢得同情　　B. 获得理解　　C. 得到支持　　D. 得到帮助

6. 城市轨道交通运营企业为更好地进行危机公关管理工作，应该建立自己的社会资源库，这里面不包含(　　)。

A. 政府关系资源　　B. 专家关系资源

C. 媒体关系资源　　D. 供应商关系资源

二、简答题

1. 危机公关怎样从时间上和空间上来理解？

2. 发言人制度是什么？

三、综合实训

1. 搜集 1～2 个最近的城市轨道交通行业的危机公关处理案例，并分析如何可以做得更好。

2. 针对第 1 题中的案例，分别试用“示强”和“示弱”两种基调来解决，并对比两种方法的效果。

参考文献

[1] 米秀杰,谭丽娜.城市轨道交通导论[M].北京：北京理工大学出版社,2017.

[2] 刘峻峰.城市轨道交通概论[M].重庆：重庆大学出版社,2013.

[3] 汪成林.城市轨道交通设备运用[M].北京：人民交通出版社,2017.

[4] 仇海兵.城市轨道交通车站设备[M].北京：人民交通出版社,2012.

[5] 管莉军.城市轨道交通票务管理[M].北京：人民交通出版社,2018.

[6] 史小薇,刘炜.城市轨道交通行车组织[M].重庆：重庆大学出版社,2013.

[6] 朱海燕.城市轨道交通客运组织[M]. 北京：中国铁道出版社,2009.

[7] 吴海军,柴小春.城市轨道交通客运组织[M].重庆：重庆大学出版社,2013.

[8] 方振龙,贺丽萍.城市轨道交通票务管理实务[M].北京：北京理工大学出版社,2015.

[9] 黎茂盛.城市轨道交通运营管理[M].长沙：中南大学出版社,2015.

[10] 徐新玉.城市轨道交通概论[M].北京：国防工业出版社,2017.

[11] 邱薇华,李健.城市轨道交通企业管理[M].长沙：中国铁道出版社,2011.

[12] 上海申通地铁集团有限公司轨道交通培训中心.城市轨道交通概论[M].北京：中国铁道出版社,2009.

[13] 戴春凤,卢纪华.人力资源管理与开发[M].北京：清华大学出版社,2005.

[14] 中国政府网.城市轨道交通运营管理办法[EB/OL].(2005-6-28)[2018-6-28]. http://www.gov.cn/gongbao/content/2006/content_292102.htm.

[15] 张佩云,丁奕.人力资源管理[M].北京：清华大学出版社,2004.

[16] 慕威.城市轨道交通运营组织[M].北京：人民交通出版社,2018.

[17] 朱小瑶.城市轨道交通客运管理[M].上海：上海科技教育出版社,2012.

[18] 李利勤,李金瓯.城市轨道交通客运安全[M].北京：人民交通出版社,2018.

[19] 耿幸福,宁斌.城市轨道交通运营安全[M].北京：人民交通出版社,2010.

[20] 徐新玉.城市轨道交通员工职业素养[M].北京：人民交通出版社,2013.

[21] 高蓉.城市轨道交通客运服务[M].北京：人民交通出版社,2011.

[22] 任义娥.城市轨道交通客运服务[M].北京：人民交通出版社,2017.

[23] 董正秀.铁路客运服务礼仪[M].北京：中国铁道出版社,2006.